JN409744

신구 한국어 교육선서 05

증보 한국어 듣기교육론

신구 한국어 교육선서 05

증보 한국어 듣기교육론

김정남 · 양명희 · 성아영 · 김보현 지음

(학)신구학원 신구문화사

초판 머리말

한국어 교육 분야가 눈부시게 발전하고 있다. 국제화·세계화된 시대를 사는 우리는 이제 한국어를 모국어로 하는 집단 내에서만 의사소통하는 것이 아니라 한국어를 제2 언어나 외국어로 학습하는 사람들과도 의사소통한다. 한국어 교육 분야에서는 이러한 요구에 발맞추어 끊임없이 교수 방법론을 개발하고 교수자들의 양성을 위한 교육 및 연구에 매진하고 있다. 이러한 한국어 교육의 내용학적인 연구와 교수법 관련 연구는 언어 교육으로서의 한국어 교육만을 목표로 하는 것이 아니라 언어 교육자로서의 한국어 교육자를 양성하기 위한 목표를 지니고 있다.

최근 한국어 교육에 종사하는 것을 목표로 한국어 교육학에 입문하는 학습자도 부쩍 늘어나 이들을 위한 수업 교재의 개발도 시급하다. 한국어의 발음이나 문법, 어휘 영역에 대한 한국어학의 기존 연구 성과가 한국어 교육에 활용되고 여기에 교육학의 방법론이 더해져서 발음교육론, 문법교육론, 어휘교육론 등의 분야에 대한 연구가 축적되고 있다. 그러나 기초적인 언어 구사 능력과 관련된 연구, 즉, 말하기 교육, 듣기 교육, 읽기 교육, 쓰기 교육 등의 분야에서는 국어 교육 방면의 연구 성과나 영어나 독일어 등을 목표어로 하는 언어 교육의 연구 성과는 더러 있으나 그것을 응용하여 한국어 교육 분야에 적절히 접목시킨 기능 교육론 관련 연구는 일천한 것이 사실이다.

언어의 네 가지 기능에 대한 중요성은 중등 국어 교육에서 매우 강조되어 왔으나 내국인, 즉 모국어 화자를 대상으로 하는 언어 기능 교육이 외국인을 대상으로 하는 교육으로 전환되는 부면에서는 연구가 미진하며 그 교육에 내실을 기하기도 쉽지 않은 실정이다. 최근 한국어 교원 자격증과 관련하여 외국어로서의 한국어 교육자를 양성하는 것을 목표로 하는 학과들이 대학에 속속 생겨나면서 외국어 기능 교육론에 대한 수업도 많아진 것으로 안다. 또한 한국어 교육 능력 검정 시험을 위한 교원 양성 과정에서도 듣기교육론 수업은 거의 모든 양성 기관들에서 필수로 개설하고 있다.

저자들은 이런 정황 속에서 듣기교육론 교재의 중요성을 절감하였기에 〈한국어 듣기교육론〉이라는 한 권의 책을 내 놓기로 하였다. 듣기 관련 수업을 준비하면서 참고하였던 수많은 논문들과 직접·간접적으로 관련된 저서들이 바탕이 되었고, 수업을 열심히 들으며 적극적으로 발표와 토론에 참여해 준 학생들의 열의와 노고도 이 책의 행간마다 스미어 있다. 이 분야에 개척적인 연구 결과물을 발표해 준 연구자들과 사랑하는 우리 학생들에게 깊은 감사를 전하며 책을 펴낸다.

위에서 스스로 저자라고 칭하기는 하였으나 책을 저술한다고 하지 않고 펴낸다고 한 것은 이 책이 창의적 연구의 소산인 저작물이라기보다는 그간의 연구 결과를 두루 섭렵하여 정리한 한 편의 편서라고 하는 것이 걸맞을 것 같은 생각 때문이다. 그러나 본서의 모든 잘못은 우리 두 저자들에게 귀속된다. 1장, 2장, 3장과 9장은 양명희가, 4장부터 8장까지는 김정남이 집필하였다.

저자들은 이 책을 읽을 독자들이 듣기라는 기능 영역에 대하여 충분히 이해할 수 있도록 이론적 배경을 먼저 제시하고, 언어의 네 가지 영역 중 가장 비중이 큰 '듣기'라는 기능을 외국어로서의 한국어 학습자들에게 어떻게 가르칠 것인가에 대한 세부 방법론과 수업에서 활용할 수 있는 다양한 활동들을 가능한 한 많이 제시하려고 노력하였다. 교육과는 동전의 양면을 이루는 '평가'의 영역에도 힘을 기울여 한국어 능력 시험 기출 문제들을 통해 평가의 방향에 대하여 가늠하게 함으로써 한국어 교사가 가져야 할 기본 소양을 기르는 데 도움이 되도록 하였다.

이러한 결과물을 내기 위해 두 공저자가 수시로 만나 의견을 조율하고 합심하여 노력을 경주하였으나, 그러나 이 모든 부분의 숨은 저자는 한재영 선생님이다. 그분의 애초의 제안과, 끊임없는 독려와 조언이 없었다면 이 책은 세상에 나오지 못했을 것이다. 앞에서 이끌고 뒤에서 밀기도 하며 세부적인 조율까지 해 주신 한재영 교수님은 '신구 한국어 교육 선서'의 기획자이자 '신구 한국어 교육 선서 05'로 제호를 단 〈한국어 듣기교육론〉의 산파이시다. 앞으로 이 분야에 대한 더 많은 고민과 성찰을 담아 깁고 보탤 것을 약속드리는 것으로 감사의 말씀을 대신한다.

누더기 같았던 초고를 예쁜 초록 장정의 책으로 완성시키기까지 번다하고 성가신 편집 일을 귀찮은 내색 한 번 없이 끝까지 맡아 주신 신구문화사 최승복 부장님과 그 편집진들, 그리고 항상 화사하고 너그러운 미소를 보내 주신 임미영 사장님께 깊이 감사드린다.

2011년 2월 6일

저자 일동

증보판 머리말

한국어를 배우고자 하는 학습자들이 증가하고, 이들을 가르치는 한국어 교원이 되고자 하는 학생들이 늘어나면서 현재 한국의 대학에는 한국어 교육을 전공으로 하는 학부와 대학원 과정이 280여 개에 육박한다. 이 외에도 학점 은행제와 한국어 교원 양성 과정 등을 포함하면 한국어 교원이 되고자 하는 한국인(또는 외국인)이 얼마나 많은지 알 수 있다.

그동안 한국어 교육계에서는 한국어능력시험, 한국어 표준 교육과정, 한국어 문법서와 교재 등 외국인 학습자를 교육하기 위한 학술적, 실용적 연구에 매진하는 한편, 전문적 지식을 갖춘 우수한 한국어 교원을 양성하기 위해 교육과정을 만들고 다양한 영역의 개론서를 출간하였다. 언어 교육 내용과 관련해서는 한국어 발음 교육론, 한국어 어휘 교육론, 한국어 문법 교육론 등이 집필되었고, 언어 교수법과 관련해서는 한국어 교육 개론, 한국어 표현 교육론, 한국어 이해 교육론 등이 속속 나왔다. 이 외에도 한국어 교재론, 한국어 교육과정론, 한국어 평가론 등을 찾아볼 수 있는데 이러한 다양한 개론서들은 한국어 교육과 한국어 교육 연구의 발전을 상징하는 것이기도 하다.

듣기는 이미 잘 알려져 있는 것처럼 네 가지 영역 중에 일상생활에서 가장 많은 비중을 차지하며, 의사소통을 중시하는 외국어 교육에서 가장 기본적인 기능으로 간주된다. 그리고 듣기는 단순히 소리를 듣는 것이 아니라 의미를 이해하는 '알아듣기'를 뜻하며, '알아듣기'를 한 청자는 화자가 되어 들은 것에 대한 반응을 해야 한다. 이를 듣기 교육에서는 상호 작용적 듣기라고 하는데, 이처럼 듣기는 말하기와 짝이 되어 구어 습득에 중요한 역할을 한다.

이 책의 저자들은 그동안 쌓인 한국어 듣기 교육의 연구 결과를 충분히 담아내고, 학부나 대학원에서 '한국어 듣기 교육론'이나 '한국어 이해 교육론'을 수강하는 예비 한국어 교원들이 참고할 수 있는 내용으로 책을 구성하기 위해 논의와 숙고를 거쳐 12장을 마련하였다. 먼저 1장은 듣기에 대한 이해, 2장과 3장은 듣기 교육의 기초와 교육 단계, 4장과 5장은 듣기 교육 방법과 듣기 교육 자료에 대한 기초적, 이론적 내용을 담았다. 6장부터 9장까지는 듣기 활동과 듣기 수업 등 듣기 교육의 실제적인 내용을 담아 미리 한국어 듣기를 가르치는 연습을 할 수 있도록 구성하였다. 10장부터 12장까지는 듣기 능력을 향상시키기 위한 듣기 평가, 듣기 전략, 학습자의 정서적 요인을 다루고 있다. 듣기 전략과 학습자의 정서적 요인은 최근 연구자들이 많은 관심을 보이고 있는 주제로, 유학생뿐 아니라 외국인 근로자, 결혼 이민자, 재외 동포 등 다양한 성격의 학습자들을 가르치는 데 중요한 교육 요인으로 관심을 받고 있다.

다른 학문 분야와 마찬가지로 한국어 교육학 역시 영어 교육학을 중심으로 하는 여타 외국어 교육학의 영향을 받아 이루어졌기에 '듣기의 정의', '듣기의 중요성', '듣기의 과정' 등 이론적 주제는 외국의 연구 성과를 중심으로 기술하였다. 그러나 기술 내용과 관련한 예시나 교육 내용, 그리고 특히 교육 방법은 한국어학과 한국어 교육학의 연구 성과를 담고자 노력하였다. 또한 이 책이 한국어 듣기 교육론의 기본서로서의 역할을 할 수 있도록, 학계에서 주제로 하는 내용을 가능한 한 모두 담으려 노력하였다.

이 책은 2011년 '신구 한국어 교육선서05'로 출판된 〈한국어 듣기교육론〉에 모태를 둔 증보판이다. 당시 이 한국어 교육선서는 한국어 교육의 제 영역에 걸쳐 핵심적인 내용을 담은 작은 책자 형식의 시리즈물로 기획되었고, 네 기능 영역 중 듣기 교육론이 가장 먼저 출판되었다. 당시에는 양명희, 김정남 두 사람의 공저였지만 지금 간행되는 이 증보판은 양명희의 제자 김보현, 김정남의 제자 성아영이 함께하여 모두 네 사람의 공동 저작으로 이루어지게 되었다.

1, 2, 5, 10, 12장은 양명희, 김보현이 함께, 3, 4, 6, 7, 8, 9, 11장은 김정남, 성아영이 맡아서 하였다. 그 사이 15년에 가까운 간극이 있어 애초의 책에서

덜어 낼 부분은 덜어 내고 남길 부분은 남기되, 새롭게 저술해야 할 부분이 많았다. 체재와 구성도 상당히 달라지고 보충된 부분도 많다. 스승의 기존 저작물을 덜고 깁는 데 협력하는 것이 쉬운 일이 아닌데 흔쾌히 공동 저작에 참여하겠다고 해 준 두 사람에게 고맙다. 그리고 무엇보다 그 사이 한국어 듣기 교육과 관련한 많은 선행 논저들을 펴내 준 학계의 연구자들께도 감사드린다.

그리고 아마 한재영 선생님이 아니셨다면 이 책은 세상에 나오지 못했을 것이다. 항상 적절한 시기에 충고와 조언을 주시는 한재영 선생님께 특별히 감사드리고 싶다. 또한 필자들의 까다로운 요구에 일일이 응해 주시고 예쁜 책을 만들어 준 신구문화사의 최승복 편집부장님을 비롯한 모든 편집진께 감사드린다.

2025년 7월 7일

저자 일동

차례

4. 듣기 교육의 방법

5. 듣기 교육 자료

6. 듣기 활동 (1) – 초급

7. 듣기 활동 (2) – 중·고급

8. 타 기능과의 연계 활동

9. 듣기 수업의 실례

10. 듣기 평가

11. 듣기 전략

12. 듣기 교육과 정의적 요인

1. 듣기의 이해

1.1. 듣기의 정의와 듣기의 중요성

말하기, 듣기, 읽기, 쓰기는 언어 교육의 주요한 네 가지 영역(또는 기능, skill)이다. 이 네 영역은 음성 언어와 문자 언어라는 매개체에 따라 말하기와 듣기, 읽기와 쓰기로 나뉘기도 하고, 이해 행위와 표현 행위라는 정보 처리 과정에 따라 듣기와 읽기, 말하기와 쓰기로 나뉘기도 한다.

듣기는 음성 언어라는 매개 언어와 이해 과정이라는 정보 처리 과정이 수반되는 활동으로, 듣기 행위 속에는 듣는 이(청자)뿐 아니라 말하는 이(화자)가 참여하게 된다. 듣기 상황은 청자가 일방적으로 화자의 말을 듣는 전달적 상황과 청자가 대화 참여자로서 다시 화자가 되는 상호 작용적 상황으로 나눌 수 있는데, 원활한 의사소통을 중시하는 외국어 교육에서는 후자의 듣기를 매우 중요하게 다룬다. 일반적으로 듣기를 '청자가 화자로부터 음성 언어를 매개로 하여 정보를 전달받고 이를 이해하여 처리하는 과정'이라고 정의하는 것은 듣기 교육에서 후자의 듣기를 중요하게 다루기 때문이다.

일찍이 Glenn(1989)에서는 '듣기(listening)'에 대한 50가지 정의를 분석하여, 듣기라는 개념을 명확히 하고자 했다. 그는 학자들이 제시한 다양한 정의를 연대순으로 정리하고, 이들 정의에서 공통적으로 등장하는 핵심 요소를 도출하였다.

(1) 듣기 정의의 공통적 요소(Glenn, 1989)
가. 지각(perception): 소리, 신호, 자극 등을 감지하고 받아들이는 과정
나. 주의(attention): 의식적이고 목적 있는 집중, 선택적 주의
다. 해석(interpretation): 의미를 부여하고 이해하는 과정
라. 기억(remembering): 정보를 저장하고 회상하는 능력
마. 반응(response): 받은 정보를 바탕으로 행동하거나 평가하는 단계
바. 말소리(spoken sounds): 주로 구어적(말로 된) 신호
사. 시각적 단서(visual cues): 얼굴 표정, 몸짓 등 비언어적 요소

위의 핵심 요소 중 듣기 정의에 가장 많이 포함된 요소는 해석(interpretation), 즉 듣는 내용을 이해하고 의미를 부여하는 과정으로 50개의 정의 중 36개에 등장하였고, 그다음으로 지각(perception)이 32개 정의에서 언급되었으며, 주의(attention)는 절반에 가까운 정의(22개)에서 중요하게 다뤄졌다. 이와 같이 듣기는 단순히 소리를 듣는 것이 아니라, 신호를 감지하고, 집중하며, 의미를 해석하고, 기억하고, 필요에 따라 반응하는 복합적인 인지적·행동적 과정이다.

외국어 교육에서 듣기는 1970년대 후반 이후 중요하게 다루어졌다. 문어 중심 교수법인 문법 번역식 교수법은 문어에 집중되어 아예 구어를 다루지 않았기 때문에 듣기는 교육의 영역에 포함되지 않았다. 1960년대의 직접 언어 교수법이나 청각 구두식 교수법은 구두 언어 교육에 관심을 가졌으나 구어의 산출, 즉 말하기에 집중되어 듣기는 말하기 학습을 위한 수동적, 도구적, 보조적인 기술로 인식되었다. 그러다가 1970년대 후반 Asher(1977)의 전신 반응 교수법과 Krashen & Terrell(1983)의 자연적 교수법에서 듣기를 중요시하게 되면서 본격적인 듣기 교육이 시작되었다. 전신 반응 교수법은 구두 반응을 보이기 전에 충

분히 듣게 하도록 권장하고, 자연적 교수법에서는 말하기를 하기 전에 침묵기를 두어 편안하게 듣기 활동만 할 수 있도록 교수해야 한다고 주장하였다. 이는 다시 말하여 언어 습득 과정에서 듣기가 말하기보다 선행하는 것이 자연스러움을 뜻한다. 1980년대에는 제1 언어 교육에서도 문해 능력뿐 아니라 구두 능력(듣고 말하는 능력)도 발달시켜야 한다는 사실이 학자들에 의해 입증되었는데 이러한 사실은 외국어 교육에서의 듣기 교육을 더욱 강화하게 만들었다.

듣기는 다른 세 가지 기능에 비해 실생활에서 차지하는 비중이 크다는 점에서 그 중요성을 확인할 수 있다. Rivers(1975)는 20세기 초 Rankin(1926)의 연구 결과– 성인들이 실생활에서 듣기에 45%, 말하기에 30%, 읽기에 16%, 쓰기에 9%를 소용한다 –를 인용하여 듣기와 읽기 기능 모두를 개발해야 한다고 강조하였다. Morley(1991:82)도 사람들은 평균적으로 듣는 활동에 말하기의 2배, 읽기의 4배, 그리고 쓰기의 5배만큼 시간을 할애한다고 하였다. 듣기가 잘 안 되면 실생활에서 어려움을 겪을 수밖에 없게 될 것임을 수치를 통해 확인할 수 있다.

외국어 교육에서 듣기는 학습자에게 목표어의 입력물을 제공하기 때문에 중요하다. 음성 언어를 매개로 하는 표현 행위를 배우기 위해서는 먼저 듣기를 이해할 수 있어야 한다. 다시 말하여 듣기는 말하기의 선행 단계라고 할 수 있다. 특히 언어 교실에서 학습자가 입력물을 적정 수준으로 이해하지 못하면 학습이 시작될 수 없다.

듣기는 문자 언어를 매개로 하는 읽기, 쓰기와 달리 음성 언어를 매개로 하기 때문에 녹음기를 사용하지 않는 한 듣기 내용이 보존되지 않는 특성을 지닌다. 실제적인 의사소통 상황에서 듣기를 할 때 나중에 듣거나 어떤 부분을 집중적으로 듣거나 건너뛰거나 반복하거나 순서를 바꾸어 듣거나 할 수 없다. 이는 음성 언어가 갖는 순간적, 일회적 특성 때문으로, 이와 같은 듣기 자료의 특성 때문에 학습자가 자기 주도적인 학습을 하는 것이 수월하지 않다. 그러므로 교사의 지도 아래 적절한 자료를 제공받아 듣기 능력을 신장시키는 것이 필요하다.

또한 듣기는 다른 기능으로의 전이가 빠르다. 일찍이 Lundsteen(1971)은 듣기의 전이 능력이 가장 크다고 한 바 있다. 예를 들어 듣기를 통해 말하기를 모방하여 말하기 연습이 가능하고, 듣기를 하며 쓰기를 하게 되면 듣기에 주의집중을 하게 될 뿐 아니라 다양한 표현과 형태를 받아 적음으로써 쓰기 능력 향상에 도움이 된다. 또 듣기를 통해 형성된 이해 능력은 이해 영역인 읽기에도 도움이 된다.

이처럼 인간의 의사소통 행위에서 가장 기본이 되는 듣기를 이해하기 위해 다음 절에서는 듣기의 과정에 대해 살펴보기로 한다.

1.2. 듣기의 과정

음성 언어를 이해하고 처리하는 과정인 듣기의 절차에 대해 언어 교육학자들이 설명한 몇몇의 논의를 소개한다.

Taylor(1964)는 듣기의 과정을 소리 듣기(hearing), 의미 듣기(listening), 이해하기(auding)의 세 단계로 구분하였다. 청자의 인지적인 정보 처리 과정에 초점을 맞추어 구분한 것이다.

Clark & Clark(1977)은 듣기 이해에 다음과 같은 절차가 포함되어 있다고 설명한다.

(2) Clark & Clark(1977)의 듣기 이해의 절차

1단계: 청자가 소리로 발화된 텍스트를 듣고 단기 기억 장치에 이미지를 저장한다.

2단계: 청자는 들은 내용을 의미 단위의 구성 성분 구조로 조직화한다.

3단계: 청자는 명제를 분석하고 이들 명제를 분류하여, 발화 내용의 일관성을 염두에 두고 전체 의미를 재구조화한다.

4단계: 장기 기억 장치에 의미를 저장하고 처음에 들었던 형태 정보는 삭제한다.

의미를 파악하는 단계는 세 번째 단계로 이 단계에서 의미가 파악되면 1, 2단계에서 단기 기억 장치로 저장되어 의미 성분 구조로 나누어졌던 어휘와 문법 항목에 대한 기억은 흐릿해지고 4단계에 이르러 전체적으로 일관된 의미만 장기 기억 장치에 저장되게 된다는 설명이다. Clark & Clark(1977)은 단기 기억 장치와 장기 기억 장치를 가정하고, 세부적인 언어 단위나 정보가 아닌 전체 의미를 파악하는 것을 듣기라고 규정하여 외국어로서의 듣기와 모어로서의 듣기가 별다른 차이가 없음을 강조하고 있다.

Anderson & Lynch(1988)은 듣기의 과정을 먼저 음성 언어와 음성 언어가 아닌 것을 구분하는 능력에서부터 설명한다. 모어와 외국어의 듣기 자료가 다르다는 것을 인식하는 데에서부터 듣기의 과정이 시작된다고 보는 것이다. 두 번째 단계는 화자의 발화를 언어 단위별로 나누어 듣는 것, 세 번째 단계는 화자가 의미하는 바를 전체적으로 해석하는 것이다. 그러고 나서, 상호 작용적 상황에서는 들은 것에 대한 적합한 답변을 준비하여 발화할 수 있어야 하는데 이를 응답 또는 반응이라고 한다. 내용을 정리하면 다음과 같다.

(3) Anderson & Lynch(1988)의 듣기의 과정

1단계: 소리를 둘러싸고 있는 환경으로부터 입말 신호가 확인되어야 한다.

2단계: 지속되는 말소리 흐름이 단위별로 잘라져야 하며, 이들은 알려진 낱말로 인식되어야 한다.

3단계: 발화의 통사 구조가 파악되어야 하고, 말하는 사람이 의도하는 뜻이 이해되어야 한다.

4단계: 말해진 바에 대해 적절한 반응을 만드는 데에도 우리의 언어 지식을 응용해야 한다.

Clark & Clark(1977)과 구별되는 점은 반응을 포함한 것인데 이때 청자는 자신이 가지고 있는 언어 지식을 응용해야 한다고 하였다.

다음은 Richards(1983)에서 제시한 듣기 이해의 과정으로, 대본(script)의 중

요성을 강조하고 있는 점이 특징이다. 대본이란 Schank & Abelson(1977)에서 고안된 개념으로, 잘 알려진 상황에서 가능한 사건 연결체에 대한 일련의 지식을 기술한 것이다.

(4) Richards(1983)의 듣기 이해의 과정

1단계: 듣기의 유형을 파악한다. 대화인가, 강의인가, 토론인가, 논쟁인가를 파악한다.

2단계: 유형에 맞는 대본(script)을 장기 기억으로부터 불러온다.

3단계: 배경지식, 상황, 문맥 등을 통해서 화자의 발화 의도를 유추한다.

4단계: 발화의 명제적 의미를 결정한다.

5단계: 메시지에 언표내적(illocutionary) 의미를 부여한다.

6단계: 의미 정보는 받아들여지고, 처음에 전달된 형태 정보는 삭제된다.

Brown(1994/2007)은 Clark & Clark(1977)과 Richards(1983)에 기대어 듣기 이해의 과정을 여덟 단계로 나누었다. 이 중 처음과 마지막 과정을 제외하고는 순서에 의미가 없다고 하였는데 이는 각 단계가 동시에 일어나지는 않는다 하더라도 너무 빨리 진행되어 순서를 정하기 어렵기 때문이다.

(5) Brown(1994/2007)의 듣기 이해의 과정

1단계: 청자가 초기 발화를 처리하여 그 이미지를 단기 기억에 저장한다. 이미지는 발화의 구성 성분(구(phrase), 절(clause), 결합 표시 장치(cohesive markers), 억양, 강세 등)을 뜻한다.

2단계: 청자는 처리 중인 발화의 유형(대화, 연설, 라디오 방송 등)을 결정하고 받아들인 메시지를 적절히 해석·가공한다.

3단계: 청자는 발화의 형태와 맥락, 내용을 검토하여 화자의 목적(설득, 요구, 농담, 인정, 부인, 정보 전달 등)을 추론한다.

4단계: 청자는 현재 듣고 있는 말의 주제와 맥락에 관련된 사전 지식(혹은 스키마)을 회상한다. 기존 경험과 지식을 이용하여 인지적 연상 활동을 하며 이를 통해 메시지를 해석한다.

5단계: 청자는 들은 말에 축어적 의미(literal meaning)를 부여한다.

6단계: 청자는 들은 말에 의도적 의미(intended meaning)를 부여한다.

7단계: 청자는 정보를 단기 기억에 보유할 것인지 장기 기억에 보유할 것인지를 결정한다. 단기 기억은 청자의 즉각적인 반응을 요구하는 맥락에 적합하고, 장기 기억은 강의 내용을 처리하는 데 적합하다.

8단계: 청자는 초기 발화 정보의 언어 형태적 측면을 제거한다.

Brown(2000)의 듣기 이해 과정의 특징은 축어적(literal) 의미 해석과 의도적(intended) 의미 해석을 각각의 단계로 구분한 점이다. 그리고 정보의 내용에 따라 단기 기억에 보유할 내용과 장기 기억에 보유할 내용을 구분하고 있는 점도 다른 학자들의 듣기 이해 과정보다 세밀하다. 축어적 의미는 단어나 문장의 원뜻 그대로의 의미를 가리키며, 의도적 의미는 화자가 의도한 의미로, 실제적인 듣기 이해에서는 축어적 의미보다 화자가 표현하고자 하는 의도적 의미를 이해하는 것이 중요하다.

듣기 과정에 대한 학자들의 견해를 보면, 듣기를 잘하기 위해서는 단순히 언어 형태적 측면 외에 화자의 의도를 파악해야 하며 이를 위해 배경지식 내지는 사전 지식이 중요함을 알 수 있다.

1.3. 모어 듣기와 외국어 듣기

모어인 제1 언어 듣기와 외국어인 제2 언어 듣기 사이의 관련성에 대한 관점은 세 가지가 있다. 첫째는 제1 언어와 제2 언어를 이해하는 과정이 다르다는 견해, 둘째는 다르기는 하나 어느 정도 겹친다는 견해, 셋째는 그 이해 과정이

근본적으로는 같으나, 제2 언어의 이해를 위한 추가적 지식이 필요하다는 견해이다. 이 중 제1 언어와 제2 언어의 관련성을 가장 잘 반영해 주는 것은 세 번째 관점이다.

제1 언어와 제2 언어의 듣기는 두 언어 간의 언어적 차이점 때문에 아주 다른 듣기로 보는 관점도 존재하나, 듣기 기술 계발과 관련하여 제1 언어의 듣기 기술이 제2 언어의 듣기 기술과 크게 차이가 나지 않는다고 보는 것이 일반적 관점이다. 다시 말하여 모어 듣기와 외국어 듣기의 다른 측면들은 정도의 차이이지 본질적인 차이는 아니라는 관점이 우세하다.

모어 이해 학습의 두 가지 핵심적 특징은 첫째, 말을 하기 전에 침묵 기간이 있다는 것, 둘째, 말할 수 있는 것보다 더 많은 것을 이해한다는 것이다. 이 두 가지 특징은 외국어 이해 학습에도 그대로 적용되어, 먼저 오랜 시간을 듣기에 소요한 후 학습자가 말하고자 하는 동기를 갖게 되면 비로소 말하기를 자연스럽게 하게 된다고 본다.

듣기를 할 때 외국인 학습자들이 모어 학습자들에 비해 이해에 문제를 일으키는 경우가 많은데 그 주요 원인은 언어 자체에 있다. 언어적 요소는 음운론적, 형태론적, 통사론적인 것이 모두 포함되며, 이 외에도 배경지식의 차이로부터 오는 이해 부족의 문제도 중요하다. 배경지식의 차이 또는 부족으로 인한 이해 부족은 문화의 차이라고도 할 수 있는데 이 역시 정도의 차이가 있을 뿐 모어 듣기의 경우에도 언어와 배경지식, 문화의 몰이해 등으로 인하여 이해에 문제가 생길 수 있다. 그러나 이해를 하지 못하는 정도는 외국어 듣기가 모어 듣기에 비해 훨씬 크다. 외국어 듣기가 모어 듣기보다 왜 더 어려운지 듣기를 어렵게 하는 요인에서 좀 더 자세히 알아본다.

1.4. 듣기를 어렵게 하는 요인

1.4.1. 일반적 요인

듣기를 쉽게, 때로는 어렵게 만드는 요소들이 무엇일까에 대한 질문은 듣기 기술을 향상시키기 위해 필요한 질문이다.

듣기를 어렵게 하는 일반적 요인으로 먼저 모어에 없는 음운과 예측하기 어려운 음운 변화를 들 수 있다. 한국어의 경우 철자대로 발음되는 단어가 많은 편이나 철자와 달리 발음되는 단어와, 조사나 어미 등의 문법 형태가 결합되며 일어나는 발음 변화가 있어 이를 식별하는 것이 쉽지 않다. 또한 단어나 용언 어간에 문법 형태가 결합될 때 축약이 일어나거나, 일부 음운이나 음절이 탈락되기도 하며, 발화 중 주요 성분 일부가 생략되는 경우도 많기 때문에 전체 맥락 안에서 구나 절 단위로 의미 해석을 하는 연습이 필요하다.

한국어는 같은 문장이라도 억양에 따라 의미가 달라지는 경우가 많은데 이에 익숙하지 않거나 실제적인 속도에 익숙하지 않을 때 역시 듣기에 어려움을 느끼게 된다. 또 구어는 화자마다 발음이 조금씩 다르기 때문에 실제적 자료를 많이 접하지 않은 경우 듣기가 어려울 수 있으므로 다양한 음색과 발음 습관을 가진 여러 화자의 발화를 들어 보는 것이 좋다.

동음이의어도 듣기에 어려움을 느끼게 한다. 동음이의어의 구별은 각 단어의 의미를 알고 있어야 할 뿐 아니라 그 단어가 주로 어떤 맥락에서 사용되는지 사용법을 익혔을 때 쉽게 인지할 수 있다. 익숙하지 않은 문형도 듣기를 어렵게 하는데, 특히 개인 간의 대화는 완벽한 문장으로 구성되어 있지 않고 단어나 구, 절만으로 의사소통을 하는 경우가 많기 때문에 이러한 구어 문법에 익숙해지는 것이 필요하다.

외국어 듣기를 할 때 단어 하나하나까지 모두 들으려고 하면 오히려 전체적인 이해가 잘되지 않는 경우가 있다. 모어 듣기를 할 때 모든 단어를 기억하고 해석하지 않는 것처럼 외국어 듣기에서도 필요 없는 정보는 무시하고 필요한 정보를 모아 이것으로 전체 내용을 예측하고 이해해야 한다. 그러나 이러한 능력이 쉽게 길러지지는 않기 때문에 듣기를 어렵게 하는 요인 중 하나이다.

모어 듣기를 할 때 듣기 내용에 대한 배경지식이 부족하거나 전후 맥락을 이해하는 데 단서가 되는 어휘나 내용을 예측하는 능력이 없으면 듣기가 어려운 것처럼 외국어 듣기의 경우도 듣기 내용에 대한 배경지식이 부족하거나 맥락을 이해하여 모르는 어휘의 뜻을 예측하거나 뒤에 오는 내용을 예측하는 사고력이 부족한 경우 역시 듣기가 어렵다.

1.4.2. Anderson & Lynch(1988)의 듣기를 어렵게 하는 요소

Anderson & Lynch(1988)은 듣기를 어렵게 하는 요소를 다음과 같이 세 가지 주요 범주로 나누어 설명하였는데, 이는 듣기 평가의 난이도를 조정하거나 듣기 과제의 등급화를 위해 활용될 수 있다.

(6) Anderson & Lynch(1988)의 듣기를 어렵게 하는 요소
　가. 언어의 유형
　나. 듣기 과제 또는 듣기 목적
　다. 듣기가 일어나는 맥락

예를 들어 강의나 토론이 일상 대화보다 듣기가 어려운데, 그것은 전자의 언어 유형에 사용되는 언어 입력물의 내용이 더 추상적이고 사용되는 어휘나 문장이 어렵고 복잡할 가능성이 높기 때문이다. 특히 라디오 토론 같은 유형은 시각적 도움 없이 다양한 목소리와 어조를 지닌 여러 화자들의 말을 듣고 이해해야 하기 때문에 듣기가 더욱 어렵다는 것이다.

둘째, 듣기를 하면서 수행해야 하는 과제가 복잡할수록 듣기는 어렵게 된다. 예를 들어 학생이 유학 생활의 어려움을 선생님께 이야기할 때 선생님이 느끼는 듣기의 어려움보다 사업 계약을 성사시키기 위해 다양한 조건들을 상대편 담당자와 이야기하는 사업가가 느끼는 듣기의 어려움이 더 클 것이다. 사업가는 들은 내용을 다양한 방식으로 해석해야 하고 자신이 수행해야 하는 과제를 생각하면서 들은 내용에 대한 반응을 준비해야 한다.

셋째, 듣기를 수행하는 상황과 맥락에 대한 이해도에 따라 듣기의 어려움이 달라진다. 이야기가 전개되는 맥락을 빨리 파악하고 따라가게 되면 듣기는 비교적 쉽게 수행될 수 있다. 그러나 맥락 자체를 파악하기 어려운 경우도 있다. 예를 들어 어린이가 동화책을 읽고 있는 것을 듣는 일과 국회에서의 논쟁을 라디오로 듣거나 여러 사람이 등장하는 오락 프로그램을 시청하는 일을 비교하면

등장인물의 수, 주제의 추상성, 언어의 복잡성 등등의 요인 때문에 전자보다 후자의 맥락을 파악하기가 훨씬 어렵다.

1.4.2.1. 언어의 유형

듣기 입력물은 언어의 유형에 따라 듣기의 수월성이 달라진다. 이는 주로 서구에서 제1 언어 듣기 학습자, 그중에서도 어린이들과 10대들을 대상으로 한 연구에서 확인되었는데, 이 연구 결과는 제2 언어 학습자들에게도 그대로 적용될 수 있다.

다음은 듣기의 수월성을 결정짓는 세부적인 언어 유형의 기준들이다.

(7) 듣기의 수월성을 결정짓는 요소
　가. 정보의 조직화(information organization)
　나. 주제의 친숙성(familiarity of topic)
　다. 정보의 명확성(explicitness of information)
　라. 입력물 유형(types of input)

정보가 조직화된 방식에 따라 듣기의 이해가 더 수월할 수 있다. 예를 들어 사건 묘사는 사건이 일어난 순서에 따라 이야기될 때 듣기가 더 잘 되고 더 정확히 회상된다. 순서를 어그러뜨리거나 되돌아가서 회상하는 방식으로 정보가 조직되면 정보의 이해를 더 어렵게 한다. 또한 제목이 정보를 잘 드러내고 있을 때, 텍스트의 요점이 예시보다 먼저 이야기될 때 듣기가 더 쉽다.

친숙한 주제의 내용을 듣는 것이 더 쉬울 것이라는 것은 직관적으로도 알 수 있는 사실이다. Hare & Devine(1983)은 듣는 사람의 이야기 주제에 대한 사전 지식의 양과 이야기를 들은 후 회상해 낸 내용 간에 상관관계가 있음을 실험을 통해 찾아내었다. 우리가 이미 지식을 갖고 있는 주제에 대한 내용은 듣기가 수월한 반면, 그렇지 않은 경우 듣기가 더 어려워지게 된다.

정보의 명확성과 관련한 듣기 이해의 수월성은 정보의 잉여성(redundancy), 정보의 충분성(sufficiency of information), 지시 표현(referring expression)의 사

용에 의해 영향을 받는다. 흔히 제2 언어 학습자들에게 이야기를 할 때는 쉽게 풀어서 설명해 주는 것이 이해를 돕는다고 생각하지만, 수준이 낮은 듣기 학습자에게는 필요한 정보의 최소 분량만을 짤막하고 간략하게 전달하는 것이 오히려 이해가 더 쉽다는 연구 결과가 있다. 왜냐하면 정보 처리 관점에서 보면 잉여적 정보를 담은 텍스트보다 그렇지 않은 정보를 담은 텍스트를 처리하는 것이 더 쉽기 때문이다. 수준 높은 제2 언어 학습자는 잉여적 정보가 담겨 있는 텍스트를 잘 처리할 수 있기 때문에 잉여성이 큰 문제가 되지는 않는다.

또한 정보가 충분하여 추론이 필요하지 않은 텍스트가 그렇지 않은 텍스트보다 이해가 더 쉽다든지, 명사구의 반복 사용이 대명사와 같은 지시 표현을 사용하는 것보다 이해가 더 쉬울 것이라는 것은 굳이 실험으로 확인하지 않아도 쉽게 추론할 수 있는 사실이다. 정보의 잉여성, 불명확성, 지시 표현의 사용 외에도 듣기를 어렵게 하는 요인들은 더 많을 것이다. 특히 이런 요인들은 수준이 높은 학습자보다 수준이 낮은 학습자에게 훨씬 더 많은 영향을 끼친다.

Brown & Yule(1983a)는 구어 텍스트를 정태적(static), 역동적(dynamic), 추상적(abstract) 유형으로 범주화하였다. 정태적 텍스트는 대상 기술하기(instructing) 또는 사물 묘사하기(describing)와 같이 언어의 정태적 사용을 필요로 하는 것이고, 역동적 텍스트는 이야기하기(story telling)나 사건 설명하기(giving an eye-witness account)와 같이 장면과 시간의 이동을 포함하는 텍스트이다. 추상적 텍스트는 초점이 구체적 대상이 아니라 생각이나 믿음과 같은 추상적인 내용으로 의견 표명하기(opinion-expressing)가 대표적이다. 세 유형의 텍스트는 정태적, 역동적, 추상적 유형의 순으로 이해가 어려우며, 텍스트에 혼동될 수 있는 요소가 포함되면 텍스트 이해는 더욱 어렵게 된다. 예를 들어 두 사람의 남성 등장인물들에 대한 이야기를 듣는 것이 남성이나 여성 어느 한 사람의 등장인물에 대한 이야기를 듣는 것보다 어렵다는 것이다.

1.4.2.2. 과제 및 맥락

청자는 과제가 먼저 주어진 뒤 듣기를 할 때 과제를 훨씬 더 잘 수행할 수 있다. 무엇이 요구될지 미리 알고 듣기를 하게 되면 어느 것에 주목해야 할지

어느 것을 무시해야 할지 결정할 수 있기 때문이다. 이는 듣기를 한 후 질문지를 보고 질문에 대한 답을 하는 경우보다 인쇄된 질문지를 먼저 보고 듣기를 한 후 답을 할 때 답을 맞힐 확률이 더 높은 것을 생각해 보면 충분히 짐작할 수 있는 일이다.

또한 보조적인 시각 자료가 있으면 듣기 이해가 훨씬 수월해진다. 일반적으로 듣기를 할 때 녹음테이프로 음성 언어만을 듣는 것보다 녹화 매체로 시각적 자료 영상을 같이 보면서 듣기를 하게 되면 시각 자료가 주는 정보 때문에 이해가 더 쉽다.

한편 개인보다 모둠에서의 듣기 과제가 더 효율적으로 의미있게 수행된다는 것이 제1 언어 학습자를 대상으로 한 실험에서 밝혀졌다. 특히 듣기 전 활동이 모둠 작업과 결합되었을 때 학습자들은 과제를 더 잘 회상하였다. 물론 모둠의 리더격인 학습자가 과제를 잘못 이해하여 구성원 전체가 과제를 잘못 수행할 가능성이 없는 것은 아니나 대체적으로 개인적 과제 수행보다 모둠의 과제 수행이 더 효율적으로 이루어진다고 한다.

앞의 세 가지 요인-듣기 전의 과제 제시, 시각 자료의 도움, 모둠별 과제 실시-은 과제와 관련될 뿐 아니라 맥락적 측면과도 관련된다. 듣기 전에 과제를 미리 봄으로써 학습자는 들을 내용을 미리 추측할 수 있으며, 시각 자료 역시 맥락을 추측할 수 있게 도와준다. 마찬가지로 모둠 작업을 듣기 전 활동과 결합하여 하게 되면 들을 내용의 맥락을 더 쉽게 짐작하게 하여 듣기를 더 수월하게 한다.

듣기는 과제의 유형에 따라서 어렵고 쉬운 것이 결정될 수 있다. 들은 내용을 요약하는 과제, 사실과 의견을 구분하는 과제 등은 들은 내용을 선으로 잇거나 그림 그리기 등 즉각적인 반응 과제보다 어렵다.

1.5. 듣기의 종류

우리가 무엇인가를 듣는다고 할 때 그것은 소리만 듣는 것을 뜻하지 않고 그 안에 담겨 있는 내용을 들음을 뜻한다(=의미 듣기). 소리를 듣는 것은 건성 듣기로 머릿속에서 딴생각을 하거나 청자의 말에 관심이 없이 소리는 들으나 그 내용은 전혀 파악하지 못하는 상태를 말한다. 진정한 의미의 듣기, 즉 참 듣기는 소리에 담긴 의미를 파악하는 것이다.

듣기의 종류는 상황에 따라, 목적에 따라, 또 청자의 태도에 따라 분류가 가능하다. 이 밖에도 학자에 따라 여러 가지로 듣기의 종류가 분류되었다.

1.5.1. 상황에 따른 분류: 비상호 듣기와 상호 듣기

비상호 듣기(또는 일방적 듣기, non-reciprocal listening)와 상호 듣기(또는 쌍방적 듣기, reciprocal listening)의 구분은 듣기의 상황이 단지 전달을 받는 상황인지 아니면 서로 말하기와 듣기를 주고받는 상호 전달 상황인지에 따른 분류로, 전자의 경우는 전달 방향이 단일 방향이지만 후자는 상호 간 의사소통으로 양방향(또는 쌍방향)의 의사소통이 이루어지는 상황이라고 할 수 있다.

비상호 듣기는 대중 연설, 안내 방송, 대중 매체, 녹음된 메시지, 강의나 설교, 공연 등과 같이 화자의 말을 듣되 상호 작용을 할 수 없는 듣기이다. 상호 듣기는 두 명 이상의 화자와 청자가 서로의 역할을 교대하면서 양방향 의사소통의 구두 상호 작용에 참여하는 방식이다.

비상호 듣기에서 화자는 말하기, 청자는 듣기만을 하는 반면, 상호 듣기에서는 화자와 청자가 교대로 말하기와 듣기를 번갈아 하므로 대화 참여자를 기준으로 듣기와 말하기가 순차적으로 일어난다는 특징을 갖는다.

이 외에 독백형 듣기 방식이 있는데 화자가 자기 자신을 청자로 하여 이야기를 하고 듣는 것으로 계획을 세우거나 과거의 담화 내용을 상기할 때 주로 나타난다.

1.5.2. 목적에 따른 분류

Brown & Yule(1983a)는 의사소통의 목적에 따라 정보 전달용 이야기(transactional talk)와 사교적 이야기(interactional talk)를 구분한 바 있다. Brown & Yule(1983a)가 지적하였듯이 모어 화자들 간의 친근감 있는 우연한 대화는 상대적으로 듣는 사람에게 요구하는 바가 없다. 이러한 대화는 일차적으로 사교 목적을 지닌 것으로 대화 상대방은 흔히 짧고 상투적인 대답을 할 것이며 이는 상호 작용을 진행하고 친근하다는 일반적인 느낌을 주게 된다. 그러나 사교적 이야기는 상대적으로 정보 내용은 없는데, 이는 이런 종류의 대화가 친근감 있는 분위기를 유지하는 일을 목적으로 하기 때문이다. 사교 목적의 상호 작용적 듣기(interactional listening)에는 사회적 관계 유지를 목표로 하는 인사나 소개, 농담, 칭찬 등이 포함되며 여기서는 또한 상대방에 대한 관심과 친절, 존경 등이 중시된다.

반면 정보 전달용 듣기(transactional listening) 또는 업무 처리적 듣기는 새로운 정보를 흡수하거나 새로운 기술을 습득하는 목적의 듣기로 지시나 묘사, 안내 방송, 뉴스, 강의 듣기 등이 있으며 정보의 정확성이 중요하다. 제2 언어 학습자들은 업무 처리적 듣기에 대한 요구가 더 많고 충분한 기술을 훈련받고 싶어한다. 이런 기술은 사교 목적의 듣기와 달리 상당한 정도의 연습과 훈련을 필요로 한다.

Mccabe & Bender(1968/1981)은 듣기를 그 목적에 따라 인식적 듣기, 평가적 듣기, 정보 습득적 듣기, 이해적 듣기로 구분하기도 하였다. 인식적 듣기는 화자의 말을 식별하기 위한 듣기이고, 평가적 듣기는 단순한 인식을 넘어서 들은 내용에 대한 평가와 비판을 하기 위한 듣기이다. 정보 습득적 듣기는 정보와 지식을 습득하기 위한 듣기이고, 이해적 듣기는 정보 습득적 듣기를 심화시킨 것이다.

1.5.3. 태도에 따른 분류

듣는 사람의 태도에 따라 분석적 듣기와 공감적 듣기로 나뉘기도 한다. 분석적 듣기는 상대방의 말을 듣고 분석하고 검토함으로써 전체 내용을 이해하는 듣기 방법으로, 강의나 선거 유세, 방송 뉴스, 텔레비전 광고 등을 들을 때 사용된다.

공감적 듣기는 상대방의 생각이나 감정을 이해하는 데 듣기의 일차적인 목적이 있다. 상대에게 신뢰와 친밀감을 주므로, 부모나 교사, 전문 상담인에게 필요한 기술이라고 하겠다. 공감적 듣기는 다시 적극적 듣기와 소극적 듣기로 나눌 수 있는데 적극적 듣기와 소극적 듣기를 참 듣기와 건성 듣기라고도 한다.

Flippo(1961)에서는 듣기를 청자와 말하는 사람과의 관계에 따라 주변적 듣기, 비판적 듣기, 역지사지적 듣기로 구분한 바 있다. 주변적 듣기는 말하는 이에게 최소한의 주의를 기울이고 내용의 변두리만을 듣는 방법이다. 이러한 듣기는 오해를 야기하고 상대방을 모욕하는 결과를 가져오기도 하므로 조심해야 하는데 때로는 담화 전략상 일부러 상대를 무시하는 태도를 나타낼 때 이용되기도 한다.

비판적 듣기는 말하는 사람에게 전반적인 주의를 기울이기는 하지만, 듣는 사람의 관점에서 평가하는 방법이다. 즉 상대방을 이해하려는 측면보다는 듣는 사람의 관점에서 판단하게 된다. 듣는 사람은 상대방의 말이 끝나기도 전에 자신의 말을 하고자 하며, 반항적인 상태가 되어 의사소통에 문제를 일으키기도 한다. 또한 상대방에 대한 반박과 비판에 기울어지기 쉬우므로 논쟁이 일어나거나 아예 의사소통이 막히게 되기도 하므로, 토론이나 토의와 같이 비판적 듣기가 필요한 경우 다음의 역지사지적 듣기와 병행하는 것이 좋다.

역지사지적 듣기란 말하는 사람의 말을 정중하게 듣고 상대방의 입장에서 그 의도를 이해하고자 하는 방법이다. 듣는 사람은 상대방의 말을 듣는 동안 비판하거나 평가하기보다 자신이 상대방의 입장이 되었다고 생각해야 하므로 이를 감정 이입적 듣기라고도 한다.

2. 듣기 교육의 기초

2.1. 듣기 교육의 목표

2.1.1. 듣기 교육의 다차원적 목표

듣기 교육은 언어 이해 기능 중 가장 기본적인 기능인 듣기에 대한 교육으로, 다른 언어 기능의 기초가 되는 핵심 역량인 듣기 능력을 기르는 것이 궁극적인 목표가 된다. 특히 제2 언어로서의 듣기는 학습자에게 언어 입력(input)의 가장 주요한 통로로 작용하며, 학습자의 언어 습득 과정 전반에 걸쳐 선행 기능으로서 결정적 역할을 한다. 듣기는 단순히 음성을 감지하는 단계에 머무르지 않고, 청자가 주의를 집중하여 발화 신호를 선택적으로 처리하고, 의미를 조직하며, 화자의 의도를 추론하고, 배경지식과 결합하여 담화를 전체적으로 재구성하는 고차원적인 인지·정의·사회적 처리 과정을 포함한다는 점에서 그 교육적 의의가 더욱 크다.

1장에서 살펴보았듯이 듣기는 지각, 주의, 해석, 기억, 반응의 연속적이고 상호 연결된 복잡한 인지 과정이다. 특히 Clark & Clark(1977), Anderson &

Lynch(1988), Brown(2000) 등 다양한 연구에서 제시한 듣기 처리 과정은 청취가 단순한 수용이 아닌 능동적이고 전략적인 정보 처리임을 입증한다. 이와 같은 듣기의 특성은 모어와 제2 언어 청취 모두에서 공통되지만, 제2 언어로서의 듣기는 음운·어휘·구문 처리의 불완전성과 문화적 함의 해석의 어려움으로 인해 인지적 부담이 훨씬 더 크다는 점에서 차별성을 가진다.

따라서 한국어 듣기 교육은 음성 신호의 변별과 정보 수용에 국한되지 않고, 학습자가 실제 의사소통 상황에서 담화 구조를 이해하고 발화의 함의를 추론하며, 사회문화적 맥락을 고려하여 의미를 구성할 수 있도록 하는 것을 목표로 해야 한다. 이를 통해 학습자는 정보의 핵심을 파악하고 불필요한 정보를 걸러내며 필요한 정보를 선별적으로 처리하는 전략을 습득할 수 있다. 이러한 전략은 듣기 능력을 안정적으로 유지할 뿐 아니라, 말하기·읽기·쓰기 등 다른 언어 기능과의 유기적 연계를 통해 학습자의 종합적 의사소통 역량을 강화하는 데 기여한다.

이에 한국어 듣기 교육의 목표는 단일한 듣기 기술의 숙달을 넘어, 전반적인 언어 이해력, 의사소통 수행력, 전략적 사고력, 정의적 안정성 등을 종합적으로 고려한 다차원적 목표 체계로 설정되어야 한다. 나아가 학습자가 듣기 과정에서 경험할 수 있는 정의적 불안이나 스트레스를 완화하고, 주의 집중과 배경지식 활성화, 맥락 예측 등 상위 수준의 학습 전략을 자연스럽게 활용할 수 있도록 지원함으로써, 실제 상황에서 자율적이고 효율적으로 한국어를 청취하고 활용할 수 있는 능력을 길러주어야 한다.

듣기 교육의 다차원적 목표에 대해 구체적으로 논의하자면 다음과 같다.

첫째, 기본적인 의미 이해 능력의 향상이 듣기 교육의 가장 기초적인 목표이다. 이는 한국어의 음운 구조, 문장 구성, 어휘적 의미, 억양과 강세 등을 정확히 식별하고 이를 통합적으로 결합하여 의미를 파악하는 능력을 포함한다. 학습자는 유사한 발음을 구별할 뿐만 아니라, 화자와 맥락을 고려하여 적절한 의미를 도출해야 하며, 이는 단순한 지각 수준을 넘어선 고차원적 의미 구성과 정보 처리 능력에 해당한다.

둘째, 담화적·화용적 맥락에서의 언어 이해력 향상도 중요한 목표이다. 실제 구어 담화에서는 주어 생략, 비유적 표현, 간접 화법 등 문법 외적 요소가 빈번히 나타나며, 발화자의 의도, 감정, 사회적 관계, 담화의 목적 등을 종합적으로 고려해야만 담화를 온전히 이해할 수 있다. 이를 위해 학습자는 화자의 발화 방식, 억양 패턴, 대화 상대방과의 사회적 맥락 등을 포괄적으로 해석할 수 있는 능력을 배양해야 한다.

셋째, 듣기에서의 전략적 사고력과 정의적 안정성의 함양 역시 중요한 목표가 된다. 학습자가 다양한 발화 상황에서 정보의 중요성을 판단하고 주의 집중의 초점을 조절하며, 필요한 정보를 선택적으로 기억하고 불필요한 정보는 걸러내는 전략적 사고력을 개발해야 한다. 동시에 새로운 언어 환경에서 듣기 수행에 대한 불안이나 긴장을 완화하고 학습 과정에서의 자신감을 높이는 정의적 안정성을 확보하는 것도 필수적이다. 이를 위해 듣기 활동의 단계별로 전략 훈련을 체계화하고, 학습자가 스스로 이해 과정을 점검·조절하며 한국어 듣기에 대한 심리적 거부감을 완화하고 학습을 지속할 수 있도록 자기 조절 학습(self-regulated learning) 능력과 듣기 효능감(listening efficacy)을 강조해야 한다.

넷째, 듣기를 통한 다른 언어 기능과의 통합적 활용이 가능하도록 유도해야 한다. 듣기와 말하기는 실제 의사소통 상황에서 순차적이거나 동시에 작용하며, 듣기와 읽기, 듣기와 쓰기 역시 과제 중심 활동이나 전략적 훈련을 통해 유기적으로 연계될 수 있다. 예컨대 강의를 듣고 발표하거나, 안내 방송을 듣고 관련 정보를 정리하는 과제는 듣기를 기반으로 다른 언어 기능을 결합해 종합적으로 적용하는 대표적 예이다.

결론적으로 한국어 듣기 교육은 학습자가 목표어에 대한 입력과 언어 이해, 담화 해석과 전략 활용, 학습 전략과 정의적 안정, 그리고 다른 언어 기능과의 연계까지 단계적으로 성취하도록 이끄는 체계적이고 총체적인 교육으로 설계되어야 한다.

2.1.2. 숙달도별 듣기 교육 목표

듣기 교육의 목표는 학습자의 숙달도에 따라 점진적이고 계열적으로 구조화되어야 한다. 한국어 듣기 교육의 숙달도별 목표를 구체화하기 위해 전반적인 외국어 듣기 교육에서 숙달도별 목표를 어떻게 체계적으로 설정하고 있는지 살펴보고자 한다. 언어 교육에서 신뢰할 수 있는 국제 표준 언어 교육의 성취 기준으로는 대표적으로 CEFR, ACTFL, ALTE Framework 등을 들 수 있다. 이들은 현재 전 세계 언어 교육 현장에서 가장 널리 사용되며, 언어 능력 평가와 교수 목표 설정에 공통 기준을 제공한다.

먼저 CEFR(Common European Framework of Reference for Languages)는 유럽평의회에서 개발한 공통 언어 참조 기준으로, 학습자의 언어 이해와 산출 능력을 6단계(A1~C2)로 세분하여 기술한다. 특히 듣기 능력은 텍스트의 복잡성, 발화 속도, 화자의 의도 파악 등을 중심으로 단계별로 정교하게 제시되어 있다. CEFR에서 제시하는 학습 단계별 듣기 성취 기준을 요약하면 (1)과 같다.

(1) CEFR 세부 단계별 듣기 청취 기준

단계	듣기 성취 기준
A1	• 익숙한 단어와 기본적인 표현을 이해할 수 있다. • 매우 짧고 단순한 말하기를 이해할 수 있다. • 느리고 명확하게 발화되는 말을 반복해서 들었을 경우 이해할 수 있다.
A2	• 일상생활에 자주 쓰이는 단어와 표현을 담은 간단한 말하기를 이해할 수 있다. • 느리게 말한 경우, 짧고 명확한 지시나 정보를 이해할 수 있다. • 천천히 말한 짧은 대화나 간단한 안내 방송의 요지를 파악할 수 있다. • 간단한 설명이나 발표에서 핵심 정보를 이해할 수 있다.
B1	• 표준 발화로 된 익숙한 주제의 명확한 말을 이해할 수 있다. • 직장, 학교, 여가 활동과 관련된 익숙한 주제에 관한 설명을 이해할 수 있다. • 라디오나 텔레비전 방송에서 느리고 명확하게 말하는 내용을 이해할 수 있다.

B1	• 이야기가 구조화되어 있고 익숙한 어휘를 사용할 경우 줄거리와 세부 사항을 파악할 수 있다.
B2	• 명확하고 표준적인 발화로 이루어진 복잡한 설명이나 담화를 이해할 수 있다. • 익숙하지 않은 주제에 대해서도 방송이나 강의를 상당 부분 이해할 수 있다. • 다양한 억양과 말하기 스타일에도 불구하고 중요한 정보를 파악할 수 있다. • 추상적 주제나 기술적 설명도 맥락을 통해 추론하며 이해할 수 있다.
C1	• 복잡한 구조와 암시가 포함된 긴 발화도 문제없이 이해할 수 있다. • 강연, 토론, 발표 등에서 세부사항과 뉘앙스를 파악할 수 있다. • 논리적 흐름이 빠르거나 비표준 표현이 일부 포함되어도 전반적인 의미를 이해할 수 있다. • 청취 상황에서 주제 전환, 추상적 언급, 감정 표현 등을 감지할 수 있다.
C2	• 모든 유형의 구어 담화를 이해할 수 있다. • 매우 빠르거나 비표준적인 발화, 방언이 섞인 담화도 이해할 수 있다. • 청자에게 낯선 주제의 고차원적 의미나 은유, 암시도 해석할 수 있다. • 매우 복잡한 구조와 다양한 문화적 참조가 있는 담화도 실시간으로 완전하게 이해할 수 있다.

다음으로 ACTFL(American Council on the Teaching of Foreign Languages)은 미국 외국어 교육 평의회에서 제정한 언어 능력 지침으로, 실제 의사소통 수행력을 중심으로 단계화되어 있다. 듣기 능력은 Novice에서 Superior까지 점진적으로 요구되는 과제의 난이도와 반응의 신속성을 기준으로 설명된다. 단계별

세부 성취 기준은 (2)에서 확인할 수 있다.

(2) ACTFL 세부 단계별 듣기 성취 기준

단계		듣기 성취 기준
Novice	Low	• 문맥적 단서가 충분히 제공될 경우 고빈도 어휘 및 표현 일부를 인식할 수 있다. • 단어 수준의 인식만 할 수 있고 전체적인 의미 파악은 불가능하다.
	Mid	• 명확한 발화와 강한 문맥적 지원 아래 간단한 지시나 인사 등 고빈도 단어와 구문 일부를 이해할 수 있다.
	High	• 문맥 지원이 있는 상황에서 짧은 문장 또는 표현 단위의 발화를 이해할 수 있다
Intermediate	Low	• 일상적 개인 및 사회적 맥락에서, 문장 단위의 단순한 발화를 들을 수 있다.
	Mid	• 반복적 상황에서 짧은 대화를 이해할 수 있으며, 익숙한 주제에서는 핵심 의미를 파악할 수 있다.
	High	• 일정한 자신감을 가지고 문장 중심의 발화를 이해할 수 있으며, 중·고급 수준 텍스트에서 핵심 정보를 일부 파악할 수 있다.
Advanced	Low	• 구조가 명확한 짧은 이야기나 설명문을 이해할 수 있으며, 주요 사실과 일부 세부 정보를 파악할 수 있다.
	Mid	• 일반 주제에 대한 길고 연결된 내러티브나 설명문을 이해할 수 있으며, 화자의 암시를 일부 추론할 수 있다.
	High	• 다양한 길이의 설명문과 복잡한 사실 중심 담화를 자신 있게 이해할 수 있으며, 추상적 주제도 일부 이해하고 의도까지 파악할 수 있다.

Superior	• 전문적 발표, 학술 연설, 토론 등 언어적으로 복잡한 발화를 이해할 수 있다. • 화자의 의도, 태도, 문화적 맥락을 고려하여 의미를 추론할 수 있다. • 비속어, 관용 표현, 사용역 변화를 포함한 언어 사용에 민감성을 보이면서, 구성 구조와 정서적 뉘앙스를 이해할 수 있다.
Distinguished	• 원어민 수준의 담화 이해 능력을 갖추어 모든 유형의 구어 담화를 자유자재로 이해할 수 있으며, 대부분의 속어, 은유, 알레고리까지 파악할 수 있다. • 복잡한 논리 구조, 문화적 레퍼런스, 낭만적 표현까지 명확하게 이해할 수 있다.

마지막으로 ALTE(Association of Language Testers in Europe) Framework는 유럽 내 언어 시험 기관 협회에서 개발한 기준으로, CEFR에 준하는 5단계 등급을 설정하고 이를 실제 시험 문항 설계와 과제 유형과 연계하여 사용한다. 특히 듣기 과제는 실제성(authenticity), 맥락(context), 정보량(information load) 등을 반영하여 난이도를 정의한다. 듣기/말하기 영역에서 학습자가 실제로 할 수 있는 기능 중심의 언어 수행 능력을 단계적으로 제시하는 것이 특징이다. 구체적인 듣기 성취 기준은 (3)과 같다.

(3) ALTE Framework 세부 단계별 듣기 성취 기준

단계		듣기 성취 기준
Level 1	A2	• 일상적 상황에서 짧고 간단한 요구를 듣고 대응할 수 있다. • 간단한 질문에 대해 사실에 기반한 답변을 이해하고 응답할 수 있다.

Level 2	B1	• 친숙한 주제에 대해 상대가 천천히 명확히 말할 경우 비교적 긴 설명이나 대화를 이해할 수 있다. • 가벼운 정보 교환(날짜, 가격, 일정 등)에 참여하고 요구 사항을 파악할 수 있다.
Level 3	B2	• 표준 억양의 자연스러운 담화 속에서 주요 요점과 세부 사항을 이해할 수 있다. • 뉴스, 강의, 토론 등에서 핵심 정보를 파악하고 요약할 수 있다.
Level 4	C1	• 복잡하거나 추상적인 주제에 대한 대화나 설명을 청취하고, 내용의 흐름과 화자의 입장을 이해할 수 있다. • 비유적 표현이나 암시에 대응하며 적절하게 반응할 수 있다.
Level 5	C2	• 은어, 방언, 빠르거나 불규칙한 발화 등 다양한 구어 스타일을 완전히 이해할 수 있다. • 논리적 구조, 문화적 참조, 사회적 맥락이 포함된 담화를 실시간으로 분석하고 파악할 수 있다.

위에서 제시된 외국어 교육을 위한 듣기 성취 표준은 외국어로서의 한국어 듣기 교육에서도 단계별 목표 설정과 평가 도구 개발의 이론적 토대가 되며, 특히 학습자 맞춤형 과제 설계에 실질적으로 활용될 수 있다. 기존의 외국어 및 제2 언어 듣기의 숙달도별 국제 성취 기준을 기준으로 한국어 듣기 교육에서 단계별로 설정할 수 있는 구체적인 목표를 논의할 수 있다.

한국어 듣기 교육에서는 학습자의 숙달도에 따라 초급, 중급, 고급의 단계적 목표를 구체적으로 설정함으로써 교육적 일관성과 체계성을 확보해야 한다. 이러한 목표 설정은 단지 학습자의 언어 수준에 따른 난이도 조절에 그치지 않고, 각 단계에서 학습자가 청취를 통해 수행해야 할 언어적, 인지적, 정의적 기능의 범위를 명확히 규정하고, 이를 바탕으로 교수·학습 활동과 평가, 전략 지도 전반을 통합적으로 구성하는 데 핵심적 역할을 한다.

우선 초급 단계의 학습자는 국제 기준에 따라 CEFR A1~A2, ACTFL Novice Mid~High, 그리고 ALTE Level 1에 대체로 해당하며, '자주 사용하는 일상 표현을 듣고 이해하는 능력', '짧고 단순한 말에 반응할 수 있는 능력'이 중요하다. 이 단계에서는 느리고 명확한 발화를 중심으로 일상생활에서 필요한 기본 정보를 듣고 이해하는 능력을 기르는 데 목표를 둔다. 이 단계에서 듣기 과제는 숫자, 시간, 요일, 장소, 가격 등과 같이 현실 생활에서 자주 접할 수 있는 정보 단위에 초점을 맞추어 설계되어야 하며 짧은 문장 구조와 반복적인 표현을 통해 학습자가 음성과 의미 간의 연결을 안정적으로 형성할 수 있도록 도와주어야 한다. 듣기 교육 목표는 단어 수준을 넘어서 간단한 문장을 이해하고, 이에 대응할 수 있는 기초적인 의사소통 기능을 수행할 수 있는 능력의 함양으로 설정되며, 이를 위해 시각 자료, 반복 청취, 단순한 질문–응답 구조를 포함한 활동이 효과적으로 활용된다.

중급 단계에 진입한 학습자는 보다 자연스러운 속도와 다양한 억양을 가진 구어체 발화에 익숙해져야 하며, 이를 통해 문장 간 연결 관계, 화자의 감정과 의도, 주요 주장과 세부 정보의 구분 등 담화의 구조적 특성을 파악할 수 있는 능력을 길러야 한다. 한국어 교육에서 중급 수준은 CEFR B1~B2, ACTFL Intermediate High~Advanced Low, ALTE Level 2~3에 해당하며, 교육 목표는 '익숙한 사회적 주제의 담화를 이해하고 요점을 파악할 수 있는 능력', '다소 복잡한 언어 사용에도 대응할 수 있는 이해력'으로 요약된다. 따라서 듣기 교육의 목표는 단순 정보 수용을 넘어선 맥락적 이해와 추론적 사고의 발현으로 확장될 필요가 있다. 이에 듣기 과제는 뉴스, 라디오, 인터뷰, 안내 방송, 전화 대화 등 현실적인 담화 자료를 활용해 학습자가 사회적·공적 의사소통 상황에 적응할 수 있도록 구성되어야 하며 듣기 후 활동에서는 핵심 정보 요약, 화자의 입장 추론, 관련 내용의 비교 및 평가 등이 통합적으로 제시되어야 한다. 특히 중요한 것은 학습자가 전략적으로 청취 활동을 조절하는 능력, 즉 예측, 핵심어 추적, 요약, 자기 점검 등의 전략을 실천적으로 사용할 수 있는 기반을 갖추는 것이다.

고급 단계에 이르면 학습자는 복잡한 문장 구조와 추상적인 담화 내용, 발화자의 감정과 사회적 배경까지 포함된 고차원적 청취 상황에 능동적으로 대응할 수 있어야 한다. 이 단계는 국제 기준상 CEFR C1~C2, ACTFL Advanced Mid~Superior, ALTE Level 4~5에 대응하며, '복잡한 주제나 전문적 담화에서도 핵심 논지를 파악하고, 비판적 사고를 바탕으로 정보를 재구성할 수 있는 능력'을 요구한다. 이때 듣기 목표는 단지 발화를 이해하는 데 그치지 않고, 청취 내용을 비판적으로 분석하고 재구성하며, 자신의 언어 자원으로 전이할 수 있도록 설정되어야 할 것이다. 더불어 고급 단계의 교육은 학습자의 학습 목적에 따라 분화되는 경향이 뚜렷하다. 예컨대 학문 목적 학습자는 대학 강의, 학술 발표, 토론 등 학문적 담화를 듣고 핵심 개념을 파악하고 주장 구조를 분석하며, 다양한 인지 전략을 통해 정보를 체계화할 수 있는 능력을 갖추어야 한다. 반면 직업 목적 학습자는 회의, 브리핑, 업무 지시, 고객 상담 등 실무 환경에서의 발화를 듣고 내용을 빠르고 정확하게 이해한 뒤, 실질적인 과업 수행으로 연결할 수 있어야 한다. 이처럼 고급 단계에서는 담화의 장르적 특성, 화자의 의도 및 입장, 문화적 함의와 사회적 맥락까지 포함한 총체적 의미 이해가 가능해야 하고 듣기 자료 또한 이에 부합하는 고차원적이며 정보성과 실제성을 갖춘 담화를 중심으로 구성되어야 한다.

종합적으로 한국어 듣기 교육에서의 단계별 목표 설정은 국제 기준을 참고하되, 이를 기계적으로 모방하기보다 한국어 학습자의 실제 사용 맥락과 학습 목적에 맞추어 조정·적용해야 한다. 특히 듣기 과제는 단순 정보 수용이 아닌, 맥락 이해, 전략 사용, 의미 확장, 상호 작용 역량까지 통합하는 방식으로 설계되어야 하며 이와 같은 구조는 학습자의 실제 언어 수행 능력을 지속적으로 강화하는 토대가 된다. 듣기 교육이 단순히 '듣는 연습'의 영역에 머무르지 않고 의미 구성과 자기 조절 능력을 동시에 요구하는 고차원적 언어 활동으로 인식되어야 하기에 각 단계의 목표는 그러한 인식에 기반한 명확한 설계로 뒷받침되어야 한다는 것이다.

2.1.3. 듣기 교육의 정의적 목표

듣기 교육은 인지적 목표뿐 아니라, 학습자의 정의적 안정성과 심리적 수용성을 높이는 목표를 함께 지향해야 한다. 듣기 과제는 학습자에게 언어 정보의 실시간 처리, 내용 이해, 정답 도출 등을 요구하며, 그 과정에서 말소리 인식 실패, 과제 부담, 시간 압박, 평가 상황의 긴장감 등 복합적인 심리적 스트레스 요인을 내포하고 있다. 특히 제2 언어 학습 환경에서는 언어적 불확실성과 사회문화적 낯섦이 결합되어, 듣기 수행에 대한 학습자의 불안감을 더욱 심화하는 경향이 있다.

이러한 정서적 반응은 단순한 감정 상태에 머무르지 않고, 학습자의 인지 처리 능력, 전략 사용 행동, 자기 평가에 이르기까지 언어 수행 전반에 실질적인 영향을 미친다. 듣기 불안은 집중력 저하, 효능감 감소, 수행 회피 등으로 이어지는 심리적 악순환을 유발하며, 반복되면 학습자의 자기개념과 학습 지속성에까지 영향을 미친다. 특히 청취 평가나 공개적인 수업 활동과 같이 평가적 요소가 가미된 상황에서는 학습자의 정서적 반응이 더욱 예민해지며, 이는 곧 학습 성과의 저하로 이어질 수 있다.

반대로, 듣기 과제에서 반복적 성공 경험과 긍정적인 피드백을 경험한 학습자는 듣기에 대한 자기 신뢰(self-confidence)를 형성하게 되고, 이를 바탕으로 자기 효능감(self-efficacy)이 강화된다. 실제로 듣기 효능감이 높은 학습자는 듣기 실패 가능성을 위협 요인이 아닌 도전 과제로 수용하며, 듣기 중 발생하는 오류나 공백에 대해 보다 전략적으로 대응하는 경향을 보인다. 이들은 실패를 회피하거나 낙담하는 대신, 전략 사용이나 반복 청취 등을 통해 해결 방안을 모색하려는 태도를 보이며, 이는 곧 학습의 지속성과 자율성을 강화하는 결과로 이어진다.

따라서 듣기 교육의 정의적 목표는 단순히 불안을 줄이는 데 그치지 않고, 학습자가 듣기 과제를 '심리적으로 수용 가능한 학습 영역'으로 인식할 수 있도록 돕는 것이어야 한다. 이는 교수자의 언어 사용 방식, 수업 분위기, 피드백 제공 방식, 과제 설계 등의 모든 요소에 반영되어야 하며, 학습자가 듣기 활동을 통해 작은 성공을 누적해 갈 수 있도록 정서적 지지 기반을 마련해 주는 것이 핵심이다.

특히 다음과 같은 요소들은 정의적 안정성을 고려한 듣기 교육 목표 실현을 위한 구체적 수단이 된다. 첫째, 듣기 전략 사용 교육을 통해 학습자가 청취 실패를 감정적 위협이 아닌 학습 기회로 전환할 수 있도록 한다. 둘째, 반복 청취 기회 제공은 학습자의 인지 부담을 완화하고, 정보 처리 과정을 재구성하는 데 도움을 준다. 셋째, 과정 중심의 피드백 제공은 수행 결과가 아닌 노력과 전략 사용에 초점을 맞추어, 학습자의 동기와 자존감을 유지할 수 있도록 돕는다. 이러한 요소들은 듣기 교육의 정의적 목표를 실현하는 실질적 전략으로 기능하며, 학습자 중심 수업의 정서적 토대를 강화할 수 있다.

결과적으로, 듣기 교육은 언어적 과제 수행만이 아니라, 학습자의 심리 상태, 감정, 인식 구조 전반을 고려한 정의적 목표가 병행되어야 비로소 효과적인 교육 결과를 도출할 수 있다. 듣기를 가능한 것으로 느끼게 하는 교육, 듣기를 통해 의사소통에 성공할 수 있다는 감정적 확신을 갖게 하는 교육이야말로 지속 가능한 한국어 학습의 기반이 되기 때문이다.

2.2. 듣기 교육의 원리

듣기 교육은 단순한 기술 습득 과정이 아니라, 언어 입력을 통해 의미를 구성하고, 언어 체계를 내면화하며, 실제 의사소통에서 기능적 수행력을 키우는 복합적 교수–학습 활동이다. 이를 실현하기 위해서는 이론적 근거와 경험적 성과에 기반한 명확한 교수 원리가 뒷받침되어야 한다. 이 절에서는 듣기 교육의 핵심 원리를 이해 중심, 실제성, 과제 중심과 상호 작용, 전략 통합의 네 가지 측면에서 살펴보기로 한다.

2.2.1. 이해 중심 듣기

이해 중심 듣기 원리는 Krashen이 제안한 '이해 가능한 입력(comprehensible input)' 이론에 근거하며, 제2 언어 습득의 자연스러운 과정을 설명하는 핵심 개념으로 자리 잡고 있다. Krashen(1985)는 학습자가 이미 이해할 수 있는 언어 수준(i)보다 약간 높은 수준(i+1)의 입력을 지속적으로 접할 때, 언어는 암기나 의식적인 문법 학습이 아니라 자연스러운 노출과 의미 처리 과정을 통해 내면화될 수 있다고 주장하였다. 이 이론은 특히 듣기 교육에서 중요한 시사점을 제공하는데, 그 이유는 듣기가 학습자에게 가장 먼저 도달하는 언어 입력의 경로이자, 말하기·읽기·쓰기 등 다른 언어 기능의 발달을 위한 기반으로 작용하기 때문이다.

이해 가능한 입력이란 단지 쉬운 언어 자료를 의미하는 것이 아니라, 학습자의 배경지식, 맥락 이해, 시각적 정보 등 다양한 보조 자원을 통해 학습자가 새로운 언어 항목을 스스로 추론하고 구성할 수 있도록 돕는 입력을 뜻한다. 따라서 듣기 수업에서 교사가 제공하는 입력은 학습자의 언어 수준에 맞추어 조정되어야 하며, 이 입력을 학습자가 능동적으로 해석하고, 의미 중심으로 처리할 수 있도록 교수적 지원이 뒤따라야 한다. 이는 듣기 수업이 단순히 음성을 반복적으로 들려주는 수동적인 활동이 아니라, 학습자가 언어적 신호 속에서 의미를 구성해 내는 인지적·정서적 과정을 중심에 둔 활동이 되어야 함을 의미한다.

이러한 이해 중심 접근은 구조주의적 반복 훈련이나 문법 설명 위주의 접근과 뚜렷이 구별된다. 전통적인 교수법에서는 문장을 암기하거나 문법 규칙을 명시적으로 설명하고 적용하는 방식으로 듣기 능력을 개발하려 하였지만, 이해 중심 접근에서는 언어를 의사소통의 도구로 인식하고, 실제적 맥락 속에서 의미 전달의 경험을 통해 언어가 습득된다고 본다. 예를 들어, 학습자가 강의, 인터뷰, 안내 방송과 같은 실제 담화를 듣고 화자의 의도를 파악하거나 담화의 흐름을 따라가며 내용을 예측하는 활동은 단순히 듣기 자료를 반복해서 청취하는 활동보다 훨씬 효과적인 언어 내면화의 경로가 된다.

이해 중심 듣기 수업에서는 학습자의 인지적 부담을 낮추고 이해 가능한 입력을 제공하기 위해 다양한 교수 전략이 활용된다. 대표적으로 듣기 전(pre-listening) 활동을 통해 듣기 주제와 관련된 배경지식을 활성화하고, 듣기 중(while-listening)에는 시각 자료, 듣기 과제, 반복 청취 등의 지원을 통해 핵심 내용을 파악하도록 돕는 방식이 있다. 그리고 듣기 후(post-listening)에는 요약, 재구성, 표현 활동 등을 통해 학습자의 이해를 정교화하는 것이다. 이처럼 듣기 과정을 단계화하고 의미 구성 중심의 과제를 배치하는 것은 학습자가 듣기 입력을 언어 습득의 자극으로 전환하는 데 효과적인 방법이다.

또한 이해 중심 접근은 학습자의 정의적 요인, 즉 동기, 불안, 효능감과도 밀접하게 연관되어 있다. 지나치게 높은 수준의 입력은 학습자의 좌절감을 유발하고, 너무 쉬운 입력은 도전 의식을 떨어뜨리기 때문에, 적절한 난이도의 'i+1' 입력 제공은 학습자가 도전과 성공의 균형을 경험하며 듣기 능력을 점진적으로 확장할 수 있도록 한다. 특히 듣기 불안이 높은 학습자에게는 시각적 단서, 명확한 과제 안내, 반복 청취와 같은 전략적 지원을 통해 학습자가 입력에 집중하고 해석할 수 있는 심리적 안정감을 제공하는 것이 중요하다.

결국 이해 중심 듣기 원리는 언어 입력을 '이해 가능한 상태'로 제공하는 데 그치지 않고, 학습자가 해당 입력을 실제 의사소통 상황 속에서 의미 있는 자극으로 받아들이고, 이를 통해 내면화된 언어 지식을 자연스럽게 형성해 나갈 수 있도록 하는 통합적 접근이다. 이는 현대 한국어 교육이 추구하는 실제 사용 기반 언어 교육, 즉 학습자가 교실 밖의 맥락에서도 한국어를 이해하고 사용할 수 있는 능력을 기르는 데 부합하는 교수 원리라 할 수 있다.

2.2.2. 실제성 있는 듣기 입력

듣기 교육에서 '실제성(authenticity)'은 학습자가 언어를 실제 사용 환경과 유사한 맥락에서 접할 수 있도록 하는 교육 원리로, 듣기 이해력의 향상뿐 아니라 학습 내용의 전이 가능성을 결정짓는 핵심 요소이다.

종종 교육 현장에서 '실제성 있는 자료(authentic materials)'가 '실자료(real materials)'와 동일한 개념으로 이해되거나 활용되기도 하는데, 이들은 교육학적 관점에서 명확히 구분될 필요가 있다. 실자료란 언어 학습 목적과 관련 없이 실제 언어 공동체에서 생산된 언어 산출물 그 자체로서, 일상 대화를 포함한 뉴스 방송, 라디오 인터뷰, 영화 대사, 안내 방송 등 다양한 담화의 실제 모습이 포함된다. 반면 실제성 있는 자료는 반드시 실자료일 필요가 없으며, 오히려 학습자의 발달 수준과 학습 목적에 맞게 조정된 교육 자료로서의 의미가 보다 강하다. 특히 언어 학습에 적합하도록 변형된 담화이지만 실제 의사소통 맥락을 반영하고 언어 사용의 사회적 기능을 구현하는 자료라는 것이 중요하다.

즉, 실제성 있는 듣기 자료(authentic listening materials)는 학습자가 실제 사회적 의사소통 상황에서 마주하게 되는 언어 사용 환경과 유사한 조건에서 언어 입력을 경험할 수 있도록 설계된 자료를 의미한다. 이는 단순히 원어민이 발화한 실자료를 그대로 활용하는 것을 넘어서, 언어의 형식적 특성과 함께 담화의 목적, 상황 맥락, 화용적 요소, 사회문화적 배경 등 언어 사용의 실제적인 조건을 통합적으로 반영하는 교육적 구성물이다.

실제성 있는 듣기 자료는 무엇보다 자연스러운 발화 속도와 억양을 포함하고 있어야 한다. 실제 담화에서는 완결된 문장보다는 머뭇거림, 반복, 축약, 연결 발화 등과 같은 구어적 특성이 빈번히 나타나며, 이러한 특성을 반영한 자료는 학습자가 실제 언어의 운율, 리듬, 억양에 익숙해지는 데 기여할 수 있다. 또한 담화가 이루어지는 상황 맥락이 학습자에게 인지 가능해야 하며, 청자가 발화가 일어나는 시간과 장소, 화자 간의 관계, 사회적 목적 등을 추론할 수 있도록 명료한 상황 단서를 포함하고 있어야 한다. 이러한 맥락 정보는 단어 수준의 이해를 넘어서 담화 전체의 흐름을 파악하고 화자의 의도를 해석하는 데 실마리를 제공한다.

이와 더불어 실제성 있는 자료는 화자의 의도와 이를 실현하기 위한 언어 전략을 반영하고 있어야 한다. 정보 제공, 요청, 설득, 감정 표현 등 다양한 의사소통 목적이 명확히 나타나야 하며, 이를 수행하기 위해 화자가 사용하는 전략적 언어 표현, 즉 간접화법, 주의 환기, 화제 전환, 완곡한 요청 등도 포함되어야 한다. 이러한 전략은 단순한 문장 해석을 넘어 맥락 기반의 담화 해석 능력을 요구하며, 학습자가 실제 의사소통 상황에서 적절히 반응할 수 있는 기반을 형성한다.

또한 다양한 발화 유형과 층위에 따른 담화 주제가 제공되어야 한다. 설명, 안내, 감정 표현, 토론 등 현실에서 접하게 되는 다양한 담화 유형을 포함하는 자료는 학습자의 인지적 흥미를 자극하고, 반복되는 유형에 대한 전략적 처리 능력을 길러 준다. 주제 역시 일상생활에 가까운 개인적 주제에서 출발하여 점차 사회적, 학문적 주제로 확장될 수 있도록 구성되어야 하며, 이는 학습자의 숙달도에 따라 점진적으로 조정될 필요가 있다.

그뿐만 아니라 실제성 있는 듣기 자료는 다양한 화자의 언어 변이를 포함하고 있어야 한다. 발화자의 성별, 연령, 억양, 발화 습관, 지역 방언 등은 실제 언어 환경에서 피할 수 없는 요소로서, 이를 반영한 자료는 학습자가 다양한 화자의 발화를 인식하고 의미를 처리할 수 있는 인지적 유연성과 전략적 수용 능력을 함양하는 데 기여한다.

마지막으로, 담화의 구성과 전개 방식은 실제 언어 사용에서 일반적으로 나타나는 텍스트 기능과 일관성을 유지해야 한다. 정보 제시의 순서, 전환 표현, 요점 강조 등은 청자가 발화의 흐름을 따라가고 내용을 조직화하는 데 핵심적인 단서가 되므로, 이러한 구조적 측면이 충실히 반영된 자료일수록 교육적 효과는 극대화될 수 있다.

요컨대, 실제성 있는 듣기 자료는 언어의 형태뿐 아니라 담화의 기능, 화자의 목적, 사회적 맥락, 발화 전략과 구조를 포괄적으로 반영하는 것이 핵심이며 이는 단순한 실자료를 넘어서 학습자 중심의 의사소통적 언어 환경을 구현하는 핵심 요소로 작용한다. 교사는 이러한 기준을 바탕으로 듣기 자료를 선택하거나 개발할 때, 언어적 사실성뿐 아니라 교육적 유용성, 학습자 반응성, 전략적 활용 가능성을 함께 고려해야 할 것이다.

이러한 실제성 있는 듣기 입력은 한국어 학습자의 듣기 능력에 다면적인 긍정적 효과를 가져온다. 첫째, 발화의 음성적 실현과 담화적 구조에 익숙해짐으로써 학습자는 단순한 의미 인식에서 나아가 추론, 요지 파악, 감정 해석 등 고차원적 이해 능력을 계발할 수 있다. 둘째, 실제 담화 유형을 바탕으로 과제를 수행하면서 학습자는 듣기 중 전략 사용 능력과 맥락 해석력까지 동시에 강화할 수 있다. 셋째, 현실적인 언어 사용에 노출되면서 자신이 실제 의사소통 상황에서 목표어를 사용할 수 있다는 효능감을 획득하고, 이는 궁극적으로 듣기 불안을 완화하는 정의적 안정성에도 기여한다.

수업 설계 차원에서는 실제성 있는 듣기 입력이 가진 난이도 조절의 어려움을 고려하여 자료 선정과 활용 방식에 전략적으로 접근하는 것이 필요하다. 예를 들어, 수업 전 활동에서는 자료의 주제와 상황, 핵심 어휘를 미리 소개하여 인지적 부담을 낮추고, 수업 중에는 시각 자료(이미지, 자막 등)와 병행하여 듣기를 돕고, 수업 후에는 반복 청취와 과제 기반 정리 활동을 통해 이해의 정교화를 유도할 수 있다. 또한 학습자 수준에 따라 실자료를 부분 발췌하거나 난이도를 조정한 가공 자료를 사용하되, 발화자의 발화 목적과 상황 맥락이 유지되도록 설계해야 한다.

교사는 듣기 자료를 단순 정보 전달 수단으로 보지 않고, 학습자가 실생활과 유사한 언어 경험을 할 수 있도록 구성된 '입력 환경'으로 인식해야 하며, 수업 전·중·후 단계에 걸친 전략적 지원을 제공할 수 있어야 한다. 나아가 자료의 실제성은 듣기 과제뿐 아니라 이후 말하기, 읽기, 쓰기 활동과도 연계하여 언어 기능 통합 학습을 유도할 수 있는 기반으로 활용되어야 한다.

2.2.3. 과제 중심 접근과 상호 작용성

과제 중심 접근(task-based approach)은 언어를 실생활에서 실제로 사용되는 방식으로 습득하도록 유도하는 교수 원리이다. 언어를 문법 구조나 어휘 목록처럼 분리된 지식으로 학습하는 것이 아니라, 의미를 중심으로 과제를 수행하는 과정 속에서 자연스럽게 내면화하도록 유도한다는 점에서 학습자의 인지적 참여와 정의적 몰입을 동시에 강화할 수 있다. 듣기 교육에서 과제 중심 접근을 적용하면 학습자는 단순히 수동적으로 듣는 데 그치지 않고, 청취한 정보를 바탕으로 특정 목적을 달성하기 위한 의사 결정이나 문제 해결을 요구받게 되므로 언어 입력에 대한 집중력과 처리 수준이 자연스럽게 높아진다.

과제 중심 듣기 수업에서 활용될 수 있는 대표적인 듣기 과제는 크게 네 가지 유형으로 구분할 수 있다. 친교형, 정보 수집형, 의사 결정형, 문제 해결형 과제이다. 이러한 유형 구분은 단순한 활동 분류를 넘어서, 각 과제가 요구하는 언어적 기능, 인지적 처리 수준, 상호 작용 방식 등을 교육적으로 고려하여 설계해야 할 근거가 된다.

먼저 친교형 과제(social interactional tasks)는 인사, 자기소개, 안부 묻기, 감정 공유 등 사회적 친밀감을 형성하고 유지하기 위한 상호 작용을 중심으로 구성된다. 이 과제에서는 화자의 정서, 태도, 관계성에 대한 인식이 중요하며 듣기 자료는 비형식적인 일상 대화, 사적인 음성 메시지, 자기소개 대화 등이 적합하다. 예를 들어 '처음 만난 사람의 자기소개를 듣고 공통점을 찾아보기', '음성 메시지를 듣고 상대의 감정을 추측해 보기', '상대방의 감정을 듣고 위로하거나 조언하기' 등의 과제가 활용될 수 있다. 교육 단계로는 초·중급 학습자에게 적합하며, 듣기 후 말하기로 자연스럽게 연결되는 구조를 설계하는 것이 바람직하다고 생각된다.

다음으로 정보 수집형 과제(information-gathering tasks)는 특정 주제에 대한 구체적이고 세부적인 정보를 듣고 파악하거나 비교하는 것을 목표로 한다. 일기 예보, 안내 방송, 뉴스, 일정 안내 등과 같은 실제성과 정보성이 높은 자료가 주로 사용되며, '기상 예보를 듣고 우산이 필요한 날을 고르기', '세 개의 관광지 설명을 듣고 각 장소의 특징을 표로 정리하기'와 같은 과제가 있다. 이 과제는 파악해야 하는 정보량에 따라 중급 수준 이상의 학습자에게 적합하며, 듣기 후 정보를 체계적으로 정리하거나 시각화하는 활동을 포함하여 듣기-쓰기, 듣기-말하기 연계 수업으로 확장하는 것도 효과적이다.

의사 결정형 과제(decision-making tasks)는 두 개 이상의 선택지 중 하나를 선택하거나 우선순위를 정해야 하는 과제로, 청취한 정보를 종합하고 평가하는 고차원적 사고가 요구된다. 예를 들어 '여행 상품 설명을 듣고 가장 적절한 상품 고르기', '세 가지 옵션을 듣고 팀원과 함께 하나를 결정한 후 이유 설명하기'와 같은 활동이 이에 해당한다. 이때 학습자는 듣기 입력을 분석하고, 대안을 비교·평가한 뒤 협의 과정을 통해 최종 결정을 내려야 하므로 듣기와 말하기를 통합한 상호 작용 활동이 자연스럽게 유도된다. 이 유형 역시 중급 이상 학습자에게 적합하며, 소그룹 의사소통 활동과 결합할 때 교육 효과가 높다.

마지막으로 문제 해결형 과제(problem-solving tasks)는 주어진 문제 상황을 듣고 해결 방안을 제시하는 활동으로, 비판적 사고와 창의적 언어 산출이 동시에 요구된다. 듣기 자료는 사건 설명, 문제 상황 안내, 고객 불만 접수 사례 등 현실적이고 도전적인 내용이어야 하며, 과제로는 '항의 전화를 듣고 문제 해결 방안을 제시하기', '사고 상황 안내 방송을 듣고 대응 순서를 정리하기', '문제 상황에 대해 조언하기' 등이 가능하다. 이 과제는 고급 이상의 숙달도를 가진 학습자에게 특히 유익하며, 발표나 보고서 작성 등 복합적인 과제로도 확장할 수 있다.

다양한 과제 유형을 통해 알아본바, 과제 중심 듣기 수업의 또 하나의 핵심은 상호 작용성(interaction)이다. 듣기란 본질적으로 말하기와 결합된 상호 작용적 기능이기 때문에, 청취 활동을 개별 처리로 제한하기보다는, 청취 후 반응, 협의, 재구성, 설명 등의 상호 작용을 유도해야 학습 효과가 극대화된다. 특히 정보차(information gap) 활동이나 역할극(role play)과 같이 학습자 간 정보 불균형을 전제로 하는 활동은 학습자들이 능동적으로 상대방의 발화를 주의 깊게 듣고 반응하게 만들어 실제 듣기 상황에 가까운 언어 처리 경험을 제공한다. 이 과정에서 학습자는 자연스럽게 사회 정의적 전략(socio-affective strategies)을 사용하게 되며, 학습 실패에 대한 심리적 부담도 완화된다. 또한 동료와의 협력 속에서 언어적 모형을 관찰하거나 모방할 수 있는 기회를 확보함으로써, 인지적 전이와 정의적 안정이 동시에 이루어질 수 있다.

정리하자면 과제 중심 듣기 수업은 입력의 실제성, 과제의 목적성, 활동의 상호 작용성이라는 세 가지 핵심 요소가 통합적으로 설계될 때 가장 큰 효과를 발휘할 수 있다. 듣기 과제는 반드시 학습자의 숙달도, 흥미, 사회 문화적 배경을 고려하여 단계적으로 구성되어야 하며, 듣기 전 단계에서는 배경지식 활성화와 과제 목적 제시, 듣기 중에는 과제 수행에 필요한 정보 집중, 듣기 후에는 결과 정리와 상호 피드백이 가능한 과제 구조가 바람직하다. 교사는 이러한 수업 구조 속에서 언어 입력의 양과 질을 조절하며, 학습자의 전략 사용을 도울 수 있는 지시와 자료를 제공해야 한다.

결과적으로 과제 중심 듣기 교육은 학습자 중심의 역동적인 언어 사용 환경을 조성하고, 실제 언어 사용 목적과 결합된 유의미한 활동을 통해 학습자의 듣기 능력은 물론, 사고력, 표현력, 사회적 소통 능력까지 동시에 함양할 수 있는 강력한 교육적 접근이라 할 수 있다.

2.2.4. 듣기 전략 교육

최근의 언어 교육에서는 '전략(strategy)'이라는 개념이 단순한 보조적 수단이 아니라, 학습자 중심 수업의 핵심 구성 요소로 인식되고 있다. 특히 듣기 교육에서는 전략의 사용 여부가 학습자의 과제 수행 능력, 이해 수준, 정의적 반응에 직결된다는 점에서 전략 교육의 중요성이 더욱 강조된다. 학습자가 듣기 과제를 성공적으로 수행하기 위해서는 어휘나 문법 지식만으로는 충분하지 않으며, 청취 중 의미를 예측하고, 핵심 정보를 선택하며, 이해되지 않는 부분을 맥락을 통해 추론하고 구조화할 수 있는 전략적 능력(strategic competence)이 필수적이다. 듣기는 실시간으로 의미를 처리해야 하는 언어 기술로서, 학습자가 인지적으로 매우 능동적인 방식으로 접근해야 하며, 이때 전략은 듣기 이해 과정을 촉진하고 안정화하는 중심적인 수단이 된다.

듣기 전략은 일반적으로 인지 전략(cognitive strategies), 메타 인지 전략(metacognitive strategies), 사회 정의적 전략(socio-affective strategies)으로 구분된다. 연구에 따르면 듣기 전략 사용은 듣기 효능감(listening self-efficacy)과 정적 상관관계를 가지며, 듣기 불안(listening anxiety)과는 부적 상관관계를 갖는다. 즉, 전략을 적극적으로 사용하는 학습자는 자신의 이해 가능성에 대한 신념이 높고, 듣기 실패를 위협이나 무능력으로 받아들이기보다는 극복 가능한 문제로 인식하는 경향을 보인다. 이들은 실패 시에도 전략을 통해 대안을 모색하고, 청취의 흐름을 자기 조절적으로 관리함으로써 전체적인 과제 수행에서의 안정성과 효율성을 높인다. 반면 전략 사용이 미숙하거나 전략에 대한 인식이 부족한 학습자는 청취 중 단어 하나의 인식 실패나 빠른 속도 등의 외부 요인에 의해 쉽게 좌절하거나 불안을 경험하게 된다.

따라서 듣기 전략 교육은 단순히 전략 목록을 제시하거나 기술을 설명하는 수준에 머물러서는 안 되며, 전략 사용 경험을 학습자의 실제 청취 활동 속에서 체계화하고 내면화하는 데 중점을 두어야 한다. 이를 위해서는 전략 교육을 명시적이고 반복적이며 상황 기반(context-based)으로 구성하는 것이 중요하다.

구체적으로 효과적인 듣기 전략 교육은 다음과 같은 세 단계 구조로 진행되는 것이 바람직하다. 첫째, 전략의 개념과 사용 목적을 학습자에게 명확하게 설명하고, 해당 전략이 듣기 이해 과정에서 어떠한 기능을 하는지를 인지적으로 설득해야 한다. 예를 들어 '예측 전략'을 다룰 경우, 이를 통해 학습자가 듣기 전 주제나 상황을 미리 상상함으로써 주의를 집중하고, 핵심 정보를 빠르게 포착할 수 있음을 설명해야 한다.

둘째, 교사는 실제 듣기 자료를 바탕으로 다양한 전략이 어떻게 적용되는지를 모델링(modeling)하여 학습자에게 구체적인 방안을 제시하여야 한다. 이를 통해 학습자는 전략 사용 과정을 단순한 설명이 아닌 실제 행동으로 관찰하고, 그 구조를 이해한 뒤 유사한 상황에 적용할 준비를 하게 된다. 예를 들어, 인터뷰 듣기 자료에서 핵심 어휘를 식별하고 이를 메모하는 시범을 제공한 후, 학습자에게 유사 과제를 수행하도록 할 수 있다.

셋째, 전략 사용 이후에는 반성적 평가(reflective evaluation) 활동을 통해 학습자가 자신이 어떤 전략을 사용했는지, 그것이 얼마나 효과적이었는지를 점검하고, 이후 과제에서 전략 사용을 조정할 수 있도록 유도해야 한다. 이 과정은 단순한 자기 점검을 넘어서 전략에 대한 메타 인지적 인식(metacognitive awareness)을 증진하고, 전략 사용을 자동화하는 훈련을 하는 데 중요한 역할을 한다.

전략 중심 듣기 수업은 결과적으로 듣기라는 언어 기술을 단순한 감각적 인식 행위가 아닌, 문제 해결 중심의 복합적 인지 활동으로 전환하는 데 기여한다. 이는 특히 고급 수준의 학습자뿐 아니라 초·중급 학습자에게도 유익한 접근으로, 듣기 중에 발생하는 이해의 공백이나 정보 과부하 상황에서 학습자가 스스로 전략을 선택하고 조절함으로써 듣기 실패에 대한 두려움을 줄이고 학습의 지속 가능성을 확보할 수 있도록 돕는다. 나아가 전략 중심 수업은 듣기 능력뿐 아니라 학습자의 자기조절 및 주도적 학습, 학습 동기, 듣기 효능감과 같은 정의적 영역에도 긍정적인 영향을 미친다.

따라서 한국어 듣기 교육에서 전략 교육은 선택적 요소가 아니라 필수적 요소로 다루어져야 하며, 교사는 수업 설계 단계에서부터 각 과제에 적합한 전략을 명시적으로 설계하고, 그 실행과 평가까지 지도할 수 있는 교수 역량을 갖추는 것이 바람직하다. 이를 통해 학습자는 전략이라는 도구를 활용하여 듣기 과제를 주도적으로 수행하고, 실제 언어 사용 상황에서 더 유창하고 안정적으로 청취할 수 있는 기반을 마련하게 될 것이다.

2.3. 듣기 교육과정

듣기 교육과정은 언어 교육 전반에서 듣기를 어떻게 가르치고 평가할 것인가에 대한 목표 설정, 내용 구성, 교수 방법, 평가 방식을 아우르는 핵심 구조이다. 듣기 교육은 단지 듣기 능력을 길러 주는 데서 끝나는 것이 아니라, 언어 사용 상황에서 청자의 역할 수행을 가능하게 하고, 다른 언어 기능과의 통합을 실현하는 기반 역량을 구축하는 과정이기도 하다. 따라서 듣기 교육과정은 이론적 타당성과 함께, 학습자의 언어 능력 수준, 학습 목적, 교수 환경, 실제 언어 사용 맥락 등을 충분히 고려하여 정교하게 설계되어야 한다.

2.3.1. 숙달도별 듣기 교육과정

듣기 교육과정의 가장 기본적인 구성 원리는 학습자의 학습 단계 혹은 숙달도에 따라 차등화된 단계별 교육 체계를 설정하는 것이다. 이는 단순히 동일한 언어 입력을 모든 학습자에게 제공하는 것이 아니라, 학습자의 언어 발달 수준, 인지적 준비 상태, 전략 사용 능력, 과제 수행 역량 등을 고려하여 이해 가능한 입력을 적절히 조절하고, 그에 따른 과제 및 활동 유형을 설계하는 방식이다. 이러한 교육 설계는 학습자 중심 교육을 실현하는 기초이자, 듣기 교육의 유의미성, 타당성, 단계성을 보장하는 중요한 기준이 된다.

먼저 초급 단계에서의 교육 초점은 '청각적 언어 자극에 대한 감각적 반응과 기초 의미 연결 능력'에 있다. 이 단계의 학습자는 한국어의 음운 체계에 익숙하지 않고, 소리와 의미를 일대일로 연결하는 능력이 아직 형성되지 않은 경우가 많다. 따라서 명확하고 느린 속도의 발화, 반복적인 구조, 예측 가능한 담화 유형이 중심이 되어야 한다. 초급 수준 학습자를 위한 듣기 교육과정의 목표는 다음과 같이 설정할 수 있다.

(4) 초급 단계 듣기 교육 목표

가. 발화 속도와 억양이 조절된 입력을 통해 음절, 단어, 간단한 문장을 식별할 수 있다.

나. 숫자, 시간, 요일, 가격, 위치 등 구체적 정보를 인식하고, 이를 간단히 정리할 수 있다.

다. 인사, 주문, 안내, 소개 등 일상적 정형 표현을 반복적으로 들으면서, 청취 반응 능력을 기를 수 있다.

라. 듣기 자료 속 발화자 의도를 파악하기보다, 주요 언어 형태에 노출되고, 이를 모방할 수 있는 청각 기반을 형성하는 데 집중한다.

교수요목은 듣기의 실제성을 고려하여 기능 중심으로 조직되어야 하며, '자기소개 듣고 이름과 국적 말하기', '날짜를 듣고 달력에 표시하기', '안내 방송 듣고 목적지 찾기'와 같은 실생활 기반 활동이 적극적으로 포함되어야 한다. 그리고 교육 자료는 주로 초급 학습자의 언어 수준에 적합한 학습용 대화문으로 구성하되, 시각 자료, 자막, 이미지 도식 등 청각 외 단서를 적극 활용해 청취 이해를 지원해야 한다. 나아가 청취 후 말하기나 짧은 쓰기 활동과 연계하면 학습자의 입력–출력 전이가 촉진될 것이다.

중급 단계에서 학습자는 점차 익숙하고 친숙한 소재와 상황을 넘어서는 다양한 주제와 발화 유형에 노출되어야 하며, 언어적 의미를 넘어서 화자의 의도, 감정, 태도 등을 파악하는 담화 이해 능력을 기르는 것이 핵심이다. 단어 수준에서 문장, 그리고 담화 단위로 확장되는 듣기 처리 단계를 고려해 수업을 구성해야 한다. 구체적인 교육 목표는 (5)와 같이 구성된다.

(5) 중급 단계 듣기 교육 목표

가. 뉴스, 공공 안내, 인터뷰 등 다양한 장르의 담화를 듣고 전체 흐름과 주요 정보, 세부 사항을 파악할 수 있다.

나. 문장 내 연결어, 접속 표현 등 기능어를 인식하고, 담화에서 인과·대조·전환 관계 등의 구조를 이해할 수 있다.

다. 화자의 말하기 어조, 억양, 강세를 파악하고, 발화 의도나 감정 상태를 추론할 수 있다.

라. 듣기 전략(예측, 확인, 추론, 요약 등)을 자율적으로 사용할 수 있으며, 전략 효과를 반성적으로 평가할 수 있다.

교수요목에는 '뉴스나 안내문 듣고 핵심 내용 요약하기', '안내 방송 듣고 세부 내용 파악하기', '전화 대화 듣고 일정 정리하기' 등의 활동이 포함되며, 중간 정도의 속도, 다수 화자가 포함된 대화, 자연스러운 발화 단위 등을 점진적으로 도입해야 한다. 또한 정보 수집형 과제, 의사 결정형 과제 등을 활용하여 학습자가 듣기 과제에 몰입하고 언어를 실질적 문제 해결에 활용하는 경험을 축적할 수 있도록 한다. 수업 전에는 듣기 전략 소개와 예습 질문, 수업 중에는 주요 정보 체크 및 도식화, 수업 후에는 자기 평가와 요약 활동 등으로 구성된 3단계 듣기 활동 구조가 효과적이다.

마지막으로 고급 단계에서는 학습자가 실제 사회적·학문적 상황에서 듣기 입력을 분석하고 비판적으로 수용하며 재구성할 수 있는 능력을 기르는 것이 핵심이다. 자연스러운 속도의 발화, 비정형화된 담화 구조, 다중 화자의 토론이나 논쟁과 같은 입력을 이해하고, 이를 평가하고 활용할 수 있는 능력을 강조한다. (6)은 고급 수준 학습자를 위한 듣기 교육과정의 교육 목표이다.

(6) 고급 단계 듣기 교육 목표

가. 발화의 구조, 내용, 논리적 전개 방식을 분석하고 주요 주장과 근거를 파악할 수 있다.

나. 은유, 풍자, 문화적 맥락 등을 이해하고 암시적 의미를 추론할 수 있다.

다. 학술적 발표, 강연, 회의, 토론, 전문가 담화 등을 청취하고 요점 정리, 의견 제시, 질문 생성 등의 활동을 수행할 수 있다.

라. 고차원 듣기 전략(논리 구조 추적, 숨겨진 내용 추론, 비교·대조, 배경지식 활용 등)을 활용하여 과제를 수행하고, 자율적 학습을 설계할

수 있다.

교수요목에는 '강의 청취 후 요약 및 비판적 논평 작성', '다수 화자가 포함된 회의 듣고 발언 정리 및 의사 결정 보고서 작성', '인터뷰 청취 후 입장 정리 및 반박하기', '특정 주제에 대한 반대측 입장 듣고 반론하기' 등이 포함된다. 전문 분야의 텍스트, 추상적 개념이 포함된 담화, 사회적 이슈를 다룬 방송 등 실제성이 높고 고차원적 이해 능력을 요구하는 자료를 활용하여 문제 해결형 과제, 의사 결정형 과제, 비판적 담화 분석 과제로 확장하여 높은 수준의 이해 능력을 확보할 수 있도록 유도해야 한다.

이처럼 초급, 중급, 고급 단계의 각 숙달도에 따른 듣기 교육과정의 구성은 단순한 내용의 난이도 상승을 넘어 담화 유형, 언어 기능, 전략 적용 방식, 학습자 역할의 점진적 확대를 수반한다. 초급에서는 반복적이고 정형화된 표현에 대한 노출과 반응 중심으로, 중급에서는 실용적 담화와 전략적 청취 능력 배양을, 고급에서는 전문성과 비판성에 기반한 고차원적 이해와 표현을 중심으로 교육과정이 구성되어야 한다. 이렇듯 체계적이고 단계적으로 구성된 듣기 교육과정은 학습자가 실제 한국어 사용 환경에서 듣기 능력을 효과적으로 적용할 수 있도록 돕는 기반이 되며 나아가 학문 목적, 직업 목적, 사회 통합 목적의 학습자 모두에게 타당하고 유의미한 듣기 교육을 제공할 수 있는 토대를 마련해 준다.

2.3.2. 학습 목적별 듣기 교육과정

한국어 학습자의 듣기 교육과정은 단지 언어 숙달도에 따른 단계적 설계만으로는 충분하지 않다. 한국어를 배우는 학습자는 각기 다른 목적을 지니고 있으며, 이 목적은 학습자가 듣기 능력을 어떤 맥락에서, 어떤 방식으로, 어떤 수준까지 사용할 것인지를 결정짓는 핵심 요소가 된다. 따라서 효과적인 듣기 교육과정은 학습자의 목적에 따라 교육의 초점, 교수요목, 자료 구성, 과제 설계 방식이 달라져야 하며 이를 반영하지 못한 교육은 실제 의사소통에서 전이 가능한 듣기 능력을 길러 주지 못할 것이다.

한국어 교육에서는 크게 일반 목적, 학문 목적, 직업 목적의 세 영역으로 나누어 듣기 교육과정을 설계할 필요가 있으며, 각 학습 목적별 교육은 언어 기술로서의 듣기 이해를 넘어서, 한국어를 통해 수행하고자 하는 실제 활동을 고려한 실용 중심의 접근이 필요하다.

우선 일반 목적 학습자를 위한 듣기 교육은 일상생활 속에서의 전반적이고 광범위한 구어 의사소통 능력 향상을 목표로 한다. 이들에게 가장 중요한 것은 실생활에서 빈번하게 접하는 다양한 담화 유형에 대한 적응력과 원활한 이해 능력을 기르는 것이다. 따라서 교육 내용은 현실에서 자주 쓰이는 기능 중심의 표현들, 반복성과 예측 가능성이 높은 대화 유형, 비교적 간단한 담화 구조를 기반으로 구성되어야 하며 현장에서는 되도록 실제성이 높은 자료를 활용하여 학습자가 한국어의 듣기를 통해 실제 생활 장면에 익숙해질 수 있도록 해야 한다.

예를 들어 초급 수준에서는 자기소개, 인사, 음식 주문, 장소 묻기, 가격 확인과 같은 주제를 중심으로, 숫자나 시간, 요일, 위치 정보 등과 관련된 청취 과제를 제공하고, 교사는 시각 자료, 역할극, 반복 청취 등을 통해 학습자의 청각적 인식 능력을 안정적으로 정착시켜야 한다. 중급으로 올라가면 공공기관 안내, 방송 청취, 전화 대화, 사회적 이슈에 대한 간단한 뉴스 등으로 확장되며, 이때는 단순한 정보 확인을 넘어서 화자의 의도나 감정까지 파악할 수 있는 과제가 설계되어야 한다. 다음으로 고급 단계에서는 다중 화자 담화, 라디오 토론, 인터뷰 등 실제 청취 환경에서의 복잡성을 반영한 자료를 통해 담화 간의 연결 관계와 핵심 주장, 세부 정보의 구분, 내용 요약 및 의견 표현까지 아우르는 통합적 청취 능력을 길러야 한다. 이러한 일반 목적 듣기 교육과정과 내용은 의사소통 기능 통합 교재 또는 기능별 분리 교재에서 그 틀을 확인할 수 있으며, 이들 교재는 생활 중심의 청취 상황을 기반으로 다양한 연습 문제와 실전 과제가 구성되어 있어 활용도가 높다.

한편, 학문 목적 학습자를 위한 듣기 교육과정은 대학 수업, 세미나, 학술 발표 등 학문적 상황에서의 고급 청취 능력을 목표로 한다. 일반 목적 학습자가 일상적 소통을 중심으로 언어 기능을 익힌다면, 학문 목적 학습자는 정보의 조직과 논리적 전개 방식, 발화자의 주장 구조, 논증 방식 등을 파악할 수 있어야 하며 이는 고차원적인 듣기 기능을 전제로 한 정보 처리 능력을 요구한다. 학문 목적 듣기 교육과정에서는 발화 속도가 빠르고 전문 용어가 포함된 강의, 인터뷰, 발표 등 다양한 학술 담화 유형이 포함되어야 하며, 학습자는 단지 내용을 이해하는 데 그치지 않고 그 내용이 어떤 방식으로 전개되는지를 분석하고 요약하고 비판하는 능력을 갖추어야 한다.

중급 수준의 초기 학문 목적 교육은 짧은 강의 발췌문이나 인터뷰 자료를 통해 핵심어를 찾아내고 주제를 파악하는 훈련을 하는 것으로 시작될 수 있다. 이후의 단계로 넘어가면 본격적으로 정보량이 많은 전공 강의 자료나 다양한 사회적 주제에 대한 세미나 녹취 등을 활용하여 담화 구조의 도식화, 주요 개념의 분류와 비교, 화자의 주장에 대한 근거 분석 등이 포함된 과제가 주어진다.

최종 단계에서는 전체 강의나 학술 발표를 듣고 요약문 작성, 비판적 논평, 발표자에게 질문하기 등 실제 대학 수업에서 요구되는 고차원적 과제를 수행할 수 있어야 하며, 이는 학문적 텍스트를 듣고 재구성하는 능력을 바탕으로 한다.

이러한 학문 목적 듣기 교육과정을 지원하기 위해 서울대학교에서 개발한 〈서울대 한국어+ 학문 목적 듣기〉(2003)을 비롯한 다양한 학문 목적 한국어 교재가 개발되어 있다. 이들은 실제 강의와 세미나 등 학술적 구어 담화를 기반으로 수준별로 적절하게 구성되어 있어 학문 목적 듣기 교육과정에서 매우 유용하게 활용될 수 있다.

마지막으로 직업 목적 학습자를 위한 듣기 교육과정은 직무 상황에서의 원활한 의사소통 수행 능력 향상에 중점을 둔다. 이 경우 청취 상황은 명확한 목적을 수반하며, 정확하고 빠른 정보 이해, 지시 사항의 파악, 고객 응대, 회의 참여 등에서 요구되는 실무 중심의 기능이 강조된다. 특히 직무 특성에 따라 청취 자료의 유형과 과제 설계가 달라져야 하는데, 예를 들어 서비스업 종사자라면 고객의 불만 사항을 듣고 적절히 대응할 수 있어야 하고, 사무직 종사자라면 회의 발언을 듣고 핵심 내용을 정리하거나, 지시 사항을 메모하고 실천하는 능력이 요구된다.

직업 목적 교육과정의 초·중급 수준에서는 안내 방송, 전화 메시지, 업무 지시 등을 듣고 핵심 정보를 추출하는 과제가 적절하며 이는 직무 수행의 기초가 되는 절차적 듣기 능력을 형성하는 데 초점을 둔다. 이후 중급 수준부터는 보고 청취, 업무상 전화 대화 분석, 고객 응대 상황 청취 등을 통해 상황별 대응 전략을 듣기와 연결하는 과제가 등장하는 것이 좋다. 고급 수준에서는 회의 발언 분석, 프레젠테이션 청취, 팀 프로젝트 회의 듣기 등 다층적 발화와 의미 해석이 요구되는 복잡한 청취 상황이 설정되며, 학습자는 이 과정을 통해 입장을 정리하고 직무에 적합한 대응 전략을 수립하며 문제 해결 제안을 구성하는 등 고차원적인 과제를 수행하게 된다.

최근 한국 회사에 취업하거나 한국과의 업무 상호 작용을 위해 한국어를 배우는 학습자가 늘어나면서 세종학당 재단을 비롯한 다양한 한국어 교육 기관과 전문가들이 '비즈니스 한국어' 교재를 편찬하고 있다. 이들 교재를 통해 직업 목적 한국어 듣기 교육과정에서 다루는 내용이 구체적으로 확인된다.

결국 학습 목적별 듣기 교육과정 설계는 학습자에게 '무엇을 들려줄 것인가' 라는 광범위한 문제에 그치는 것이 아니라, '누구에게, 무엇을, 왜, 어떻게 들려줄 것인가'라는 듣기 교육의 본질적이고 체계화된 질문에 대한 대답을 구조화하는 일이다. 일반 목적 학습자에게는 일상적 상황에서의 유창성과 적응력이, 학문 목적 학습자에게는 정보 분석과 비판적 사고력이, 직업 목적 학습자에게는 정확성과 즉각적 대응 능력이 요구된다. 이러한 차이를 인식하고 목적에 맞는 교육 목표, 교수요목, 교육 자료, 과제 설계를 체계적으로 구성하는 것이야말로 듣기 교육의 효과성과 학습자의 언어 수행력 간의 간극을 메우는 가장 핵심적인 전략이라 할 수 있다. 학습 목적 중심의 듣기 교육과정 설계는 궁극적으로 학습자의 실질적인 언어 사용 능력을 강화하고, 학습자가 한국어 듣기를 단지 학습의 대상이 아니라 사회적 실천의 수단으로 전환하는 데 기여한다.

2.3.3. 전략 통합 및 과제 중심 구성

듣기 교육과정은 학습자의 청취 능력과 듣기 전략 사용 능력을 동시에 향상할 수 있도록 설계되어야 하며, 이를 위해서는 전략 통합적 교수 설계(strategy-integrated instructional design)의 개념이 핵심적으로 적용되어야 한다. 이는 듣기 교육에서 전략을 별도의 학습 항목으로 분리하여 단독 지도하는 전통적 방식과 달리, 전략 통합적 설계는 예측, 핵심어 추적, 추론, 자기 점검 등 다양한 듣기 전략을 수업 활동과 과제 구성 전반에 자연스럽게 포함하여, 학습자가 실제 수행 과정에서 전략을 직접 경험하고 체화할 수 있도록 설계하는 교수 방식을 의미한다. 이때 전략은 단순히 듣기 기술로서 일시적으로 동원되는 수단이 아니라, 학습자의 지속적 청취 이해를 돕는 자기조절적 인지 도구로 기능하며 결국에는 학습자의 내면적 학습 역량으로 흡수되는 것이 궁극적 목표이다.

이러한 전략 통합적 접근은 단지 교수 방법의 다양화가 아니라, 수업의 목표를 설정하는 가장 초기 단계부터 전략적 사고의 개입을 고려해야 한다는 점에서 본질적인 교육철학의 전환을 요구한다. 예를 들어, 수업 목표가 단순히 정보 확인이나 내용 파악에 그치는 것이 아니라, 이를 수행하기 위한 인지적 전략과 절차적 접근이 함께 설계되어야 한다. 예를 들어 '정보 파악'을 듣기 수업의 목표로 설정했다면, 듣기 전 활동으로는 주제나 맥락에 대한 사전 예측 활동, 듣기 중 단계에서는 핵심 정보를 선별하고 기호화하는 전략적 듣기 활동, 듣기 후에는 수집된 정보를 범주화하고 비교·정리하는 활동까지 단계별로 전략 요소가 포함되어야 한다. 이와 같은 설계는 학습자가 명시적으로 전략을 배운다고 인식하지 않더라도, 과제 수행 과정에서 자연스럽게 전략을 활용하게 되는 상황적 학습(situated learning)을 유도하며, 이를 통해 전략 사용의 자동화와 학습자의 효능감 강화가 동시에 촉진된다.

더불어, 전략 통합은 과제 중심(task-based) 교육과정 설계와 긴밀하게 연결된다. 과제 중심 수업에서는 듣기 활동이 단순한 지식 확인이나 연습 차원에 머무는 것이 아니라, 학습자가 의미를 구성하고 언어를 실제로 사용하게 되는 실제적 언어 수행의 장으로 확장되어야 한다. 듣기 과제는 가능한 한 실제 의사소통 상황에서 이루어질 수 있는 활동을 모델로 삼아 설계되어야 하며, 이를 통해 학습자는 듣기를 단순한 입력 수용이 아니라 현실적 문제 해결 과정으로 인식하게 된다. 예컨대, 내용을 듣고 핵심 내용을 요약하거나 자신의 의견을 덧붙이는 과제 또는 안내 방송을 듣고 세부 정보를 파악하는 과제 등은 듣기 활동 자체를 '정보 수용 → 의미 이해 → 정보 활용 → 언어 생산'이라는 연속적 학습

과정으로 확장한 사례이다. 이러한 과제 설계는 인지적 난이도(cognitive load)와 실제성을 균형 있게 고려하며, 고차원적 청취 활동을 구현하는 데 효과적이다.

과제 수행 과정에서는 학습자의 메타 인지 전략 활용 능력과 자기 점검 기회 확보가 매우 중요하게 작용한다. 듣기 활동이 끝난 후, 학습자가 자신의 이해 수준을 점검하고, 어떤 전략을 사용했는지 혹은 사용하지 못했는지를 반성하며, 이해되지 않았던 부분의 원인을 진단하고 이후 수행 계획을 세우는 활동은 전략적 학습자로서의 메타 인지적 인식 능력(metacognitive awareness)을 강화하는 핵심 절차이다. 이를 효과적으로 유도하기 위해 교사는 듣기 후 활동으로 자기 평가 체크리스트, 전략 사용 일지, 교사 또는 동료 간 피드백 활동 등을 설계할 수 있으며, 이러한 활동은 학습자가 단순히 결과 중심의 평가에 그치지 않고 청취 과정 자체에 대한 성찰적 태도를 형성하도록 돕는다. 특히 듣기 전략의 사용 여부나 효과성을 학습자 스스로 평가하게 하면, 전략에 대한 인식 수준이 높아지고 이후 유사 과제에서의 전략 선택 능력도 자연스럽게 향상된다.

이처럼 전략 통합과 과제 중심 설계를 함께 적용하는 수업은 단순히 수업의 구성을 다채롭게 만들기 위한 기술적 장치가 아니라, 인지–정의–행동이 통합된 학습자 역량을 함양하기 위한 본질적 교수학습 방식이다. 학습자는 이러한 수업을 통해 단순히 '듣는 법'을 배우는 것이 아니라, 듣기 상황을 분석하고 전략적으로 접근하며 과제를 수행하고 결과를 점검·조정하는 능동적 언어 사용자로 성장하게 된다. 이때 학습자는 외부의 지시나 평가 없이도 자신의 듣기 과정과 결과를 스스로 조절하고 통제할 수 있는 자율성을 확보하게 되며, 이는 장기적으로 볼 때 듣기 능력뿐 아니라 자기 주도적 학습 역량(self–directed learning competence)으로 확장될 수 있다.

결론적으로 전략 통합과 과제 중심 구성을 기반으로 한 듣기 교육과정은 청취 활동을 일방적 입력 수용 활동에서 양방향적 인지 처리 및 의미 구성 과정으로 전환하는 장치가 되며, 학습자의 실제 수행 능력을 지속 가능하게 강화하는 교육적 기반이 된다. 이러한 설계는 교사의 교수 전문성을 요구하는 동시에, 학습자에게는 실질적인 언어 사용 경험을 제공함으로써 언어 학습을 언어 사용으로 이끄는 결정적 경로로 기능한다.

2.3.4. 평가와 피드백, 교육과정의 연계

듣기 교육과정은 단순히 학습자에게 듣기 내용을 전달하고 그 결과를 평가하는 일방적인 구조로 설계되어서는 안 된다. 오히려 평가와의 일관된 연계 속에서 교육적 완결성과 실천적 타당성을 확보해야 하며, 이를 통해 듣기 교육의 효과가 단편적 듣기 기술 습득을 넘어서 학습자의 실질적인 의사소통 역량 강화로 이어질 수 있다. 평가가 교육의 마지막 단계, 즉 결과 확인의 수단으로만 기능하는 것이 아니라, 교육과정 전반의 설계·운영·실현을 이끄는 중심축으로 작용해야 한다는 의미를 담고 있는 것이다.

듣기 교육에서의 평가는 단지 학습자의 성취 수준을 수치로 환산하거나 등급화하는 데 그치지 않는다. 실제로 효과적인 평가는 학습자의 듣기 수행 과정, 전략 사용의 양상, 정의적 반응, 자기 인식과 조절 능력 등 다차원적인 학습 요인을 종합적으로 조망할 수 있어야 하며 이러한 평가는 단순한 결과 지향적 진단이 아닌 과정 중심의 진단과 성장 중심의 피드백을 지향해야 한다. 즉, 듣기 평가란 학습자가 '얼마나 많이 이해했는가'를 보는 것이 아니라 '어떻게 이해했는가, 무엇을 통해 이해했는가, 이해하지 못한 경우에는 어떻게 반응했는가'에 대한 질적 진단을 포함해야 한다는 것이다.

이를 실현하기 위해서는 듣기 평가 항목이 정답률이나 점수화 중심의 항목 설정에서 벗어나야 한다. 평가 항목은 반드시 학습자가 청취 과제를 수행하는 전 과정을 반영해야 하며, 여기에는 전략적 행동의 실현 여부, 내용 이해의 깊이와 정확성, 맥락 추론 능력, 과제 수행 태도, 그리고 학습자의 자기 평가와 감정적 반응까지 포함되어야 한다. 가령 한 학습자가 뉴스 방송을 들으면서 예측 전략을 사용했는지, 주요 키워드를 파악해 메모를 했는지, 이해하지 못한 부분을 반복 듣기나 문맥 추론을 통해 보완했는지, 혹은 청취 실패 시 좌절하거나 회피하기보다 대체 전략을 시도했는지 등을 평가 지표에 포함함으로써 인지적, 전략적, 정의적 역량이 동시에 진단될 수 있도록 하는 것이 바람직하다.

이와 같은 다층적인 평가를 실천적으로 실현하기 위해서는 교육과정 내에서 다양한 평가 방식이 통합적으로 적용되어야 한다. 형성 평가(formative assessment)는 수업 중간에 제공되는 즉각적인 피드백으로 학습자의 현재 수행 상태를 진단하고, 필요시 학습 목표나 교수 방법을 조정하는 데 활용된다. 특히 듣기 수업에서는 학습자의 반응 속도, 청취 태도, 자료에 대한 이해 반응 등을 교사가 수시로 관찰하며 실시간으로 피드백을 제공함으로써, 수업의 흐름과 학습자의 요구를 유연하게 연결할 수 있다.

자기 평가(self-assessment)는 학습자가 자신의 수행을 직접 점검하고 반성하는 메타 인지적 전략을 개발하게 해 주고 자신이 어떤 부분을 이해했고, 어떤 전략을 사용했으며, 무엇이 부족했는지를 자각하게 함으로써 학습의 자기 조절 능력을 증진하는 중요한 기제로 작용한다. 이 과정은 듣기 수행에 대한 자기 효능감 향상과도 긴밀하게 연결되어, 학습자가 보다 적극적으로 듣기 과제에 참여할 수 있도록 한다.

또한 동료 평가(peer assessment)는 듣기 수행에 대한 다양한 관점을 확보하게 해 주며, 상호 피드백을 통해 언어적 내용뿐 아니라 전략 사용 방식, 과제 태도, 오류 대응 방식 등에 대해 새로운 인식을 제공할 수 있다. 이를 통해 학습자는 듣기 활동이 혼자만의 인지적 작업이 아닌 사회적 상호 작용 속의 공동 수행이라는 점을 인식하게 될 뿐만 아니라 듣기 실패에 대한 심리적 부담이 완화되고 학습 동기가 강화되는 효과도 기대할 수 있다. 동료 평가가 효과적으로 작동하기 위해서는 교사가 평가 항목을 명확히 제시하고, 학습자 간 상호 존중과 신뢰의 분위기를 조성하는 것이 전제되어야 한다.

이러한 평가 과정과 관련하여 특히 중요한 것이 바로 피드백(feedback)이다. 피드백은 단지 점수나 정오표의 형태로 주어지는 것이 아니라, 학습자가 자신의 강점과 약점을 인식하고 다음 과제 수행 시 전략적으로 조정할 수 있도록 돕는 의미 중심의 반응과 안내가 되어야 한다. 듣기 교육에서의 피드백은 다음과 같은 핵심 기능을 수행한다. 첫째, 학습자가 수행한 듣기 활동에서 어떤 부분을 정확히 이해했는지, 어떤 부분을 놓쳤는지를 구체적으로 인식하게 한다. 둘째, 학습자는 자신이 왜 이해하지 못했는지를 되돌아보고, 이해 실패의 원인을 자기 점검(self-monitoring)을 통해 진단하도록 유도한다. 셋째, 이후의 청취 과제에서는 어떤 전략을 보완하고 강화해야 할지를 스스로 계획하게 하며, 이는 전략 사용에 대한 인식(strategic awareness)을 형성하는 기반이 된다. 특히 전략 사용 피드백은 학습자가 듣기 실패를 단지 '틀렸다'는 결과로 받아들이는 것이 아니라, '왜 틀렸는가, 어떻게 개선할 수 있는가'에 대한 과정 중심의 인식을 형성하게 하며, 듣기를 조절 가능한 학습 대상으로 인식하게 만든다.

결국 듣기 교육과정에서의 평가와 피드백은 단지 듣기 능력을 일정한 수준으로 계열화하여 나열하는 기술적 설계에 머무르지 않는다. 오히려 듣기 활동을 통해 학습자의 실제 의사소통 능력을 확장하고, 전략적으로 언어를 처리하며, 자신의 수행을 분석하고 조절할 수 있는 자율적 학습자로 성장할 수 있는 심리적·인지적 기반을 구축하는 데 목적이 있다. 이를 위해 듣기 교육과정은 반드시 바람직한 평가 및 피드백 과정과 정교하게 연계되어야 하며, 그 평가가 과정 중심, 의미 중심, 전략 중심으로 구성될 때 비로소 듣기 교육의 실질적인 효과가 발현된다.

따라서 듣기 교육과정은 의미 기반 과제 수행, 전략적 사고 촉진, 언어 기능 통합적 활동, 그리고 무엇보다도 다차원적 피드백을 포함한 평가 체계를 중심으로 설계되어야 한다. 이러한 설계는 학습자의 듣기 능력을 실질적으로 확장하는 동시에 학습의 동기와 지속성을 강화하는 교육 효과를 제공한다. 평가와 피드백, 교육이 단절되지 않고 상호 보완적으로 작용하는 이 유기적 구조 안에서 듣기 교육은 정보 수용을 넘어 의사소통과 의미 구성의 과정이자 자율적 학습 역량 개발을 위한 과정으로 자리매김할 수 있다.

3. 듣기 교육 단계 및 교육 모형

3.1. 듣기 교육 단계

듣기 수업은 크게 듣기 전 단계(pre-listening stage), 듣기 단계(while-listening stage), 듣기 후 단계(post-listening stage)의 세 단계로 구성하여 진행하는 것이 일반적이다. 듣기 기능은 다른 언어 기능의 전제이자 기초가 되는 기능이기 때문에 언어 지도는 듣기에서 출발한다고 말할 수 있을 것이다. 듣기 전 단계에서는 들으려는 욕구와 동기 및 흥미를 유발하고 들을 내용과 관련한 배경지식을 활성화하며 새롭게 접하게 될 주요 어휘나 표현을 학습한다. 듣기 단계에서는 주어진 듣기 텍스트를 들으며 내용 이해를 돕는 과제를 수행하며, 듣기 후 단계에서는 듣기를 말하기, 읽기, 쓰기와 연계하고 통합하여 지도한다. 듣기 수업을 단계별로 도식화하면 다음과 같다.

(1) 듣기 수업의 단계

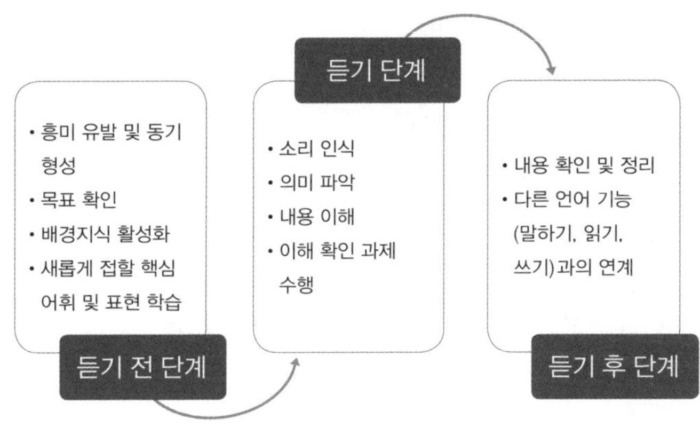

3.1.1. 듣기 전 단계

듣기가 수동적이고 지루한 활동이 아닌 능동적이고 흥미로운 활동이 되기 위해서는 듣기 전 활동이 중요하다. 듣기 전 단계에서 수행하는 활동의 목적은 크게 동기화, 흥미 유발, 과제화로 구분된다. 듣기 전 활동은 본격적인 듣기가 이루어지기 전 단계의 활동으로서 앞으로 듣게 될 내용에 대해 목적과 기대를 가지고 임할 수 있도록 학습자를 이끄는 역할을 한다. 학습자가 무엇인가를 들을 때에는 들어야 할 뚜렷한 이유가 있어야 쉽게 몰입하고 주의 집중을 잘하며 보다 잘 이해하면서 듣는다고 한다. 무엇을 해야 하는가를 알지 못하는 상태에서 듣기 활동에 들어가면 활동 자체에 대한 관심을 갖지 못하며 듣기 학습에 대한 의욕을 잃게 되거나, 관심을 갖는다 해도 모든 소리에 다 집중해야 하기 때문에 과중한 스트레스를 받고 쉽게 피로해진다. 그래서 긴장감을 덜어 주기 위해서 교사는 들려주는 것 중에서 특정 부분에만 주의를 기울이게 함으로써 학습자의 능동적인 듣기 능력을 개발하고 진작시킬 수 있다.

이를 위해서 듣기 전 단계에서는 들려주는 내용이 무엇에 관한 것인가를 예측하게 하고 주의해서 들어야 할 것이 무엇인가를 안내해 주는 것이 필요하다. 대표적인 듣기 전 활동은 다음 (2)와 같다.

(2) 듣기 전 단계 활동의 종류

가. 배경지식 전달(맥락 파악)

나. 관련된 읽을거리 제공

다. 제목, 그림(사진, 삽화 등), 등장인물 리스트, 내용 요약 표, 실물 등 관련 시각 자료 제시를 통한 주제 예측 활동시키기

라. 해당 주제 및 상황에 대한 토론, 주제와 관련된 단어 연상(브레인스토밍)시키기

마. 주제와 관련하여 질문하고 대답 생각하게 하기

바. 듣기 활동에서 얻어야 할 것을 지시해 주기

- 듣기에 목적을 부여하여 무조건 다 들어야 한다는 강박 관념에서 벗어나게 해 주고 무엇을 중심으로 들을 것인지를 알려 주면 들을 내용에 더욱 집중할 수 있으며 자신감을 갖고 편안한 마음으로 듣기 학습을 할 수 있다.

사. 빠른 속도나 어려운 말, 잘 안 들리는 음운에 대한 집착 버리기를 위한 사전 마음가짐 갖게 하기

아. 핵심 어휘에 대한 사전 지식 제공

- Nation(2001)에서는 학습자가 95% 이상의 어휘를 알아야 적절한 이해가 가능하다고 언급한 바 있다. 모르는 어휘 전체를 듣기 전 단계에서 모두 교육할 필요는 없으나 텍스트를 이해하기 위한 핵심 어휘를 선별하여 제시할 수 있다.

자. 담화 유형과 표지에 대한 사전 지식 제공

차. 끊어 말하는 단위 파악하기 사전 연습시키기

카. 어떻게 하면 잘 들을 수 있을까 생각하고 토의하게 하기, 필기법 교육 등

타. 필요한 언어적 지식 제공(관련 어휘들을 목록화하여 제시)

파. 이야기 흐름에 따라 이어질 내용 예측하게 하기

학습자의 활동에 대하여 단순히 맞고 틀리다고 판단하거나 비판하지 말고

여러 가지 활동을 완수할 수 있도록 지원하고 격려해 주어야 한다. 이와 같은 듣기 전 활동을 선정할 때에는 주어진 시간, 이용 가능한 자료, 학습자의 수준, 흥미, 학습 내용 등을 고려해야 한다. 듣기 전 활동이 충분하지 않으면 듣기 활동이 매우 지루해지고 스트레스를 받으며 의욕이 상실될 가능성이 있다. 이어지는 듣기 단계에서 목표와 목적이 있는 듣기 활동을 할 수 있도록 듣기 전 활동이 적절하게 주어져야 한다.

3.1.2. 듣기 단계

이 단계는 듣기 전 단계에서 설정된 목표와 과제를 실제로 수행하는 단계이다. 듣기 단계는 듣는 활동 자체가 중심이 되는 단계이므로 다른 단계에 비해 말하기, 읽기, 쓰기 등과의 통합을 줄이고 학습자를 듣기 활동 자체에 집중하도록 지도한다. 이 단계에서는 학습자가 입력되는 듣기 자료에서 내용을 찾아내는 능력을 개발하도록 도와야 한다. 특히 주제나 내용을 학습자와 관련된 것으로 하고 학습자의 인지 수준을 고려하여 난이도를 조절함으로써 듣기 활동 자체에 흥미를 느끼게 해야 한다. 수행하는 활동 또한 흥미 있고 다양해야 하며 학습한 결과가 유의미한 것이라면 더욱 좋다. 난이도 면에서는 목적을 알면 누구나 할 수 있을 정도로 쉬운 것이어야 한다. 실패 경험은 곧 학습 동기를 저하시키기 때문에 특히 초급의 학습자가 어려움을 느끼지 않고 쉽게 해결할 수 있는 간단한 과제를 제시해야 한다.

이러한 관점에서 이전 학습 지식을 많이 요하는 활동은 듣기 활동으로 바람직하지 않다. 그런 활동은 듣기 자체보다 지식의 공백을 채우는 데 시간이 많이 걸리며 이미 그 활동을 해 본 경험이 있거나 그에 관해 알고 있는 학습자는 흥미를 상실할 수도 있기 때문이다.

또한 들으면서 쓰게 하는 활동을 듣기 활동으로 제공하면 쓰는 일 때문에 주의력이 분산되어 듣기 자체를 어렵게 만든다. 활동은 단순할수록 바람직하며 듣기만 잘하면 다른 기능은 못해도 쉽게 할 수 있는 것이어야 한다. 그러므로 정확한 문장 자체를 쓰게 하는 것보다 √표나 동그라미를 치거나 약호 등을 이용하여 들은 내용을 확인할 수 있는 정도에 그치는 것이 좋다.

많은 수의 복잡한 문장을 듣고 순서대로 배열하는 과제 역시 매우 어렵다. 그런 과제를 해결하기 위해서는 듣는 내용이 다 나올 때까지 계속 주의 집중을 해서 모든 것을 기억 속에 넣어 두어야 하기 때문이다. 그러므로 이런 유형의 문제를 풀게 할 때는 그 숫자를 극히 제한하고 불필요한 함정 요소는 포함하지 않는 것이 좋다. 그리고 배열하고 나서 확인할 수 있는 기회를 주는 방법 등으로 난이도를 낮추어야 한다.

듣기 중에 하는 여러 가지 활동은 듣기 본유의 활동으로, 그림에 해당 사항 표시하기, 그림 배열하기, 그림 완성하기, 그림 그리기, 행동하기, 길 찾기, 표나 차트 완성하기, 이름 붙이기, 목록 작성하기, 진위형 문제 풀기, 다중택일형 문제 풀기, 빈칸 채우기, 오류 찾아내기, 예측하기, 특정 정보 찾기 등 다양한 방법을 사용하여 정확하게 듣는 습관을 길러 주고 집중력을 점진적으로 향상시키며 지속적인 흥미를 갖도록 해 주는 것이 바람직하다.

학습자들이 한번에 파악해야 할 내용을 모두 알아내기는 어려우므로, 일반적으로 3회 내외의 반복 듣기를 실시한다. 동일한 텍스트를 반복해서 들을 경우 각 회차마다 서로 다른 목적을 가지고 듣기를 수행하게 한다. 1차 듣기에서는 대화의 주제나 소재, 대화가 이루어지는 장소, 대화 참여자들의 관계 등과 같은 전반적인 맥락과 기본적인 내용을 파악하도록 한다. 2차 듣기에서는 주요 내용을 중심으로 이해를 심화시키며, 3차 듣기에서는 세부적인 정보나 발화자의 의도 및 태도와 같은 추론적 요소까지 파악하도록 유도한다.

듣기 활동이 끝나면 즉각적인 피드백이 주어져야 한다. 과제 수행의 성공 여부 또는 성공의 정도 및 완성도를 알려 주고 실패한 경우라면 왜 실패했는지를 우선 학습자 스스로 찾아보도록 해야 한다. 이러한 피드백이 즉각적으로 주어지지 않고 이미 그 활동에 대한 기억이 없어진 후에 주어지면 관련 주제에 대한 관심을 잃게 되며 활동이 애초에 의도한 소기의 성과를 거둘 수 없다. 학습자 수가 많은 교실에서라면 피드백은 소그룹 활동으로 행해지는 것도 좋으며 소규모 집단에서도 짝 활동으로 이루어지면 서로의 잘잘못을 통해 배우는 내용이 배가되는 효과가 있다.

3.1.3. 듣기 후 단계

들은 후 활동은 실제적인 듣기 활동이 끝나고 행해지는 모든 활동을 말한다. 이 단계의 목적은 정리와 강화이다. 여기에는 듣기 전 단계와 듣기 단계에서 행해진 것을 연장시키는 것이 있고, 듣기 입력 자료 자체와 관련되는 것도 있다. 기본적인 듣기 후 활동은 듣기 과제에서 무엇을 해야 하는지를 제대로 이해하여 그 과제를 성공적으로 이행했는지를 점검하는 것이다. 교사가 구두로 답을 말해 주거나 짝끼리 상호 점검하는 것으로 진행할 수 있다.

이때 학습자가 수행한 것이 맞느냐 틀리느냐에 지나치게 집착하지 않게 하고, 학습자가 잘못 이해했거나 이해하지 못한 부분에 대해 다시 생각해 볼 기회를 제공한다. 또한 틀릴 가능성이 높은 단편적인 언어 요소에 집착하지 않고 모든 것을 다 이해해야 된다는 생각에서 탈피하도록 하여 애매하고 불분명한 것에 대처하는 능력을 길러 주도록 한다. 그러기 위해서는 과제를 수행하는 데 있어 중요한 것에만 주의를 기울이게 해야 한다.

전통적으로 듣기 후 활동에서 가장 널리 활용되어 온 것은 들은 내용의 이해 여부를 점검하는 선택형 문제나 단답형의 질문이었다. 이에 대한 답을 하기 위해서는 읽기와 쓰기 및 말하기의 능력이 필요하다. 사실 들은 것을 이해했어도 답을 못해 이해하지 못한 것으로 평가되기도 하기 때문이다. 그러므로 들은 내용에 대한 이해 여부를 묻는 것은 중요한 듣기 후 활동 중의 하나일 수는 있겠지만 이것이 듣기 후 단계에서 수행하는 활동의 전체가 되어서는 안 된다.

앞서도 언급한 것처럼 듣기는 이해하는 것으로 끝나면 안 되며 실제로 적용할 수 있어야 한다. 즉 들은 언어 내용과 관련하여 주제를 심화하거나 학습 내용을 다른 상황에 전이시켜 줄 수 있는 기회를 제공해 주어야 한다. 이런 경우에는 듣기만 단독으로 하는 것이 아니라 토의하며 필답 작업을 하게 되어 활동 시간도 많이 소요된다. 따라서 듣기 후 단계에서 수행할 활동을 계획할 때는 언어 활동의 양, 시간, 다른 언어 기능, 활동 조직의 유형, 학습 동기 등 여러 요인을 고려해야 한다.

듣기 후 활동으로 많이 활용되는 유형에는 서식 및 차트 완성하기, 목록 확장하기, 순서 및 등급 매기기, 문장과 짝 맞추기, 문제 해결이나 판단 활동을 위한 정보 도출하기, 대화자들의 정서적 상황 파악하기, 자신의 경험이나 의견과 연관 짓기, 문장의 인과 관계 알기, 요약하기, 역할극, 받아쓰기와 조각 듣기, 들은 정보에 대해 말하거나 쓰기 등이 있다. 이러한 활동들은 들은 내용을 말하기나 쓰기로 전환한다는 측면에서 정보 전이 활동이라고도 하며, 대화문을 듣고 메시지 혹은 메일을 쓰거나 안내 방송을 듣고 안내문 쓰기, 토론 대화를 듣고 특정 입장에서 주장하는 글쓰기 등과 같은 활동을 진행할 수 있다.

다음 (3), (4)는 각각 Littlewood(1981), 이해영(2002)에서 제시한 듣기 활동의 유형이다. 수업 단계에 따라 구분하지는 않았으나 듣기 교육에 적용할 수 있는 다양한 유형의 활동을 제시하고 있다.

(3) Littlewood(1981)의 듣기 활동의 유형

가. 행동으로 수행하기

– 알아맞히기, 그림 선택하기, 그림 그리기, 순서 맞추기, 배열하기, 위치 정해 주기

나. 정보 전이하기

– 표 완성하기, 양식(이력서, 신청서 등) 채우기, 도표 그리기

다. 정보 재구성하기 및 정보 평가하기

– 노트 필기하기, 요약하기, 내용 논평하기

(4) 이해영(2002:113)의 듣기 활동의 유형

가. 안내 방송 듣고 지시에 따라 행동하기

나. 내용과 일치하는 그림 고르기

다. 지도에 표시하기

라. 해당 위치에 그림 그리기

마. 그림 순서대로 나열하기 / 번호 매기기

바. 관련 있는 것끼리 선으로 연결하기

사. 빠진 단어 채워 넣기 / 빈칸에 쓰기

아. 특정 사실에 대한 질문에 대답하기

자. 일과표, 각종 서식 표 완성하기
차. 수첩에 메모하기
카. 강의 듣고 노트 필기하기
타. 제목 붙이기
파. 실마리 잡기
하. 중심 생각 이해하기
거. 담화 장소, 시간, 화자 등 발화 상황 파악하기
너. 화자의 목소리, 어조 등을 듣고 화자의 발화 태도 추측하기
더. 화자가 말하는 바를 추측하기
러. 화자가 하게 될 말을 예측하기
머. 들은 내용이 전체 담화의 어느 부분(서론, 본론, 결론 등)에 해당하는지 파악하기
버. 부여되거나 지각되는 생각이나 의견의 근거 듣기
서. 중심 생각 파악하기
어. 예시 파악하기
저. 이유 파악하기
처. 두 사람의 대화를 듣고 이후의 사건이나 변화를 추측하기
커. 들은 내용 다음에 이어질 내용, 결과 등을 추론하기
터. 문제 해결하기
퍼. 듣고 논평하거나 자신의 의견을 피력하기
허. 각자 다른 정보를 듣고 의견 종합하기
고. 강의 주제에 대한 개괄적인 정보 제시받기
노. 강의 듣고 관련 텍스트를 읽어 가면서 빠진 정보 보충하기
도. 들은 의견을 토대로 각자 자신의 의견을 주장하고 의견 수렴하기

Littlewood(1981)에서는 듣기 활동을 크게 행동 수행, 정보 전이, 정보 재구성 및 평가의 세 가지 유형으로 나누고 각 유형별 세부 활동을 제시하였다. 이해영(2002)는 듣기 활동 종류를 유형에 따라 구분하지는 않았으나 학문 목적

학습자들의 듣기 수업에서 활용하기 좋은 활동들을 많이 제공하고 있고 세부 활동을 다양하게 나열하고 있어 실제 수업에서 적용하기에 유용한 면이 있다.

3.2. 듣기 교육 모형

듣기는 귀를 통해 인지한 정보를 처리하는 과정과 관련된 기능이다. 정보를 처리하는 방향은 크게 상향적(bottom-up) 방식과 하향적(top-down) 방식으로 구분할 수 있다. 이러한 인지적 정보 처리 과정을 언어 교육에 적용하기 위해 모형화한 것이 상향식 모형과 하향식 모형이다. 상향식 모형은 개별음, 단어, 문장, 단락, 담화를 차례로 조합해 전체 의미를 구성해 나가는 방식이고, 하향식 모형은 선행 지식과 경험을 활용하여 입력을 이해해 나가는 방식이다. 이 두 모형을 필요에 따라 상호 보완적으로 활용하는 것이 상호 작용식 모형이다. 상호 작용식 모형은 교수-학습 상황이나 내용에 맞추어 상향식 모형과 하향식 모형을 유기적으로 통합하는 방식이므로 교수 설계의 측면에서는 절충식(eclectic) 접근으로 이해할 수 있다. 이러한 절충식 접근은 학습자의 수준이나 수업 내용의 성격에 따라 유연하고 효과적인 학습 방법을 제공할 수 있다는 장점이 있다.

(5) 인지 처리 과정에 따른 듣기 모형

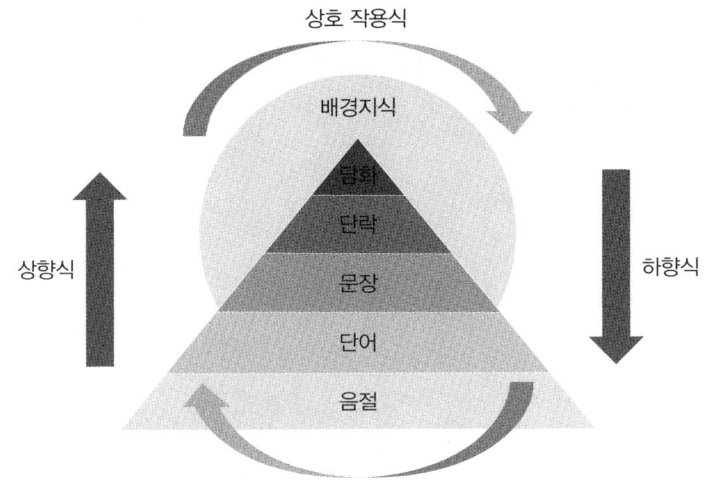

3.2.1. 상향식 모형

듣기 학습의 초기 단계에서는 여전히 시청각 자료의 해독과 형태 분석이 중시되는 상향식 모형(bottom-up model)이 유용하다. 물론 하향식 모형에서는 선행 지식도 청자의 듣기 이해에 중요하고 특히 강의 듣기와 같은 과정에서는 매우 큰 역할을 한다고 하지만, 선행 지식이 아무리 많더라도 언어 숙달도가 지나치게 부족하여 온통 언어 연쇄의 해독과 형태 분석에만 전력투구하는 청자에게 있어서는 선행 지식을 발동시켜 볼 기회조차 없기 때문이다.

다음으로 언어적 정보를 얼마나 빨리 처리하느냐가 중요한데, 이는 듣기의 과정에서는 시간의 압박이 늘 따르기 때문이다. 듣기에 있어서는 음운론적인 과정이나 통사적인 정보는 거의 주목하지 않고 자동적으로 지나가면서 빠르게 정보의 양을 흡수하고 정보량의 제약을 벗어나 내용 이해에 도달할 수 있도록 하는 양적, 질적 과정이 모두 중요한데 이러한 음운론적·통사론적 숙달도가 부족한 청자들은 이해의 과정이 제약될 수밖에 없다. 즉, 학습자들은 계속하여 의식적인 주의 집중을 하면서 입력되는 소리(sounds)에 내용(contents)을 연결 짓는 작업을 해야 한다. 이것은 하향식 과정에 상향식 전략을 융합하는 것이어서 매우 부담스러운 과정이다. 그러므로 우선적으로는 상향식 방식에 익숙하여 해독이나 형태 분석의 과정이 자동적으로 이루어지도록 해야 한다.

하향식 모형을 거시적(macro)이라 한다면 상향식 모형은 미시적(micro)이라고 할 수 있다. 상향식 모형에서 중요한 두 가지 요소는 인지적 요소와 언어적 요소에 대한 교육인데 인지적 요소의 세부적인 내용은 다음 (6)과 같다.

(6) 상향식 모형에서의 인지적 요소 교육 항목
가. 낱소리 인식
나. 소리 간의 차이 구별
다. 빠른 발화에서 생략되는 부분(음의 탈락이나 동화) 알아채기
라. 단어에서 강세가 들어가는 음절 알기
마. 문장에서 강세가 놓이는 단어 알기
바. 억양 패턴 알기

또한 상향식 모형에서 요구되는 듣기의 언어적 요소와 관련한 구체적인 교육 항목은 다음 (7)과 같다.

(7) 상향식 모형에서의 언어적 요소 교육 항목
가. 개별 단어들 및 그룹의 경계 알아채기
나. 음운 배열을 통해 가능한 의미 구성하기
다. 담화 표지 찾기(예컨대, 그러면, 앞에서 말했듯이, 사실상, 자, 이제부터 등)

인지적 요소는 다분히 언어 직관과 연관된 부분이어서 언어학적 접근이 덜 필요하고 반복된 청취 훈련을 요구한다. 그러나 언어적 요소는 언어학적 지식과 분석력을 더욱 요구하는 부분이다. 따라서 한국어 교사는 이러한 분석적 활동을 잘 이끌기 위해 충분한 언어학적 지식을 가질 필요가 있다.

Anderson & Lynch(1988:9-11)에서는 듣기를 "녹음기가 소리를 녹음하듯 하나하나 되새기는 과정이 아니며 선택하고, 해석하며, 요약하는 과정"이라 하

여 하향식 정보 처리적 모형을 강조하고 있으나 실제로 개별 음소들을 확인하고 낱낱을 식별할 능력이 없는 학습자는 그다음 단계에 나아가거나 도달할 수 없다. 다시 말해 첫 번째 단계인 개별 음(낱소리) 식별 단계를 완료하지 못한 학습자가 둘째 단계인 정보 처리 단계로 나아갔을 때는 사소한 음 듣기의 실패로 결국 발화의 대의를 놓치게 될 수 있다. 대부분의 모어 화자들은 조금만 주의를 기울이면 방금 들은 내용을 그대로 외워서 다시 말할 수 있는 능력이 있다. 바로 이 능력이 전제되어야 다음 단계로의 진입이 가능한 것이다. 모어를 습득하는 어린이들은 초기 단계에서 습관적으로 들은 발화를 그대로 여러 번 반복하여 발화한다. 때로는 하루 내내 반복하기도 하고 아이 입장에서 형태가 특별한 단어를 접했을 때는 심지어 며칠 동안이라도 같은 단어를 반복하여 발음해 보는 양상을 보이기도 한다. 이는 음을 정확하게 식별하고자 하는 노력의 일환이다. 제대로 들어야만 제대로 발음할 수 있기 때문이다.

발음과 듣기를 지나치게 연계하는 것을 경계하는 사람들도 있지만 제대로 듣지 못하면 제대로 발음할 수 없으므로 제대로 발음한다는 것은 잘 들었다는 것의 증거가 되고, 그러므로 정확한 발음 여부는 듣기 교육의 목표 달성 여부를 평가하는 잣대가 될 수 있다. 물론 제대로 들어도 제대로 발음하지 못하는 경우도 있지만 학습자가 발음에 특별한 장애가 있는 경우가 아니라면 발음에 대하여 지나치게 엄격하게 평가하지 않는 선에서 대체로 잘 발음하는 것은 잘 들었음을 입증하는 것이 된다.

Brown(2011:32)에서는 듣기 전 단계 활동에 하향식 과제뿐만 아니라 상향식 과제도 반드시 포함하여야 함을 언급하였다. 전통적으로 듣기 교재는 배경지식을 활성화하는 활동에 초점을 두었으나 최근에는 어휘를 중심으로 발음이나 문법을 포함한 상향식 활동을 다루는 교재들도 늘어나고 있음을 지적하였다. 그러므로 초급 단계에서는 소리를 듣고 그대로 반복하여 따라 발음하는 방식으로 개별 음운 식별 교육을 해야 하고 실제 발화의 평균 길이에 가깝게 들은 내용을 발음할 수 있는 단계에 이른 후에 내용적 듣기 및 정보 처리적 듣기 교육 단계로 나아가야 한다.

3.2.2. 하향식 모형

세계에 대한 지식 활용은 하향식 모형(top-down model)을 활용한 교육에서 이루어진다. 하향식 모형에서는 기존의 지식과 경험에 기반하여 특정 주제나 상황에 대해 이미 알고 있는 정보를 바탕으로 이해를 이끌어 낸다. 이때 학습자는 자신의 배경지식에 기대어 의미를 능동적으로 구성해 간다. 추측과 예측은 하향식 모형에서 중요한 활동이며 학습자는 모르는 단어나 표현을 추측하며 듣게 된다.

세계에 대한 지식 활용에서는 단어 그룹과 비언어적(non-verbal) 요소 연계하기와, 화자가 무엇을 말하는지를 추측하기 위해 주제에 대한 지식 활용하기가 중요하다. 주지하다시피 듣기는 아무 맥락 없는 상태에서 일어나는 과정이 아니다. 항상 발화에는 일정한 맥락이 있고 광범한 의사소통적 환경이 개입한다. 면대면 소통 과정에서 화자의 태도는 어조, 강세, 억양 등 초분절적 청각적 요소를 통해서도 나타나지만 몸짓(제스처)이나 표정, 기타 도구의 사용 같은 비언어적 요소를 통해서도 전달된다. 그러므로 매체를 통해 온전히 듣기만 이루어지는 상황이 아니라 담화 현장에서 보고 듣기가 동시에 이루어지는 상황이라면 시각적 요소들에 대한 해석도 중요하다. 특히 이런 시각적 요소들은 대체로 문화에 따른 차이도 가지고 있으므로 비언어적 요소의 이해를 위해서는 문화적인 차이에 대한 교수도 필요하다.

이렇게 담화의 큰 요소 및 담화에 작용하는 비언어적 요소들에서 출발하여 세부적인 내용 이해에 도달하는 듣기 교육의 방식을 하향식 모형이라 한다.

3.2.3. 상호 작용식 모형

Wolff(1987)은 상향식 언어 지식이 부족할 경우 이를 하향식 처리로 보완한다고 하였다. 이는 듣기 과정이 상호 작용적이라는 것을 의미한다. 학습자의 이해 과정은 배경지식과, 발화에서 포착되는 언어 정보를 순환적으로 오간다. 따라서 학습자들은 듣기에서 상향식 처리 기술과 하향식 처리 기술을 모두 필요로 한다. 상호 작용식 모형(interactive model)은 상향식 모형과 하향식 모형이 가진 장점을 취하고 단점을 보완하기 위해 두 모형을 상호 보완적으로 통합한 것이다. 듣기는 단순히 개별 음소의 소리에서 출발하여 점차 언어 단위를 확장해 가며 의미를 구성해 나가는 과정도 아니고, 청각적 단서 없이 선행 지식이나 경험에만 기대어 내용을 이해하는 과정도 아니기 때문이다.

상호 작용식 모형은 상향식 인지 처리 방식과 하향식 인지 처리 방식이 동시에, 또는 교차적으로 작용한다는 관점에 기반한다. 즉 청자, 곧 학습자는 음성적 언어 정보를 처리하는 동시에 배경지식이나 맥락, 기대 등을 활용하여 들려오는 내용을 이해하고 추론하며 예측해 나간다. 또한 이전에 들은 내용을 토대로 새로운 정보를 맥락 속에 위치시킨다. 이 모형에서 학습자는 의미 구성에 적극적으로 참여하는 주체가 되며, 실제 듣기 상황과 유사한 방식으로 학습하게 된다.

듣기 교육에서는 상향식 모형과 하향식 모형을 적절히 활용하는 것이 중요하다. 교사는 학습자의 수준이나 성향 등에 따라 효과적인 모형을 선택할 수 있어야 하며, 이러한 점에서 상호 작용식 모형이 좋은 모델이 된다.

4. 듣기 교육의 방법

4.1. 듣기 교육의 일반적 방법

최근의 언어 이론에서는 언어의 네 가지 기능(skill) 중 듣기가 으뜸으로 꼽히지만 역사적으로 볼 때 언어 교수의 초기, 즉 라틴어나 희랍어 문법을 가르치던 시기에는 듣기는 거의 주목의 대상이 아니었다. 그러다가 구어가 언어 교수의 대상이 되고 말하기가 중요시되어 감에 따라 듣기는 말하기의 선행 단계로서 매우 의미 있는 기능으로 간주되게 되었다.

제2 언어 혹은 외국어 교육에서 듣기 능력이 주목되기 시작한 것은 인지 이론과 밀접한 관계가 있다. 인지 이론은 제2 언어 및 외국어 듣기의 기술에 중요한 틀을 제공했으며 교수법과 기술(techniques)도 제공하였다. 인지 이론에서는 구어 텍스트의 해독 과정에서 의미(meaning)가 단지 언어적 입력(input)으로부터 간단히 주어지는 것이 아니라 청자가 자신의 언어 체계에 대한 지식과 세상사에 대한 배경지식, 그리고 의사소통적 맥락(communicative context)으로부터 능동적으로 구성하여 얻어 내는 것이라고 말한다. 또한 이 과정에서 기억의 한계에 따른 제약도 받을 수 있으며, 나아가 일방적 듣기가 아닌 대화 상황에서의 듣기에서는 청자와 화자의 협력적 행동 속에서 이해(comprehension)를 이끌어 낼 수 있다고 한다. 즉, 듣기에서 청자는 여러 가지 가능성 중에서 화자의 의도를 집어내는 고도의 추론을 하는 것이다.

정보 처리 이론에 따르면 듣기는 '감각 기억 → 단기 기억 → 장기 기억'으로 정보를 처리하는 흐름에 따라 이루어진다. 이 과정에서 주의 집중, 의미 추론, 배경지식 활성화 등을 통해 자연스러운 이해에 이르게 된다. 우선 감각적으로 듣기가 이루어지기 위해서는 먼저 뇌 속에 연합된 신경 전달 네트워크가 형성되어야 한다. 정보의 임시 기억(temporary memory) 과정에 관여하는 이러한 뇌의 능력에 대한 연구들은 작업 기억(working memory)에 관심을 두고 있는데, 듣기는 실시간으로 정보를 처리해야 하므로 작업 기억의 부담이 상대적으로 큰 과정에 속한다. 반복 듣기, 시각 자료 제공, 요약하기 등의 전략을 통해 작업 기억의 부담을 줄여 주기도 하는데, 청각적인 정보와 시각적인 정보의 통합은 작업 기억과 장기 기억 사이의 연결에 도움을 준다.

인지 이론 중 다른 하나인 스키마 이론에 따르면 듣는 사람은 기존의 스키마(배경지식)를 바탕으로 내용을 예측하고 이해한다. 가령, 뉴스를 듣기 전에 관련 사건에 대해 시각 자료 등을 통해 예측하게 하는 것은 스키마를 활성화하는 데 도움을 준다. 이때 사회 문화적인 배경지식도 매우 중요하다. 생소한 단어를 듣거나 낯선 상황에 대한 내용을 바로 접하게 될 때 자신이 알고 있는 단어로 치환하여 이해하거나 자신에게 익숙한 상황으로 바꾸어 생각하게 되는 것은 스키마가 그에 맞추어 작동하기 때문이다.

듣기 과정에서 초급 학습자에게는 낱말의 인식이 중요하고, 따라서 1차적으로는 청각적 신호의 해독(decoding)이 중요하다. 따라서 귀로 듣는 일련의 언어 연쇄에서 단어를 수용하고 인지하고 동시에 그것을 의미 있는 단위(unit) 혹은 덩어리(chunk)로 형태 분석(parsing)한다. 이 과정은 해당 언어에 대하여 이미 언어 능력(language competence)을 가지고 있는 사람에게 있어서는 자동적인 과정이지만 해당 언어에 대한 숙달도가 부족한 사람에게 있어서는 언어 정보 면에서 대단히 제약된 과정이다. 그러므로 제2 언어 혹은 외국어 듣기 교수의 가장 중요한 관건은 학습자들이 언어 입력을 재빨리 인지하여 형태 분석을 하도록 돕는 일이다.

이때 메시지가 갖고 있는 정보와 관련된 유기적인 시각적 입력을 함께 제공한다면 훨씬 도움이 된다. 가령, 제스처나 얼굴 표정 같은 단서가 그러한 시각적 입력인데 이것들은 학습자들의 숙달도에 따라 매우 다양하게 기능하는 것으로 알려져 있다. 언어 체계 자체를 잘 알지 못하고 형태 분석의 능력이 부족한 학습자들에게 청각적 듣기 자료만을 제시하는 것은 충분한 입력이 아니다. 그러므로 초기에는 가능하면 많은 시각적 단서가 담겨 있는 동영상 자료 등을 활용하는 것도 좋다.

몸짓은 손놀림, 몸의 방향, 자세, 기타 감정 표시와 관련된 행동을 말하며 표정은 시선이나 안색 등을 의미한다. 그런데 한국어는 영어, 불어 등 서양의 언어들은 물론이고 가까운 일본어와 비교해 보아도 전형적인 몸짓이나 표정에 의한 화자의 태도 전달보다는 어조에 의한 태도 전달 방법이 더 발달한 언어라고 할 수 있다. 또는 어조보다도 더 크게 어미나 보조사 등 언어 내적 요소의 사용을 통해서 화자의 태도를 전달하는 측면이 강한 언어이다. 가령 다양한 높임법 어미의 발달이나 '만큼, 대로, 마저, 까지, 조차, 깨나, 치고' 등 미묘한 어감의 차이를 드러내는 다채로운 형태의 보조사들, 그리고 '마침내, 끝내, 기껏, 심지어, 어차피, 아무튼, 어쨌든, 무려, 그다지, 도리어, 오히려, 기필코, 하필' 등 수많은 양태적 의미를 갖는 부사들의 쓰임을 고려할 때 듣기에서도 언어 외적 요소나 초분절적(suprasegmental) 요소들에 비해 분절음(segments)으로 이루어진 언어의 발음 형태 자체에 주목하여 이해하도록 가르칠 필요성이 높다고 하겠다. 이렇게 반복적인 훈련을 통해 일차적으로 소리와 의미의 연결이 자동화되면 고차원적인 인지 기능에 더 집중할 수 있게 된다.

이렇게 듣기 교육은 인지 이론에 기반하여 학습자의 정보 처리 과정을 고려한 전략적 접근이 필요하다. 듣기 교육에서 유념하여야 할 일반적인 방법론은 다음 몇 가지 조항으로 정리할 수 있다.

(1) 듣기 교육에서의 일반적 유의점

가. 학습자의 요구와 흥미와 관심사를 최대한 반영하여 학습 동기(motivation)를 극대화해야 한다.

나. 단계에 맞는 편안한 듣기 환경을 조성하여 학습자의 불안 요인을 줄여야 한다.

다. 듣기 자료는 피교육자의 수준, 즉 등급별 듣기 교육에 맞는 내용이어야 한다.

라. 모어 환경에서의 듣기 활동과 같은 방법으로 접근해야 한다. 주변의 소음이나 비언어적 요소, 비문법적 요소들은 듣기를 어렵게 하지만 이들 요소들을 배제한 진공 상태에서의 훈련은 실생활에서의 적용력을 떨어뜨린다.

마. 실제 생활에서의 과제 수행 능력을 배양하도록 구성해야 한다. 그러기 위해서는 녹음된 자료보다 교실에서 생생하게 만나는 교수자의 언어 자료가 더 좋고 중요하다.

바. 말하기, 읽기, 쓰기 등 다른 언어 능력의 배양과 연계해서 지도해야 한다.

사. 전신 반응 교수법(Total Physical Response, TPR)을 활용하는 것이 좋다.

아. 교수자는 한국어 표준 발음을 구사하도록 하며 학습자의 등급 및 수준에 유의한다.

자. 듣기 전 활동, 듣기 활동, 듣기 후 활동으로 단계를 나누어 지도한다.

차. 자료의 실제성(authenticity)을 확보하기 위해 듣기 훈련은 실제적인 자료를 가지고 해야 한다.

4.2. 학습자 수준별 듣기 교육 방법

4.2.1. 단계화의 중요성

언어 교수 프로그램에서 단계화는 매우 중요하다. 실제성을 중시한다고 해서 처음부터 어려운 구문으로 추상적 주제에 대해 말하는 것을 맥락의 도움 없이 듣고 이해하게끔 하는 것은 초급 학습자에게 매우 부담스러운 일이다. 그러므로 단계에 맞춘 쉽고 구체적인 자료와 활동을 선정하여 순서화하는 것이 중요하다. 그러기 위해서는 경험적 연구를 활용해야 한다.

경험적 연구들에 따르면 학습자들의 학습 동기를 고양하는 것 중의 하나는 난이도 조절이다. 처음에는 너무 어렵지 않게 시작하고 단계가 높아짐에 따라 차츰차츰 어려워질 때 학습자들의 동기는 고양된다고 한다. 처음 시작 단계에서부터 너무 어려운 것을 하면 학습자들은 매우 힘들어할 뿐 학습 의욕을 갖게 되지 않는다. 반대로 이미 단계가 높아졌는데도 자기 수준에 훨씬 못 미치는 쉬운 자료를 사용하면 학습자는 오히려 학습 동기를 잃고 흥미까지도 잃게 된다. 그러므로 학습자의 수준에 맞춘 적정한 난이도의 자료를 단계별로 제시하는 것이 가장 중요하다.

특히 '듣기' 기능에 있어서는 이 점이 더욱 중요하다. 가령 문법 교수에 있어서 문법 항목들을 어떤 순서로 가르치느냐 하는 문제보다 듣기 교육에서 듣기 자료를 어떤 순서로 제시하느냐, 즉 학습자를 듣기 자료에 어떤 단계로 노출시키느냐 하는 문제가 본질적으로 더욱 중요한데, 이는 문법 항목들 간의 난이도 차이보다 듣기 항목들 간의 난이도 차이가 훨씬 크기 때문이다. 이는 문법 항목들에 위계나 순서가 없다는 것이 아니라 지식 항목으로서의 단계화가 듣기 자료의 난이도에 따른 단계화보다는 덜 두드러진다는 것이다. '듣기'의 경우 가령, 소리의 식별도 못하는 단계에서 고도의 내용 이해를 요구하는 것은 우물에서 숭늉을 찾는 격이며, 사실적 이해 단계를 무시하고 추론적 이해나 함축적 이해를 하도록 수업 과정을 짜는 것은 학습자를 혼란에 빠뜨리는 행위라고 할 수 있다. 단계화의 중요성은 아무리 강조해도 지나치지 않다.

그렇다면 듣기의 단계화는 구체적으로 어떻게 이루어져야 하는가? 그리고 각 단계에 맞는 가장 적절한 자료와 활용에는 어떤 것들이 있는가?

여기서는 먼저 한국어 듣기의 단계를 왕초급(급수 없음), 초급(1, 2급), 중급(3, 4급), 고급(5급), 최고급(6급)의 다섯 단계로 나누고 이 단계에 맞는 교육 방법을 제시하기로 한다.

4.2.2. 왕초급 단계

우리가 모어 어휘를 습득하는 과정을 보면 기본적으로 시각을 통해 철자를 보고 눈으로 단어를 익히는 것이 아니라 단어의 음성 형태를 청각적으로 익히는 방식이 더 일반적이다. 동시에 그 단어의 의미 역시 사전적 의미로 풀어 익히는 것이 아니라 그 단어가 사용되는 일상적인 환경(environment)과 맥락(context) 속에서 어떤 연상을 통하여 자연스럽게 익히게 된다. 바로 이러한 점을 고려할 때 외국어 혹은 제2 언어로서의 한국어를 익히는 상황도 왕초급 단계에서는 비슷하게 진행해 주는 것이 효과적일 것으로 추론된다. Nation(2001)에서도 청각적 입력은 발음, 억양, 의미의 문맥적 사용을 동시에 경험할 수 있게 해 주는 효과가 있다고 하였고 Webb(2007)에서는 청각적 입력만으로도 어휘의 의미, 형태, 발음 등이 상당 수준 습득된다는 실험 결과를 제시한 바 있다.

음운 체계는 모든 개별 언어마다 다르며 음소의 수나 성격도 언어마다 다르다. 모어의 음운 체계에만 익숙해져 있던 학습자들이 외국어의 소리에 처음 노출되었을 때는 그 소리의 식별(identification) 능력이 없다. 그러므로 한국어 듣기 교육은 한국어 왕초급 학습자들로 하여금 한국어의 음운 체계에 우선 익숙해지도록 하는 데서 출발해야 한다. 개별 음운을 제시하고 그 음운들이 어떠한 체계를 이루고 있는지를 설명하고 각 소리를 구별할 수 있도록, 즉, 어떤 소리가 어떤 소리인지 그 정체를 알도록 하는 것이 가장 첫 단계이다. 개별 자음과 모음의 실제 소리(음성)들을 들려주고 그것을 한글의 낱 철자와 대응시킬 수 있도록 한다.

이때 가능하면 여러 가지 음색의 자료들을 골고루 들려주어야 한다. 즉, 여자, 남자, 어린이, 노인, 그리고 다양한 직업군의 사람들, 이왕이면 서로 다른 지역 사람들의 발음을 듣고 경험할 수 있게 하는 것이 좋다. 또한 힘찬 소리, 약한 소리, 부드러운 소리, 센 소리, 발음이 선명한 소리, 탁한 소리, 잡음이 많이 섞인 소리, 깨끗하고 맑은 소리, 주변 소음이 있는 상태에서의 소리, 조용한 진공 상태에서의 소리 등 동일한 음운에 속하는 소리라 하더라도 가능하면 다양한 상황에서 발화되는 것을 들려주어 여러 소리에 익숙하게 해야 한다. 또 동일인의 목소리도 단 한 번씩만 들려줄 것이 아니라 여러 차례 반복하여 들려주어서 발음 시마다 약간의 변동(variation)이 있음을 인지할 수 있도록 하면 소리의 식별과 구별에 도움을 줄 수 있다.

음운은 추상적인 단위이므로 구체적으로 실현될 때 어느 정도의 변동이 발생할 수 있음을 학습자로 하여금 깨닫게 해야 한다. 개별 음운은 앞뒤의 환경에 영향을 많이 받으므로 동일한 음운이라도 앞뒤에 어떤 다른 음운이 오는가 하는 환경에 따라 이 음운이 물리적인 소리, 즉 음성으로 실현되는 양상은 달라질 수 있다. 따라서 동일한 음운이라도 가능하면 여러 가지 환경 속에서 발화되는 것을 들려주어 그 변이형들에 익숙할 수 있도록 학습자를 이끄는 것이 좋다. 음운 변동 규칙 등을 왕초급 단계에서 직접 교수할 필요는 없지만 한국어의 음운 변동이 다른 언어의 음운 변동과 다르다는 정도는 알려 주어 추후의 학습에 참고하게 할 필요는 있다.

왕초급 단계 중에서도 제1 단계는 우선 한국어의 개별 음소들, 즉 자음과 모음들의 물리적이고 청각적인 소리 자체에 익숙하여 그 개별 음성들을 식별할 수 있도록 교육하는 것이다. 이때 교육 자료로는 되도록이면 사용 빈도가 높은 어휘의 예들을 선택하며, 환경에 따른 음운 변동이 발생하지 않는 예를 고르도록 한다. 음운 변동이 발생하는 단어들은 철자와 발음 사이의 간극 때문에 왕초급 학습자들을 혼란스럽게 할 우려가 있기 때문이다. 물론 듣기 활동에 사용하는 어휘는 학습자의 목적에 맞는 어휘로 선택해 주면 개별적인 도움이 되겠으나, 여기서는 우선 일반적인 경우를 고려하기로 하며 4.3에서는 학습 목적 변인을 고려하여 설명할 것이다.

4.2.2.1. 자음 ㄱ

음절 초성으로 오는 경우의 예를 먼저 제시하되 개별 자음의 형태로 제시하는 것보다는 단어 속에서 그 자음이 실현되는 예를 제시하는 것이 좋으며 이때 단어는 일반적으로 많이 접하게 되는 빈도수 상위의 단어들을 선택하도록 한다. 조남호(2003)에서 한국어학습용 기초 어휘를 선정해 놓은 바 있으므로 그 예들 중에서 선택할 수도 있고, 국어원의 단계별 어휘 평정 자료를 참고할 수도 있다. 그리고 2017년에 국제 통용 한국어 표준 교육과정 적용 연구 결과가 발표됨에 따라 최근의 통합 교재는 급수별 어휘들을 고려하여 편찬되고 있으므로 초급 교재에 자주 등장하는 어휘를 그대로 활용할 수도 있다.

자음은 동일한 음소에 속한 자음이라도 단어의 첫머리에 올 때와 어중에 올 때 소리가 다르게 인식될 수 있다. 가령, '고기'라는 단어를 단독으로 '고기'라고 발음할 때의 첫소리 [ㄱ]와 '불고기'라고 할 때의 둘째 음절 첫소리 [ㄱ]는 음성적으로 서로 다르다. '고기'의 첫소리 [ㄱ]는 국제 음성 기호(International Phonetic Alphabet, IPA)로 적으면 [k]에 가깝게 적히지만 '불고기'의 두 번째 음절 첫소리 [ㄱ]는 국제 음성 기호로 적었을 때 [g]에 가깝게 적힘을 볼 수 있다. 이렇게 어떤 언어든지 동일한 음소가 특정 환경에 처하여 세밀한 음성적인 변화가 생기는 경우 이들을 별개의 음소로 파악하는 것이 아니라 동일한 음소에 속한 소리의 미세한 변동이라 보아 이음(allophone) 또는 변이음이라 하는데 한국어에도 이러한 이음들이 다양한 양상으로 나타난다. '달'과 '반달'에서도 'ㄷ'이 IPA로 [t]와 [d]로 각각 표기되며 이 두 소리 역시 동일한 음소의 변이음으로 간주된다.

교수자는 이러한 기초적인 음운 이론을 충분히 알고 있어야 하며, 초급 학습자라도 그 학습자의 성향이 다분히 이론적인 것을 선호한다고 파악된다면 그들에게 이러한 이론적 내용을 전달해 주는 것도 좋다. 물론 일반적인 평범한 학습자나 어린 학습자들에게는 이러한 설명이 오히려 혼란을 줄 수도 있으므로 지나치게 이론적인 설명은 피하는 것이 좋다. 그러나 학습자들 중에 이러한 세부적인 소리의 차이, 즉 음성적인 차이를 분명히 인식하면서 궁금증을 가지고 있는데 교수자가 아무런 설명 없이 동일한 음운이라고 가르치게 되면 그 학습자는 교수자를 신뢰하지 못하거나 학습에 흥미를 잃을 수도 있다. 바로 이러한 점에서 어느 언어에나 이음이 존재한다는 점을 먼저 알게 하고, 그것이 음소로서의 차이와는 다르므로 무시할 수 있는 정도라는 점을 미리 주지시킨다면 학습자들의 음운 식별 과정은 훨씬 수월해질 것으로 예상된다.

먼저 'ㄱ'이라는 개별 음소를 익히게 하기 위하여 학습자들에게 제시할 수 있는 기초적인 단어는 다음 (2)와 같다.

(2) 가수, 거울, 고기, 구두, 그림, 길, 개, 결혼, 교실, 귤, 과일, 귀신

(2)와 같이 'ㄱ'으로 시작하는 단어들을 들려주면서 [ㄱ] 소리 자체에 집중하게 한다. 이때 학습자들에게는 해당 단어의 한글 철자를 시각적으로 제시함으로써 'ㄱ'이라는 글자와 [k]라는 소리를 곧바로 연결할 수 있는 능력을 길러 준다. 또 단어가 구체적인 형상을 지시하는 의미를 갖는 경우 실제 형상이나 그림을 통해 단어의 의미를 연상할 수 있도록 해당 자료를 함께 주어 우뇌를 더 적극적으로 자극하는 것이 필요하다.

따라서 (2)에 다음 (3)과 같은 삽화를 함께 제시하면서 그 단어의 의미까지 자연스럽게 흡수할 수 있도록 하는 것이 장기적인 관점에서의 듣기 능력 향상에 기여하게 될 것이다. 듣기란 단지 청각 영상의 시각화 차원에서의 해독(decoding) 과정이 아니라 청각 영상의 개념화를 통한 의미 해독을 목표로 하는 과정이기 때문이다.

(3)

가수	거울	고기	구두	그림	길
개	결혼	교실	귤	과일	귀신

다음으로 'ㄱ' 받침을 가진 단어를 (4)와 같이 제시하여 발음하고 듣는 연습

을 할 수 있다.

(4) 가. 국, 죽, 목, 죽다, 속다

나. 닭[닥], 흙[흑], 몫[목], 밝다[박따], 읽다[익따]

나'. 닭이[달기], 흙을[흘글], 몫은[목슨], 밝으니[발그니], 읽었다[일거따]

(4)는 'ㄱ' 소리를 말음으로 가지는 단어들이다. 이때 말음에 위치한 'ㄱ'는 음소로는 첫소리의 /ㄱ/와 같은 음소에 속하지만, 음성학적으로는 첫소리 /ㄱ/와 다른 소리이다. 한국어 자음 'ㄱ'는 파열음으로 분류되지만 첫소리에서만 파열되고 받침소리에서는 내파 혹은 불파되는 특징을 보인다. 그래서 IPA로 정밀하게 적으면 첫소리는 [k]로 적지만 받침소리는 '˺'를 붙여서 [k˺]로 적는다. 이러한 이론적인 내용을 흥미롭게 받아들이고 두 음의 차이를 식별하려 노력할 만한 학습자에게는 이런 자세한 설명을 해 주는 것이 좋다, 그러면 학습자들의 이론적 흥미를 끌어 학습 동기를 높여 줄 수도 있다.

그리고 (4나)에 대해서는 (4나')처럼 뒤에 모음이 바로 이어지게 되면 받침의 발음이 달라짐을 함께 알려 주어야 한다. (4나)에서는 겹받침 중 하나는 탈락하고 대표음 'ㄱ([k˺])'만이 발음되지만, (4나')에서는 겹받침 중 뒤의 자음이 다음 음절의 모음 위에 얹혀 하나의 음절을 이루므로 겹받침으로 존재했던 두 자음이 모두 제 음가대로 발음되게 된다.

그런데 여기서 한 가지, '닭이'와 '흙을'의 경우에는 표준 발음으로는 [달기], [흘글]이 되지만 한국어 모어 화자들의 상당수는 [다기], [흐글]처럼 발음한다. 이처럼 표준 발음과 현실 발음 사이에 간극이 있는 경우 그러한 내용도 학습자들에게 함께 알려 줄 필요가 있다. 한편, '몫은'은 표준 발음 [목슨]이 아닌 현실 발음 [모근]으로 발음하는 경우는 좀 드문 편이다. 그러나 [다기], [흐글]의 경우 매우 일반화된 현실 발음이므로 이러한 현대 한국어의 실정을 학습자들에게 알려 주는 것이 실제성의 차원에서 매우 필요하다. 지나치게 표준 발음만을 고수하는 한국어 교실에서 배운 학습자들은 현실 세계에서 적응력이 떨어질 수 있으므로 이러한 점을 염두에 두어야 한다는 것이다. 그러나 그렇다고 하여 현실 발음만을 지나치게 강조하거나 교사조차도 비표준어를 구사해서는 안 된다. "자~ 책 피고!"라고 말하는 교사는 조금 반성할 필요가 있다. 교사 자신은 언제나 표준 발음을 구사하도록 노력해야 한다.

(5) 가. 도구, 자기, 건강, 감기, 공기
나. 직각, 물기, 눈길, 치과

(5)는 두 번째 음절에 'ㄱ'이 들어 있는 단어들인데 (5가)는 'ㄱ'의 발음이 유성음화하여 IPA로는 [k]가 아니라 [g]로 표기된다. (5나)는 'ㄱ'의 발음이 경음화하여 [ㄲ]처럼 발음되는 예이다. IPA로는 [k']로 적는다. 이러한 유성음화와 경음화를 잘 식별하여 소리의 음가를 제대로 들을 수 있는 귀를 가지도록 학습자들을 훈련해야 한다. 이러한 유성음화와 경음화는 비단 'ㄱ'에서만 발생하는 것이 아니라 다른 파열음 'ㄷ, ㅂ', 파찰음 'ㅈ', 그리고 마찰음 'ㅅ'에서도 모두 발생하는 현상이기 때문에 이러한 규칙을 익히게 되면 그 적용 범위가 넓다.

이러한 견지에서 자음의 교수 순서에 대해서도 새로운 관점을 제시할 수 있다. 자음을 사전에 제시된 순서대로 가르치는 것도 하나의 방법이기는 하지만 그 성질에 따라 우선 'ㄱ'와 유사한 'ㄷ', 'ㅂ'를 먼저 가르치고 다음으로 'ㅅ', 'ㅈ', 'ㅁ, ㄴ, ㅇ'을 가르치는 방식을 택할 수 있다. 그리고 'ㄹ'은 독특함을 인정하여 따로 가르칠 수 있다. 그 후에 거센소리 'ㅋ, ㅌ, ㅍ, ㅊ'와 된소리 'ㄲ, ㄸ, ㅃ, ㅆ, ㅉ', 그리고 마지막으로 'ㅎ'의 순으로 차별화하여 가르치는 전략이 필요하다.

특히 'ㄲ, ㄸ, ㅃ, ㅆ, ㅉ'는 한글 24자모에는 속해 있지 않으나 한국어에서 개별 음소로서 인정되어야 하므로 그 음가를 분명히 가르쳐야 한다. 더구나 영어에서는 무성과 유성의 대립만이 존재하는 데 반해 한국어의 경우에는 평음과 격음과 경음의 삼원 대립이 존재하므로 이들의 차이점을 학습자들에게 잘 주지시켜야 한다. 여기서 한 가지 주의할 것은 영어의 무성음이 한국어의 격음에 대응되고 유성음이 평음에 대응된다고 생각하여 경음에는 대응되는 음이 없어 영어권 화자들은 경음을 잘 발음하거나 인식하지 못할 것이라고 생각하는 것은 잘못이라는 사실이다. 영어의 경우에도 'sp, st, sk' 등에서 'p, t, k'는 각각 이음으로 한국어의 [ㅃ, ㄸ, ㄲ]와 유사한 소리가 나므로 굳이 의식하지 않으면 그냥 지나칠 수 있으나 의식적으로 가르친다면 영어권 화자들도 이들 경음 발음을 잘 식별하여 들을 수 있다.

발음 교육에서도 이러한 순서를 따를 수 있고 듣기 교육에서도 마찬가지이다. 또 같은 파열음 안에서도 'ㄱ, ㄷ, ㅂ'의 순서보다 'ㅂ, ㄷ, ㄱ'의 순서가 더 좋다. 'ㄱ'이 한글 24자모 중에서 가장 먼저 나오므로 누구나 'ㄱ'을 가장 먼저 가르치려고 하겠지만 'ㅂ'을 먼저 가르치는 것이 좋다는 것이다. 그 이유는 'ㅂ'이야말로 여러 언어에서 보편성을 띤 음소이기 때문에 어느 언어권의 학습자들에게나 발음이 편리하고, 조음 위치상으로도 입의 가장 앞쪽에서 나는 소리이므로 가장 쉽게 가르칠 수 있기 때문이다.

4.2.2.2. 자음 ㅂ

'ㅂ'이 들어 있는 단어로는 다음 (6)의 예들을 제시할 수 있다.

(6) 가. 바다, 버섯, 보물, 부엌, 비밀, 배구, 베개

나. 이불, 신발, 갈비, 김밥, 공부

나'. 책방, 특별, 곧바로, 햇볕, 달빛

[-빵] [-뼐] [-빠-] [-뼏] [-삗]

다. 입구, 집단, 덥지, 춥습니다

[-꾸] [-딴] [-찌] [-씀--]

다'. 밟지, 읊고

다". 여덟, 짧다

(6가)는 단어의 첫소리가 'ㅂ'인 단어들이다. 한국어의 [ㅂ]는 무성음이므로 IPA로 [p]에 가깝다. 그러나 (6나)는 모음과 모음 사이, 혹은 유성 자음과 모음 사이에서 'ㅂ'이 [b]로 유성음화되는 예이다. (6나')에서는 'ㅂ'이 무성음 받침 뒤에서 경음화하여 발음 표시처럼 'ㅂ'이 [ㅃ]로 실현된다. (6다)는 받침 위치에

'ㅂ'이 오므로 이때의 [ㅂ]는 내파 혹은 불파되어 [p˺]로 발음된다. 그리고 다음 음절의 파열음들을 경음화시키는 특징이 있다. (6다')은 어간의 겹받침 중 하나가 탈락하고 남아 있는 자음 'ㅂ'이 내파화되어 [p˺]로 실현되는 예이다. (6다")은 (6다')과 표기는 같지만 발음 규칙에 따라 'ㅂ'이 탈락하고 'ㄹ'이 발음되는 예이다. 이러한 경우 학습자들로 하여금 소리를 듣고 표기를 유추할 수 있게 하려면 이런 단어의 형태에 대한 이해가 선행되어야 한다.

'ㅂ'이 유성 환경에서 유성음으로 발음되거나 경음으로 발음되는 것, 또 받침 위치에서 내파화하는 것 등은 물론 앞서 설명했던 'ㄱ'의 경우와 유사하지만 그럼에도 불구하고 한국어에서 독특하게 발견되는 음운 현상이다. 따라서 학습자들에게 이런 세세한 발음의 변동을 알려 주어야만 발음을 제대로 듣고, 들은 단어의 형태를 구별하여 찾아낼 수 있다.

이와 같은 방식으로 'ㄴ'에서 'ㅎ'에 이르기까지 자음의 구체적인 소리에 대한 설명을 음절 첫소리와 끝소리의 위치에서 각각 구분하여 제시하되, 각 음소들의 성격에 따라 설명의 세부적인 내용을 차별화해야 한다. 또한 한국어의 자음 중에는 첫소리에만 나타나고 끝소리에는 나타나지 않는 'ㅅ, ㅈ, ㅊ, ㅌ, ㅋ, ㅌ, ㅍ, ㅎ'가 더 있으므로 이들 자음 글자들의 음가를 설명할 때 음절 초에서만 그 소리가 실현되고 음절 말에서는 중화(neutralization)되는 점(본래는 서로 구별되던 음소가 특정 위치에서 하나의 소리로 실현되어 구별되지 않는 현상)에 대해서도 설명해야만 이러한 받침이 포함된 단어의 소리를 들을 때 이런 음운 현상을 떠올려 표기를 유추할 수 있게 된다.

또 한국어에는 일반적으로 유성 자음이 없다고 생각하는 사람이 많은데 'ㄴ, ㅁ, ㄹ'과 받침의 'ㅇ'은 그 자체로 유성음일 뿐만 아니라 'ㄱ, ㄷ, ㅂ, ㅈ' 역시 유성음과 유성음 사이에서는 실제 소리가 유성음으로 실현된다. 바로 이러한 점을 학습자들에게 잘 주지시켜야 학습자들이 한국어 모어 화자들의 실제 발화에서 이런 유성 자음 발음을 들을 때에 혼란을 느끼지 않을 것이다.

그리고 'ㄹ'은 한국어의 고유어 중에 'ㄹ'로 시작되는 단어가 없으며, 한자어에서도 이른바 두음 법칙에 따라 어두에는 나타나지 않는다는 점을 듣기 교육에서도 강조할 필요가 있다. 실제로 어중이나 어말에서 음절 첫음으로 'ㄹ'을 가진 단어들이 어두에서는 'ㄴ'으로 바뀌거나 탈락되는 경우에 그러한 표기와 발음을 연상하면서 들을 수 있도록 하기 위해서이다. 그 외에 'ㄹ'은 자음으로서 특이한 점이 있어 특별히 유음(liquid)으로 불린다. 'ㄹ'의 특이점은 모음성(properties of vowels)도 가진다는 점인데 이러한 'ㄹ'의 모음성은 방향 혹은 도구의 의미를 가지는 조사 '로' 및 '으로'와의 결합에서 극명하게 드러난다. 'ㄹ'은 일반적으로 자음으로 분류되지만 이 조사와 결합할 때는 다른 자음들처럼 '으로'와 결합하는 것이 아니라 모음들처럼 '로'와 결합하기 때문이다. 바로 이러한 'ㄹ'의 특별한 음운론적 성질에 대해 설명해 주면 학습자들은 조사 사용의 오류를 줄일 수 있고 한국어의 소리에 대해 더욱 큰 관심을 가지게 될 것이다.

4.2.3. 초급 단계

이미 왕초급 단계에서 개별 음소나 음성의 식별에 주안점을 두어 가르쳤다면 초급 단계에서는 최소 대립 쌍을 통한 음소들의 식별 훈련이 필요하다. 음운론에서 널리 사용되는 최소 대립 쌍이라는 개념은 주로 단어 단위로 거론되어 왔으나 단지 단어만이 아니라 접사든 구 구성(phrase construction)이든 단 하나의 음운에서만 차이가 난다면 최소 대립 쌍이 될 수 있다. 그런데 듣기 교육에서 이용되는 최소 대립 쌍은 훨씬 폭넓은 개념을 갖는다. 단 하나의 음운에서만 차이가 나는 것이 아니라고 하더라도 흔히 혼동될 수 있는 예들을 모아 청취 시의 식별 및 구별 연습을 하는 자료로 이용할 수 있다. 또한 최소 대립 쌍은 개념적으로는 음운론적으로 유사한 쌍이 아니라도 관계없지만 듣기 수업에서 최소 대립 쌍의 자료를 이용할 때는 되도록이면 음성적인 유사성이 있는 단위끼리 대비시켜 학습자들에게 실용적인 듣기 훈련을 하도록 하는 것이 좋다.

특히 일본어권 학습자들은 'ㅓ'와 'ㅗ'의 발음을 잘 구별하지 못하는 것으로 알려져 있는데, 이렇게 발음을 구별하기 어려워하는 경우에는 듣기에서도 동일한 어려움을 겪는다. 반대로 발음 훈련이 잘 된다면 듣기도 훨씬 수월하게 할 수 있을 것이다. 그러므로 다음 (7)의 자료를 최소 대립 쌍의 예로 제시하여 발음 구별 훈련을 하면 좋다.

(7) 선/손, 거리/고리, 허수/호수, 헛-/홑-, 멀다/몰다

(7)의 예 중에는 학습 단계에 맞지 않는 어려운 예도 있지만 이러한 단어들의 'ㅓ'와 'ㅗ' 발음을 구별하지 못하면 의사소통에 지장이 생기는 일도 있기 때문에 특별히 구별해서 듣는 훈련을 하면 좋다. '헛-'과 '홑-'은 둘 다 접두사인데 표기형으로는 최소 대립 쌍이 아니지만 음성형으로는 최소 대립 쌍이 되는 경우가 있으며 'ㅓ'와 'ㅗ'의 대립을 보여 준다.

다음 (8)은 'ㅏ'와 'ㅜ', 'ㅏ'와 'ㅗ', 'ㅏ'와 'ㅓ', 'ㅗ'와 'ㅜ', 'ㅡ'와 'ㅜ', 'ㅡ'와 'ㅣ', 'ㅐ'와 'ㅚ'의 구별이 어려운 단어의 예들이다.

(8) 가. 자라/자루, 나르다/누르다
나. 나루/노루, 가르다/고르다
다. 발판/벌판, 달다/덜다
라. 가로/가루, 졸이다/줄이다
마. 지음/지움, 이르다/이루다
바. 글/길, 즐기다/질기다
사. 내/뇌, 대다/되다

(8마)의 'ㅡ'와 'ㅜ'의 대립도 특히 일본어권 학습자들에게는 구별하여 듣기 어려운 예로 알려져 있다.

그 밖에 'ㅐ'와 'ㅔ'의 경우에는 한국어 모어 화자들도 문맥 없이 해당 음소만을 구별하는 것은 쉽지 않은 일이 되었다. 현대 한국어에서 이 두 모음은 거의 합류되어 발음이나 청취 모두 구별이 쉽지 않은 단계에 이르렀기 때문이다. 아직도 〈표준발음법〉에서는 이 두 음소를 구별하도록 하고 있지만 현실 발음에서는 구별이 되지 않는다. 따라서 이 두 모음에 대해서는 외국인 학습자들에게 그 정확한 발음을 강요하거나 반드시 구별해서 들을 수 있어야 한다고 강조할 필요가 전혀 없다는 점을 유의해야 한다. 다음 (9)의 예는 바로 이렇게 표준 발음과 현실 발음 사이에서 각각 최소 대립 쌍이 되기도 하고 동음어가 되기도 하는 예이다.

(9) 가. 개/게, 금새/금세, 모래/모레, 팬/펜, 매다/메다, 배다/베다,
새다/세다, 해어지다/헤어지다
나. 개으름/게으름

(9가)는 비록 소리로는 구별되지 않지만 표기로는 엄격히 구별되며 의미 차이도 있는 각각의 단어들로 존재하는 예를 보여 준다. 한국어에는 이러한 예가 매우 많다. 반면, (9나)는 표기에서는 구별되지만 의미 차이가 거의 없어 'ㅐ'와 'ㅔ'가 통용되는 예라고 할 수 있다. 이러한 예는 드물다. 대부분은 아래 (10)과 같이 'ㅐ'와 'ㅔ' 중의 하나가 선택되고 다른 하나는 오표기가 된다.

(10) 돌맹이(×)/돌멩이(○), 알맹이(○)/알멩이(×), 무지개(○)/무지게(×),
욕심쟁이(○)/욕심젱이(×)

사실상 (9)나 (10)에 제시된 예들은 모두 듣기에서는 변별이 되지 않지만 표기에서는 구별이 되어야 하므로 특별히 이러한 사실에 대해 학습자들에게 설명을 하고 유의하도록 이끌어야 한다.

이상에서 최소 대립 쌍을 통한 모음의 식별 청취에 대한 설명을 했는데, 이제 자음 하나로 변별되는 최소 대립 쌍의 예를 살펴보기로 한다. 두 단어가 대립되는 최소 대립 쌍은 매우 많으며 셋 또는 그 이상의 단어들이 자음 하나의 차이로 최소 대립 쌍을 이루는 경우도 많다.

(11) 가. 가루/마루/자루/하루, 고리/보리/소리, 구르다/누르다/두르다,
굴리다/눌리다/물리다
나. 일단/일만/일반, 주간/주산/주한
다. 박/반/발/밤/밥, 신문/심문

(11가)는 어두의 첫 자음의 차이로 각기 다른 단어가 되는 최소 대립 쌍의 예이며, (11나)는 두 번째 음절의 첫 자음의 차이로 달라지는 최소 대립 쌍의 예

이다. (11다)는 받침 하나의 차이로 서로 다른 단어가 되는 최소 대립 쌍의 예이다. 이러한 단어들의 쌍을 들려주고 음소의 차이를 식별할 수 있도록 연습해 보는 것이 필요하며, 이와 비슷한 유형의 최소 대립 쌍을 새롭게 찾아보는 연습을 게임처럼 진행해 보는 것도 학습자들의 분석적 흥미를 돋울 수 있다.

또한 중국인 학습자들은 'ㄹ' 발음에 대하여 혼동을 일으키기 쉽다. 'ㄹ'이 없는 경우와 있는 경우, 또는 'ㄹ'이 하나 있는 경우와 둘이 연속된 경우에 음의 식별을 어려워하는데, 후자의 경우가 특히 더하다.

(12) 가. 계약/계략, 몰았다/몰랐다
　　나. (숙소에) 들었다/(친구 집에) 들렀다
　　다. (일을 하다가) 말았어요/(옷이 젖었다가) 말랐어요

(12)는 음소 'ㄹ' 하나의 유무로 최소 대립 쌍이 되는 예들이다. 이 예들을 가지고 듣기 훈련을 통해 문맥을 파악하도록 하는 연습을 하고 유사한 다른 예를 추가적으로 더 발견해 가는 활동을 통해 학습자들의 어휘력을 확장하는 것을 추천한다.

학습자들의 수준이 초급에서 중급, 고급으로 갈수록 개별 음운 자체를 구별해서 듣기보다는 문맥적으로 적절한 단어를 듣는 경향이 강하므로 상당히 많은 최소 대립 쌍들이 문맥에 의해 구분되지만 초급 단계에서는 단어의 형태에 대한 정확한 인식이 없는 경우도 있어서 학습자들은 발화 시에도 발음 오류를 일으키기도 하고, 들을 때도 역시 단어의 형태를 잘못 들어서 엉뚱하게 이해하는 경우가 있다.

다음은 격음 및 경음과 평음의 대립 쌍이다. 중국인 학습자들의 경우 경음과 평음을 구별하지 못하기도 하고 또 격음과 경음을 구별하지 못하기도 한다. 즉, 폐쇄음 대립 쌍에서 혼동을 보이는 경우가 많다. 가령 '곰곰이'와 '꼼꼼히'를 구별하지 못하여 발음에서도, 청취에서도 혼동을 보인다. 대체로 정확하게 청취하였는지를 확인할 때 듣고 받아쓰기를 해 보도록 하는데, 바로 이러한 단어들을 제대로 받아쓰지 못하는 학습자들이 생각보다 많은 편이다. '도끼'와 '토끼'

도 그 소리의 유사성 때문에 구별하여 듣지 못하는 경우가 있다. 다음 (13)은 이와 유사한 다른 예들이다.

(13) 가. 골/꼴, 굴리다/꿀리다, 좀/쫌, 즘/쯤

나. 곰곰/꼼꼼

다. 감감/깜깜, 좀스럽다/쫌스럽다

(13가)는 같은 조음 위치의 평음과 경음이 최소 대립 쌍을 이루는 경우이고 (13나)는 최소 대립 쌍은 아니지만 평음과 경음의 대립을 보이는 예이다. 서로 다른 단어이다. (13다)는 평음과 경음의 차이가 어감의 차이만을 나타내며 의미상의 차이는 거의 없이 사용되는 예이다. 그렇지만 이러한 예들은 듣기 상황에서 음의 식별 및 구별에서는 분명히 구분될 필요가 있는 예들이다.

다음 (14)는 같은 조음 위치의 평음, 경음, 격음이 대립을 보이는 최소 대립 쌍의 예이다.

(14) 재다/째다/채다, 대다/때다/떼다

다음 (15)는 최소 대립 쌍은 아니지만 단어 전체적인 소리의 유사성으로 인해 맥락을 충분히 파악하지 못한 경우라면 많이 헷갈릴 수 있는 단어이다.

(15) 가. 굼뜨다/꿈꾸다

나. 신났다/성났다

다. 스스럼/스스로, 쇠고기/개고기, 상반/상관

(15가)는 'ㄱ', 'ㄲ' 외에 '뜨다'와 '꾸다'의 혼동까지 함께 일으킬 수 있는 예이다. (15나)는 모음뿐 아니라 받침의 'ㄴ'과 'ㅇ'까지 혼동을 보이는 경우인데 받침 'ㄴ'과 'ㅇ'의 혼동은 주지하듯 일본어권 학습자들뿐 아니라 중국어권 학습자들 사이에서도 흔히 발견되는 일이다. (15다)는 자음과 모음이 둘 다 차이

를 보이므로 개별 음소에서는 더 큰 차이가 있지만 전체적인 음상이 유사하여 혼동될 수 있는 예이다. 게다가 하나는 받침이 있고 다른 하나는 받침이 없기 때문에 음상에 상당한 차이가 있다. 그러나 '스스럼'을 또박또박 발음하지 않고 대략 흐리게 발음했을 때 '스스로'와 혼동하여 듣는 사례들이 있기에 다른 여러 최소 대립 쌍과 함께 하나의 청취 구별 자료로 활용할 수 있다. '쇠고기'와 '개고기'도 비슷한 경우이고 '상반'과 '상관'도 유사하게 혼동하여 듣는 예로 알려져 있다.

다음 (16)은 표기상으로 분명히 구별되지만 소리로는 전혀 구별되지 않는 이철동음이의어이므로 특히 듣기에서는 문맥을 고려해서 들어야만 의미 파악을 제대로 할 수 있다. 이러한 단어들의 쌍이 있다는 것을 학습자들이 미리 이해하고 있어야만 제대로 들을 수 있는 예에 속한다.

(16) 반드시/반듯이, 주리다/줄이다, 느리다/늘이다, 조리다/졸이다,
부치다/붙이다, 앉히다/안치다, 읽다/익다

서로 철자가 다르고 다른 단어이므로 당연히 의미도 다른데 음운 변동으로 인해 소리가 같게 나타나는 단어들은 초급 단계에서부터 잘 익혀야만 청취에 어려움이 없다. 그러나 한국어의 다양한 음운 변동 현상을 체계적으로 가르치는 일은 중급 단계로 넘기는 것이 좋다. 초급에서는 (16)과 같은 예가 나올 때 개별적으로 하나씩 알려 주는 방식을 택해야 학습자들이 부담 없이 한국어 발음과 청취를 배울 수 있다.

이상에서 초급 단계에서의 음의 식별과 변별 훈련 방법과 사례들에 대해서 살펴보았다. 그러나 음의 식별만이 절대적인 것은 아니다. 커뮤니케이션 능력이 기본적으로 발달한 사람들은 발음에 대한 정확한 이해가 없고 그리하여 단어의 형태를 잘 인지하지 못하는 상태라 하더라도 상황에 대한 이해를 통해 상대방의 발화 내용을 이해할 수 있는 경우도 있기 때문이다. 특히 어린아이에게는 억양이나 몸짓, 표정 등을 통해 의미를 파악하는 능력이 발달되어 있다고 한다. 그러나 이미 모어의 억양이나 몸짓 및 표정의 의미에 익숙해져 있는 경

우라면 제2 언어의 학습에서 모어와 목표어 간의 차이 때문에 오히려 걸림돌이 되지 않도록 이러한 부분의 서로 다른 점에 대하여 충분히 익히도록 하여 재빨리 코드를 바꿀(code-switching) 수 있도록 해야 할 것이다.

4.2.4. 중급 단계

중급에서는 어느 정도 문맥을 통한 이해가 되므로 개별음의 식별 자체가 아주 큰 문제가 되지는 않는다. 그러나 한국어에는 다양한 음운 규칙의 적용으로 표기 형태와 음성 형태가 많이 달라지는 단어들이 있으므로 음운 규칙들을 제대로 이해해야만 정확한 듣기가 가능하다. 교사는 이런 규칙과 제약 및 그 원리 등에 관하여 상세히 알고 있어야 하지만, 중급 단계에서 정확한 소리 식별을 위해 가르쳐야 할 한국어의 공시적 음운 변동 규칙에는 다음 (17)과 같은 예들이 있다.

(17) 한국어의 음운 변동 규칙

	규칙	내용	예시
1	대표음화	음절 말에서 겹받침이 단순화되어 하나만 소리 나는 현상.	닭[닥], 값[갑], 여덟[여덜]
2	음절 말 평파열음화	파열음의 격음이나 경음이 음절 말에서 같은 계열의 평음으로 중화되어 소리 나는 현상.	꽃[꼳], 솥[솓], 밖[박], 부엌[부억], 무릎[무릅]
3	자음동화	조음 방법이 서로 다른 자음들이 연속될 때 조음 위치상 같은 계열의, 조음 방법이 같은 자음으로 바뀌는 현상. 크게 비음화와 유음화로 나뉨.	비음화: 국민[궁민], 닫는다[단는다], 밥맛[밤맏] 유음화: 난리[날리], 설날[설랄]

4	구개음화	'ㅣ' 모음이나 'ㅣ' 계열의 상향 이중모음(ㅑ, ㅕ, ㅛ, ㅠ) 앞에 형태소 경계를 두고 'ㄷ', 'ㅌ'이 선행하는 경우 그것이 'ㅈ', 'ㅊ'으로 바뀌는 현상.	굳이[구지], 같이[가치], 묻히다[무치다], 붙이다[부치다]
5	'ㅣ' 모음 순행 동화	'ㅣ' 모음이나 'ㅣ' 계열의 하향 이중모음적 성격을 띤 모음(ㅚ, ㅟ, ㅖ 등) 뒤에 단모음이 연속하는 경우 단모음이 'ㅣ' 상향 이중모음으로 바뀌는 현상.	그것이었다[그것이였다], 되어[되여], 끼어[끼여], 뛰어[뛰여]
6	단모음화	자음 뒤의 'ㅖ'가 'ㅔ'로 소리 나는 현상.	계산[게산], 실례[실레], 은혜[은헤]

1~4까지의 음운 변동은 필수적인 것이고 5와 6은 수의적인 것이다. 언어학적 호기심이 있는 학습자가 아니라면 지나친 설명은 오히려 학습자들을 혼란스럽게 할 수 있기 때문에 아주 자세한 설명을 하기보다는 주요 어휘를 중심으로 설명하는 것이 좋다.

중급에서는 개별 음소 단위가 아니라 좀 더 큰 문법 단위 이상을 청취하는 연습을 하고 나아가 구나 문장 단위로 듣는 범위를 확장해 가도록 한다. 그래서 궁극적으로는 분석적이기보다는 종합적으로 담화의 전체적인 맥락을 이해하고 담화의 지시 내용을 실행하는 등의 단계로 나아가야 한다. 이때 학습자들에게 주어지는 과제는 단지 발음의 세부 내용이나 음운 변동에 따른 음소의 식별이나 구별이 아니라 충분한 어휘력과 문법적 능력의 습득을 통한 정보 내용에 대한 분석적 이해가 될 것이다. 중급은 어느 정도 의사소통상의 문제가 없는 학습자의 능력 및 단계를 의미하므로 이러한 요구 사항이 충족되어야 한다.

4.2.5. 고급 단계 및 최고급 단계

고급 단계에서의 듣기는 구어 청취를 통한 정보의 이해 단계를 넘어선다. 담화가 직접 전달하는 내용에 대한 지시적 이해에서 한 걸음 나아가야 하는 단계이다. 언어는 진공 상태에 존재하는 것이 아니라 사회 맥락 속에 놓여 있기 때문에 이러한 사회에 대한 이해를 바탕으로 하여 발화의 문화 맥락적 함의에 대한 이해가 따라 주어야 한다. 그리고 단지 소리를 듣고 내용을 이해하는 데서 끝나는 것이 아니라 청자의 반응 역시 중요하다.

대화라면 특히 일방적으로 주어지는 것이 아니라 상호 작용 속에서 이루어지는 것이므로 청자는 더 이상 수동적인 존재가 아니라 적절한 태도와 반응을 보이는 능동적 존재가 되어야 한다. 또한 대화가 아닌 담화를 일방적으로 듣는 상황이라 하더라도 맥락이 주어지지 않은 진공 상태의 듣기 파일을 듣거나 라디오 담화를 청취하고 있는 경우 등이 아니라면 그 담화 현장에 있는 사람은 일정 정도의 적절한 반응을 통해 사회적 관계를 유지하여야 한다. 특히 음성 통화를 통한 대화 상황에서는 몸짓이나 표정 등 시각적인 반응을 보여 줄 수 없으므로 제대로 듣고 있다는 신호로서 적극적인 음성적 반응을 할 것이 요구된다.

고급 단계가 되면 듣는 내용에 있어서도 학습자 스스로 어느 정도 취사선택이 가능하다. 초급이나 중급 단계까지는 교사가 듣기 자료를 제시하기 전에 목표를 분명히 알려 주고 해당 듣기 과제에서 무엇에 집중해야 할지를 알려 주는 방식으로 수업이 진행된다면, 고급 학습자들은 자료의 성격이나 담화 상황 등을 스스로 판단하여 정보를 취사선택할 수 있고 목표에 부합하는 과제 수행을 이루어 낼 수 있다는 말이다.

담화의 내용을 이해함에 있어서 표면적으로 주어진 내용 이외에 행간의 의미를 읽어 내거나 주어진 내용을 통해 추론하거나 제한적인 정보를 통해 전체적인 맥락을 이해하는 등의 고급 청해 능력이 학습자의 단계가 높아질수록 더욱 요구되는데 이러한 이해 정도에 도달하도록 학습자를 교육하는 것은 고급 단계에 맞는 듣기 자료를 통한 반복 훈련을 통해서도 어느 정도 가능하겠지만 그 전에 많은 배경지식이 요구된다. 자료의 내용적인 범위가 학습자의 배경지식을 벗어나는 경우라면 바람직한 듣기 이해 단계에 도달할 수 없기 때문이다.

이는 또한 어휘력과도 관련되는데 분야에 따라 전문적인 용어들이 많이 나타나므로 해당 전문 분야의 듣기를 위해서는 그 분야의 어휘에 익숙해야 한다.

즉, 배경지식은 어휘력과 떼려야 뗄 수 없는 밀접한 관련이 있다. 초급 단계라면 텍스트 자체가 간단하여 모르는 어휘를 그냥 넘어가도 전체적인 맥락을 이해하는 데에 지장이 적을 수 있지만, 고급 단계에서는 핵심 용어를 모르면 아예 주제를 파악하기 어려운 경우도 있기 때문에 특히 단계와 분야에 맞는 어휘 교육이 병행되어야 한다. 특히 내용 중심 교수(Content-Based Instruction, CBI)의 중요성이 부각되는 것도 바로 이러한 이유 때문이다. 특정 학문 분야의 내용이나 주제 중심의 콘텐츠를 이해하기 위해서는 단지 청해 능력만으로는 안 되고 해당 주제에 대한 배경지식을 요하기 때문에 CBI의 중요성이 강조되는 것이다.

본서에서는 5급을 고급 단계로 분류하고 6급을 최고급 단계로 별도의 단계화를 하였는데 최고급 단계에서는 모어 화자와 거의 동등한 수준의 듣기 능력을 가지게 되므로 제2 언어로서의 듣기가 아닌 모어 듣기와 유사한 자료와 방법을 적용해도 문제가 없다. 다만, 이 단계에서는 문화적 요소로 인한 의사소통상의 문제가 발생할 가능성이 있으므로 그러한 문제가 발생하지 않도록 교사는 충분한 배경지식을 위한 듣기 전 활동 고안에 주의를 기울일 필요가 있다. 문화적 요소는 듣기에서의 내용 이해 자체에도 관여되지만 듣기 후의 반응 방식과도 관련성이 높으므로 이러한 청취 후 반응 교육에도 유의해야 한다.

4.3. 학습자 변인별 듣기 교육 방법

듣기 수업의 자료는 무엇보다 학습자의 특성에 맞고 학습자가 관심을 가질 만한 내용으로 구성되어야 한다. 그래야만 학습의 효과가 극대화될 수 있기 때문이다. 이를 위해서는 학습자의 다양한 변인에 대해 관심을 가져야 한다. 한국어 교육에서 고려해야 할 일반적인 학습자 변인으로는 모어, 학습 목적, 연령, 타 외국어 학습 경험, 어휘력, 학습 환경 등 여러 가지가 있으나 여기서는 그중 듣기 수업 구성에서 고려해야 할 중요한 변인들을 중심으로 살펴보기로 한다.

4.3.1. 모어 변인

먼저 학습자의 제1 언어, 즉 학습자의 모어에 따라 학습의 내용과 방법이 달라진다. 학습자의 모어와 한국어를 대조 언어학적 측면에서 살펴본 연구 결과들을 활용하여 해당 언어권 학습자들에게는 어떤 부분에 주안점을 두어 가르칠지를 생각할 수 있다. 그리고 반드시 대조 언어학적 차이가 아니더라도 학습자의 모어 환경에 따라 학습자의 성향에도 상당한 차이가 있다는 점을 고려해야 한다. 이것은 최근 연구에서 문화 간 역량(intercultural competence)이 강조되고 있는 이유이기도 하다. 학습자의 문화권에서 나타나는 독특한 문화적 특성을 고려하는 것이 한국어 교사에게 매우 중요한 일이다. 또한 모어 변인은 학습자의 배경지식의 차이를 유발하는 직접적인 원인이 된다는 점에서도 중요하다.

모어 변인은 학습 태도나 기술 면에서도 차이를 유발한다. 일반적으로 동양어권과 서양어권으로 나눌 때 동양어권 학습자들은 단어를 많이 암기하지만 그 활용 능력이 조금 부족한 경향을 보이며 문어 읽기에 비하여 구어 말하기를 더 어려워하는 특성이 있다. 또한 같은 문어에서도 읽기보다 쓰기를 더 어려워하는 경향이 있다고 알려져 있다. 이에 반해 서양어권 학습자들은 수용적 측면보다 표현적 측면이 강하며 적은 어휘량으로도 다양한 활용 양상을 보이는 특성이 있다. 또 동양어권 학습자들은 실수를 두려워하여 가능하면 쉽고 간단한 표현을 하려는 소극적 성향을 보이는 데 반해 서양어권 학습자들은 표현에 두려움이나 주저함이 없으며 길고 다양한 형식에 도전하는 적극적인 성향을 보인다고 한다.

한국어 교사는 바로 이러한 학습자의 모어 변인적 특성을 듣기 교육 시에도 고려하여야 한다. 동양어권 학습자들은 이상에서 설명한 성향으로 인해 듣기 이해 자체를 잘했다고 하더라도 이해한 내용을 표현하는 적극적인 반응을 적절히 하지 못하는 경향이 나타날 수 있는데, 이러한 학습자의 모어 변인적 특성을 교사가 잘 모르고 있다면 학습자에 대한 올바른 평가를 하지 못할 것이며 제대로 지도하는 데 어려움이 있을 것이다. 최근의 듣기 교육에서는 듣기가 단지 수동적 이해의 과정이라기보다는 화자와 청자 간의 적극적 의사소통 과정의 하나라는 인식이 강하게 부각되고 있으므로 특히 청자가 단지 이해에만 그치는 것이 아니라 적절한 반응을 할 수 있도록 유도하는 것이 필요하다. 이를 위해 동양어권 학습자들에게는 이해한 내용에 대한 적극적인 반응을 할 수 있도록 하는 적절한 과제를 부과해야 한다. 따라서 맞장구 표현 산출하기나 들은 내용에 대한 자신의 의견 피력하기 등을 주도적으로 할 수 있도록 수업을 구성하는 것이 좋다.

서양어권 학습자들은 반응이 빠르기 때문에 그들이 실제로 이해한 내용에 비해 과다한 반응을 하게 되면 교사는 그들의 이해가 충분한 것으로 오해할 소지가 다분하다. 따라서 이들에게는 들은 내용을 충분히 사실적으로 잘 이해했는지를 확인하는 문항을 통해 들은 내용을 바로바로 확인하거나 내용에 대한 충실한 이해를 해야만 해결할 수 있는 과제를 주는 것이 좋다. 사실적 이해 과제는 충실한 듣기 과정이 요구되므로 대략적인 넘겨짚기로는 해결되지 않기 때문이다. 듣기가 단지 이해 과정에만 그치는 것이 아니고 이해 이후에 그 이해한 내용을 표현으로 연결하는 과정이고 그렇게 해서 의사소통이 이루어진다는 점을 감안하면 서양어권 학습자들의 활발한 반응은 매우 바람직하다. 따라서 학급을 구성하거나 소그룹 활동을 할 때 동양어권 학습자와 서양어권 학습자를 적절히 섞어서 배치하면 시너지 효과를 얻을 수 있다.

한편, 이러한 학습자 모어나 국적 변인은 정치적, 사회적, 문화적으로 민감한 문제와 부딪칠 수 있다. 그러므로 여느 다른 기능 수업에서도 마찬가지이지만 듣기 수업에서도 듣기 자료를 고를 때 일본인 학습자나 중국인 학습자, 또는 파키스탄, 스리랑카, 아랍, 미국 등 학습자들 나라의 정치적, 사회적, 문화적, 나아가 종교적 민감성과 관련된 주제는 피하는 것이 좋다. 특히 여러 국적의 학습자들이 공존하는 수업에서 역사적이든 시사적이든 국가 간의 충돌을 야기할 수 있는 주제를 다루거나 간접적으로라도 관련된 주제를 도입하는 것은 수업 분위기를 망칠 수 있기 때문에 특히 유의해야 한다.

그리고 반대로 타 문화 수용과 존중의 태도를 학습자들에게 키워 주어야 할 의무가 교사에게는 있다. 바로 이러한 점 때문에 한국어 교사는 세계 여러 나라들의 정치적, 사회적, 문화적 상황에 대해 숙지하고 있어야 한다. 학습자들의 모어와 관련된 문화에 대한 기본적인 이해는 수업 자료의 구성에도 긍정적으로 활용될 수 있다.

4.3.2. 학습 목적 변인

학습자의 유형을 나누는 중요한 기준의 하나로 학습 목적 변인을 들 수 있다. 학습자가 한국어를 학습하는 목적이 무엇인가 하는 것은 수업의 주제와 세부 내용을 구성하는 데 절대적인 지침과 유의 사항을 제공한다. 물론 일기나 도량형 단위, 쇼핑, 날짜, 요일, 취미 활동 등 일반적인 것은 공통적 듣기 내용으로 설정할 수 있다. 하지만 같은 주제라 하더라도 세부적 내용은 학습자의 유형에 따라 달리 적용된다. 다음은 학습 목적별 학습자의 유형과 그에 따라 알맞게 구성할 수 있는 듣기 교육 내용을 개괄적으로 보여 주는 표이다.

(18) 학습 목적 변인에 따른 듣기 교육 주제

학습 목적		학습자 유형	듣기 교육 주제
일반 목적	여행 및 방문	관광객 출장자 방문자	항공사에 전화하기, 호텔 예약 및 체크인, 관광지 찾기, 공항 안내소 이용, 길거리에서 길 묻기, 차량 렌트하기, 대중교통 이용하기
		교포	한국 전통 음식, 한국의 관혼상제 풍습, 건강 검진, 전통 시장, 지역 특산품
	생활	이주 여성	가족 호칭 및 생활, 명절, 장보기, 병원(산부인과, 소아과), 자녀의 학교생활, 임신, 육아, 관공서 방문, 집들이, 한국 음식 만들기
		아동	학교, 학원, 서점, 놀이터, 동물원, 놀이공원
특수 목적	취업 및 직업	외국인 노동자	회사(공장) 생활, 은행, 월급, 휴가, 회식, 쉼터, 의료 보험, 산재 보험, 연금
		비즈니스맨	면접, 신입 사원, 출퇴근, 조퇴, 병가, 회의(브리핑, 조찬), 제안서 작성, 사무기기, 승진, 이직

특수 목적	유학	유학생	학교생활, 학점 관리, 리포트, 발표, 팀플, 시험, 강의실, 축제, 봉사 활동, 보건소, 심리 상담소, 동아리, 유행어, 도서관, 카페, 소개팅

(18)에서 보듯이 한국어 학습의 목적은 크게 일반 목적과 특수 목적으로 나뉘며 일반 목적은 다시 여행 및 방문 목적, 생활 목적 등으로 구분되고 특수 목적은 취업 및 직업 목적과 학문 목적으로 나뉜다. 세부적으로 들어가면 여행도 단순 관광과 문화 답사 등으로 나뉘며 방문 역시 직장 관계의 출장, 친지 방문, 유학 및 이주 준비 등 여러 가지로 나뉠 수 있다. 학문 목적도 다시 단순한 한국어 연수인지 대학에서 특정 학문을 전공하고자 하는 목적에 따른 예비 연수로서의 성격을 갖는 것인지에 따라 나뉘고, 후자의 경우 다시 학문 분야에 따라 세부적으로 차별화될 수 있다. 이러한 세부적인 한국어 학습 목적에 따라 학습자의 유형이 나뉘는데, 학습자의 세부 유형별로 자주 접하게 되는 주제가 달라지므로 듣기 교육에서는 이러한 세부 주제를 미리 접해 볼 수 있도록 자료를 구성하는 것이 중요하다. 그리고 이러한 세부 주제에 따라 선택되는 어휘도 달라지며 자주 사용되는 표현이나 발화의 패턴, 상투어 등에도 차이가 발생할 수 있음에 유의하여 수업 자료를 구성해야 한다. 이렇게 할 때 듣기 교육은 실제성을 담보할 수 있게 된다. 수업 자료가 실제성을 갖는다는 것은 한국어 학습자로 하여금 그만큼 안심하고 수업 자료를 학습할 수 있게 해 주는 최소한의 요건이 된다. 학습자가 수업에서 배운 표현을 충실히 익혀서 실생활에서 사용했을 때 자연스러운 한국어를 잘 구사하게 될 것이라는 최소한의 믿음이 있어야만 학습자는 성실한 태도로 한국어를 학습할 수 있을 것이다.

4.3.3. 연령 변인

모든 교육이 그러하듯이 한국어 교육 역시 그 교육 대상의 연령을 충분히 고려하여 이루어져야 한다. 학습자가 아동이냐 성인이냐, 청소년이냐 하는 연령 변인은 듣기 수업의 구성과 방법을 결정하는 데 중요한 고려 요소가 된다.

4.3.3.1. 아동

아동기는 장 피아제(Jean Piaget)의 인지 발달 단계에서 만 11세까지의 연령대를 이른다. 피아제의 인지 발달론에 따르면 0세에서 2세까지는 감각 운동기, 2세에서 6세는 전 조작기, 7세에서 11세는 구체적 조작기에 해당한다. 이 세 시기는 아동의 모어도 아직 완성 단계에 이르지 않은 것으로 간주되는 시기이다. 그렇기 때문에 아동은 가령 발음에서 중요한 역할을 하는 음운 패턴에 있어서도 자신의 모어 방식으로 완전히 고정되어 있지 않아 자신의 모어에 없는 음운도 유연하게 받아들이고 자연스럽게 발음할 수 있다는 장점이 있다. 이렇게 자신의 모어에 없는 발음에도 유연하다는 아동기의 주요 특성으로 인해 아동은 외국어의 소리를 듣는 데 있어 성인에 비해 큰 강점을 지닌다. 그러므로 아동을 대상으로 하는 한국어 듣기 교육에서는 음운 식별 및 변별 과정을 훨씬 수월하게 진행할 수 있다.

아동기의 세 단계 중 유의미한 언어 교육이 이루어지는 시기는 마지막 단계인 구체적 조작기에 해당하므로 듣기 교육에서도 이 단계의 특성에 맞게 추상적인 활동보다는 구체적이고 행동으로 표현되는 활동과 연계되도록 수업을 구성하는 것이 좋다. 특히 아동은 풍부한 상상력과 창의력이 있고 오감에서 자극을 흡수하며 지적이고 분석적인 작업이나 설명보다 다양한 게임과 신체 활동 등을 통해 외국어를 받아들일 수 있으며 글자를 통하지 않고 청취 자체를 통해 음운 체계 및 패턴을 흡수할 수 있다는 면에서 듣기에 있어 성인 학습자에 비해 훨씬 유리한 위치에 있다. 이러한 아동의 특성을 활용하여 듣기 수업을 구성해야 한다. 그러므로 가만히 앉아서 음성 자료를 듣거나 영상 자료를 보는 것보다 교사가 다양한 제스처와 즉각적인 행동을 활용하여 재미있게 구성한 내용을 들려주는 것이 좋다. 또한 일상적인 소리보다는 리듬감을 주는 노래, 챈트(chant), 운율이 강조된 음성 자료를 제공하는 것이 효과적이다. 또 음성으로 듣거나 영상으로 보고들은 내용에 대하여 다양한 전신 반응 활동을 통해 표현해 보도록 하는 것도 좋다.

아동과 성인은 정의적 특성에 있어서도 차이를 보인다. 성인 학습자도 긴장이 학습이나 평가 등에서 방해 요인으로 작용할 수 있지만 아동 학습자들은 특히 그러한 측면이 많이 있으므로 충분한 정서적 안정이 학습 효과를 극대화할 수 있음을 염두에 두어야 한다. 그러므로 너무 어려운 자료로 아이들의 자신감을 꺾는 일이 있어서는 안 될 것이다. 그렇다고 너무 쉬운 자료만을 주라는 말이 아니다. 적절한 정도의 자극을 주되 충분히 익힐 수 있는 단계의 자료를 제시해야 한다. 특히 아동은 다소 공식적인 평가에서 자신이 가지고 있는 것을 충분히 드러내지 못하는 특성이 있을 수 있기에 과소평가된 결과로 인하여 너무 수준 낮은 자료를 제공받을 경우 학습 동기가 저하될 우려가 있다. 그러므로 한국어 교사는 이러한 아동의 정의적 특성을 충분히 파악하여 학습자의 수준을 잘 가늠해야 한다.

또한 아동은 한 가지 일이 장시간 지속될 때 성인에 비해 지루함을 훨씬 더 빨리 느끼므로 긴 시간을 투여하는 활동보다는 짧고 압축된 다양하고 흥미로운 활동을 여러 가지로 체험해 볼 수 있도록 수업 내용을 구성해야 한다. 한 가지 이야기를 들려주더라도 되도록 다양한 목소리가 나오는 자료를 선정하도록 하며 하나의 자료를 교사 혼자서 들려주더라도 목소리와 분위기를 바꾸어 가며 지루하지 않게 구연하는 것이 좋다. 그리고 내용 중 흥미로운 요소와 웃음을 유발할 수 있는 요소들을 많이 찾아서 제공하면 아이들은 심리적인 부담 없이 편안하고 유연한 마음으로 듣기에 임할 수 있게 된다. 이를 위해 듣기 활동에서의 과제 역시 정답에 민감한 내용보다는 다양하게 생각하고 자기 생각을 표현할 수 있는 과제로 제시하는 것이 좋다. 이렇게 하면 아동들은 자연히 적극적으로 듣기 수업에 참여할 수 있게 된다.

아동들은 장시간 동안 진행되는 지루한 작업을 힘겨워 하는 반면, 아이러니하게도 동일한 내용의 반복과 리듬감을 즐기는 경향이 있다고 보고되어 있다. 특히 한 가지 재미있는 자료에 심취하면 계속해서 동일한 내용을 들려주는 것을 원하고 즐긴다. 그러므로 아동이 좋아하는 내용을 빨리 알아낼 수 있는 것이 교사에게는 중요한 능력이다. 그것이 여러 가지로 교육적 파급 효과를 줄 수 있는 자료인 경우라면 더욱 바람직하다. 아동 대상의 스토리텔링에서도 바로 이러한 부분이 부각되어 반복과 리듬감을 살린 자료들이 많이 개발되고 있다. 가령, 한국의 아동들에게도 널리 읽히는 동화 중 "데굴데굴 굴러가는 빵"이나 "아기 돼지 삼형제", "염소와 늑대" 같은 동화는 동일한 화제와 스토리가 인물(동물)을 바꾸어 가며 반복 제시되고 동일한 문장이 반복되어 아이들이 특히 흥미를 가지는 자료로 알려져 있다. 이러한 반복 듣기 훈련은 비단 아동뿐 아니라 성인 학습자에게도 유익하다.

4.3.3.2. 성인

성인 학습자는 만 18세 이상의 학습자로, 이미 결정기(critical period)를 넘겨 모어 능력이 완성된 단계에 있다. 실제 한국어 교육 현장에는 성인 학습자의 비율이 절대적이라는 점을 고려할 때 성인 학습자의 특성을 파악하는 일은 한국어 교사에게 매우 중요하다. 성인 학습자는 다시 성인 초기 학습자와 후기 학습자로 나눌 수 있는데 20대는 초기 학습자에 속하고 30대 이상은 성인 후기에 속하여 학습의 속도가 성인 초기 학습자에 비해 상대적으로 더딘 것이 일반적이다. 그러나 성인 학습자들은 대체로 아동 학습자에 비하여 자신의 모어에 대한 지식을 외국어 학습에 적극적으로 활용할 수 있는 능력과 가능성이 있고 이론적이고 분석적이며 사고와 설명을 요하는 학습 자료를 이해하는 능력이 발달되어 있어 한국어 학습에 유리한 면이 있다. 결국 아동 학습자는 외국어인 한국어를 직관적으로 받아들여 습득의 방식에 가깝게 익히는 반면 성인 학습자는 다른 일반적인 교과 공부와 유사하게 학습의 방식으로 한국어를 익힌다고 볼 수 있다.

성인 학습자는 자신의 모어의 음운 체계가 이미 확고하게 자리 잡고 있어서 자신의 모어에 없는 음운의 식별이 쉽지 않다. 물론 이렇게 새로운 음운을 익히는 상황에서는 유사한 다른 음운의 변별도 쉽지 않다. 가령, 한국어를 모어로 하는 성인 화자들이 영어를 학습할 때 [f]와 [p], [v]와 [b]를 거의 구별하지 못한다는 것은 널리 알려진 사실인데, 이와 같은 현상이 외국인들의 한국어 학습에서도 유사하게 나타난다. 특히 한국어에는 보편적인 음소에 속하는 파열음 계열이 평음, 격음, 경음의 삼원 대립을 이루고 있어서, 이와 달리 파열음이 유성음과 무성음의 대립만 있고 경음 계열이 존재하지 않는 영어 등의 언어권 학습자들은 이러한 한국어의 세 가지 파열음을 구별해 듣기가 쉽지 않다.

그러므로 성인 학습자들은 이러한 음운 체계상의 차이점을 대조 언어학적 관점을 도입하여 충분히 설명해 주면 훨씬 이해를 빠르게 할 수 있다는 장점이 있다. 앞에서도 말했지만 자신의 모어에 음소로는 존재하지 않지만 이음으로는 존재하는 음성들에 대해서도 일반적으로는 거의 의식하지 못하고 있는 경우가 많은데, 이러한 자신의 모어에 있는 이음들이 한국어의 특정 음소와 유사한 음성적 특징을 가지고 있음을 알려 줌으로써 그 음소를 잘 식별할 수 있도록 할 수 있다. 4.2.2.1에서도 언급한 바와 같이 한국어 경음소 [ㅃ], [ㄸ], [ㄲ]는 영어의 's' 뒤에서 이음으로 나타나는 [p], [t], [k]와 음성적으로 유사하므로 spring, student, sky 등의 발음과 연결 지어 설명해 주면 훨씬 이해가 쉽다.

그리고 성인 학습자들은 아동 학습자와 달리 노래나 챈트 같은 리듬감 있고 감각적인 활동보다는 내용에 중점을 두므로 학습자들의 실생활과 밀접하고 좋은 정보를 제공하는 듣기 자료를 준비하면 훨씬 흥미를 가질 수 있다. 또한 듣기 자료에서 일정한 통사 패턴이나 의미 구조를 찾아낼 수 있는 분석적인 활동을 이끌어 내는 수업이 더 적합하다. 또 아동의 경우 창의성을 발휘하거나 상상력을 동원하는 활동이 더 적합하다면 성인의 경우에는 더 많은 배경지식을 활용하거나 논리적인 예측 활동을 활용할 수 있는 수업을 구성하는 것이 좋다. 과제를 부여할 때도 아동 대상 수업에서는 들려오는 내용과 관계되는 반응을 직접 몸으로 구현하는 과제가 선호되는 반면 성인 대상의 수업에서는 듣기 자료에서 발화의 상황이나 의도 및 목적을 파악하는 과제가 선호된다.

4.3.3.3. 청소년

청소년 시기는 아동기와 성인기를 연결하는 다리 정도의 시기이지만 과도적인 시기라기보다는 두 시기의 장점이 가장 잘 융합된 시기라고 할 수 있겠다. 청소년기는 모든 분야의 학습에서 가장 왕성한 시기이기 때문에 자연스럽게 언어 학습에서도 고도의 성장을 보일 수 있는 시기이다. 결정기를 언제까지로 잡는지는 이론에 따라, 논자에 따라 다소 차이가 있지만 가장 늦잡는 이론에 따라 18세까지를 결정기의 하한선으로 본다면 청소년 시기는 결정기가 아직 끝나지 않은 시기이면서 모어 능력도 어느 정도 완성되고 또한 배경지식이나 논리성,

분석력도 확보되어 외국어로서의 한국어를 습득하고 학습하기에 가장 좋은 단계가 되었다고 볼 수 있다.

따라서 과제의 제시에 있어서도 언어 자료의 수준을 감각적인 것에서 인지적인 것으로 전환하고 사고력과 분석력을 요하는 과제를 부여하는 것이 좋다. 또한 청소년기는 듣기 자료의 선택에서 주제의 폭을 넓힐 수 있는 시기이기도 하다. 사회생활의 경험이 적은 아동을 대상으로 하는 자료에서는 상상적 텍스트가 많이 활용되었다면 청소년기에는 사실적 텍스트를 많이 활용할 수 있고, 정치, 경제, 사회적인 이슈나 시사적인 문제들, 학습자의 모어권 문화와 한국언어문화를 대조적인 측면에서 다루는 주제를 선택할 수도 있다.

그러나 현재로서는 청소년기의 학습자들이 한국어 학습자군에서 큰 비중은 아니다. 대다수의 학습자들은 대학 진학 이후, 즉 성인기에 비로소 한국어를 접하게 된다. 그러나 최근 중고등학교 때부터 한국어를 공부하는 청소년들이 늘어나고 있기는 하다. 태국 중고등학교에서는 2011년부터 한국어가 교육과정에서 제2 외국어로 공식적으로 등록되어 많은 한국어 원어민 교사들이 태국으로 파견되어 활동하고 있기도 하다. 그리고 이들을 위한 한국어 교재도 개발되어 보급되었으며 또 현재도 꾸준히 많은 자료들이 개발되고 있다.

이 밖에도 국외에서 청소년기에 한국어를 공부하는 한국어 학습자의 상당수는 대체로 재외 동포들이다. 재외 동포 자녀의 경우에는 부모가 한국어 사용에 열의를 보이는 경우에 한글 학교 등을 통해 한국어를 학습하고 가정에서 이미 한국어를 많이 사용하고 있어서 말하기와 듣기는 읽기, 쓰기에 비해 상대적으로 우수한 경우가 많다. 따라서 이들을 위한 듣기 자료의 구성은 구어보다는 문어 자료에 집중하는 것이 좋다. 심지어 한국어를 매우 유창하게 말하고 듣는 것에 전혀 이상이 없는 교포 청소년이 한글을 읽지 못하는 사례도 있다. 이들은 이미 자신의 거주국에서 현지 환경에 잘 적응해 있으면서 부모의 나라인 한국의 사회나 문화에 대해 지적 호기심을 가지고 있는 경우가 많으므로 한국의 시사적인 뉴스나 한국 청소년의 여가 활동, 연예계 소식 등을 듣기 자료로 활용할 수 있다. 또한 그들의 일상을 담고 있는 학교생활에 대한 평범한 주제도 문어 형식의 듣기 자료로 만들어 활용할 수 있다.

한국 내에서 한국어를 학습하는 청소년들의 구성을 보면, 이주 외국인들을 부모로 둔 다문화 가정의 자녀들, 부모를 따라 입국한 중도 입국 청소년, 해외에 파송되었다가 귀국한 선교사들의 자녀들, 그리고 새터민으로 불리는 북한 이탈 청소년들이다. 다문화 가정의 자녀들은 아동기에 이미 한국어 능력을 충분히 갖추게 되므로 특별한 경우가 아니면 청소년 시기에 따로 한국어를 공부하지 않아도 된다. 그러나 중도 입국 청소년들은 한국의 일반 학교에서 정규 교육과정에 편입되어 다니면서 방과 후 수업으로 한국어를 공부하는 경우도 있고 외국인 및 중도 입국 청소년들로 구성된 다문화 학교에서 비슷한 한국어 수준의 학생들끼리 모여서 공부하기도 한다. 2012년 교육부에서 발표한 KSL 교육과정을 통해 초중고 과정의 중도 입국 청소년들과 다문화 학생들을 위한 한국어 진단 평가가 도입되어 2013년부터 2015년 사이에 공식적으로 시행되었고, 이들을 위한 수준별 한국어 교재도 개발되어 보급되었다. 국내에서 한국어를 공부하는 청소년기의 학습자들은 한국어뿐만 아니라 정규 중등 교육과정의 지식을 습득해야 하는 시기이므로 이러한 교과들과 연계된 듣기 자료를 구성하여 활용하는 것이 좋다.

4.4. 교수법별 듣기 교육 방법

단지 듣기 교육만을 위해 특별한 교수법이 제안된 바는 없으나 여러 가지 교수법들에서 듣기와 관련한 중요한 언급이 있다.

4.4.1. 전신 반응 교수법

듣기는 언어 습득의 가장 기본적인 부문이면서도 능동적이지 않고 수동적인 분야라는 생각이 오랫동안 지배적이었으며 최근에서야 그 능동적 측면이 강조되면서 중요성이 인식되기 시작하였다. 여러 가지 교수법 중에 듣기를 강조하는 대표적인 예로 전신 반응 교수법을 들 수 있는데 이는 1970년대 후반의 Asher(1977)에서 소개된 것이다.

전신 반응 교수법에서는 '전신 반응'이라는 말 그대로 들은 내용을 말이나 글로 표현하는 것이 아니라 온몸을 활용해서 행동으로 표현함으로써 충분한 듣기가 이루어졌는지를 확인한다. 이러한 행동으로 표현하는 방식은 특히 아동의 듣기 지도에서 많이 활용되었으며 많은 시사점을 주었다. 우선 듣기가 눈에 보이지 않는 수동적이고 단지 이해적인 과정이기만 한 데서 한 걸음 나아가 들은 내용을 눈에 보이는 행동으로 확인할 수 있게 해 주었다는 점에서 말로 하는 표현력이 미숙한 아동에게 적합하고, 또한 에너지가 넘치는 아동들에게 동적인 학습 기회를 준다는 점에서 효용이 있다. 전신 반응 교수법은 듣기가 단지 지적인 영역에 그치는 과정이 아니라 가시적인 행동 영역으로 옮아가게 함으로써 언어 교육에 적극적으로 활용할 수 있는 부문으로 도입된 것이다.

4.4.2. 자연적 교수법

자연적 교수법은 Krashen & Terrel(1983)이 주창한 것이다. 이 교수법은 학습자들이 듣기 능력을 얻기 전까지는 침묵기(silent period)를 설정하여 반응이 없는 학습자들을 그대로 인정함으로써, 학습자들로 하여금 일단 말을 해야 한다는 압박감에서 벗어나 편안한 상태에서 듣기 능력을 충분히 키울 수 있도록 하는 것을 내용으로 한다.

이후 Krashen(1985)에서는 이해 가능한 입력(comprehensible input)이라는 개념을 제시하였는데, 그동안의 듣기 교육에서 학습자의 수준을 고려하지 않고 지나치게 어렵거나 너무 많은 양의 통제되지 않은 입력을 무작정 제공한 것이 문제였다면, 이해가능한 입력이란 학습자의 현재 수준을 조금 능가하는 정도의(i+1) 듣기 자료를 지속적으로 제공함으로써 학습자들이 자연스럽게 자기의 수준을 넘어서는 듣기 능력을 키울 수 있도록 한다는 점에 그 특징이 있다.

모어에서는 의식적으로 통제된 듣기 자료의 제공이 이루어지지 않더라도 아이가 스스로의 필터를 작용시키기 때문에 듣기 능력의 신장에 문제가 없다. 그러나 외국어 듣기는 모어 듣기의 이러한 점과는 차이가 있다. 태어나면서부터 익히게 되는 모어와 달리 일정 나이 이상이 되어 배우게 되는 외국어에서는 스스로 필터를 작동시킬 수 없기 때문에 통제되지 않은 듣기 자료의 무분별한 제공이 학습자를 혼란에 빠뜨릴 수 있다는 것이다. 따라서 자연적 교수법에서는 듣기 자료의 양이나 수준을 통제해야 한다고 보는 것이다. 다른 학자들도 언어 자료의 입력을 언어 능력에 저장될 수 있는 흡수 상태로 전환하는 데 필요한 정신적 과정이 요구된다는 점을 강조하였다. 특히 Brown(2001)에서는 언어 습득에서 중요한 것은 의식적이든 무의식적이든 이루어지는 주의 집중, 기억을 위한 인지 책략, 피드백 및 상호 작용 등을 통해 얻어지는 언어 정보라는 것을 강조하였다.

4.4.3. 언어적 접근법

언어적 접근법은 언어 자체에 중점을 두는 접근법으로서 상향식 접근법과 일맥상통하는 면이 있다. 언어적 접근법의 단계를 살펴보면 다음 (19)와 같다.

(19) 언어적 접근법의 단계

가. 음 듣기: 학습자가 한국어 음을 듣고 자신의 모어와 대조하도록 하는 단계이다.

나. 어휘 듣기: 학습자가 이미 배워 알고 있는 어휘라고 하더라도 실제 듣기 과정에서 그것을 다 듣고 이해할 수 있는 것은 아니다. 더구나 듣기 자료에서 새로운 어휘가 많이 제공된다면 전체적인 이해력은 떨어질 수밖에 없다. 의사소통식 접근법에서는 듣기 자료의 내용 자체에 대한 세부적인 이해를 중시하지 않지만 그 경우에도 새로운 어휘의 비율은 30%를 넘지 않는 것으로 되어 있다. 특히 언어적 접근법에서는 어휘 자체에 더 많이 집중하므로 이미 배운 어휘들을 중심으로 한 듣기 교수가 이루어지는 것이 일반적이며 그렇지 않으면 듣기 전 단계에서 어휘에 대한 이해를 하고 넘어가야 한다.

다. 문장 듣기: 문장의 이해를 위해서는 읽기에서 요구되는 언어적인 면에서의 구문 구조 파악도 중요하지만 구어에 수반되는 억양, 강세, 음운 변동도 중요한 단서가 된다. 이러한 구어적인 요소에 익숙하지 못하면 동일한 문장이 읽기 자료로 제시되었을 때에는 이해할 수 있는 학습자도 청각적으로는 이해하지 못하게 되기 때문이다. 그러므로 구문 구조에 대한 이해는 기본이고 나아가 운율적 요소까지도 익히도록 하는 단계가 된다.

라. 담화 듣기: 문장 단위를 넘어서 이야기 단위의 전체적인 의미를 해석하고 이해하는 것, 그리고 문맥 속에서 자료가 제시하는 궁극적인 의미를 찾아내는 것이 담화 듣기의 목표라고 할 수 있다. 이러한 담화로의 접근은 담화라는 큰 단위에서 먼저 이루어지는 것이 아니라 개별 음의 식별에서 어휘, 문장 단위를 거쳐 궁극적으로 담화 단위까지 접근하게 되는 방식으로 이루어진다.

4.4.4. 의사소통적 접근법

의사소통적 접근법에서는 화자가 주는 화제의 내용이 청자 자신의 과거 경험 지식과 상호 작용한다는 것을 전제로 한다. 즉, 화자가 들려주는 이야기의 내용과 형식을 과거의 자기 경험에 비추어 보고 대입해 보면서 내용을 더 잘 이해하는 데 도움을 얻으려고 한다. 또한 화자의 발화에 적극적으로 개입하면서 묻고, 부연하는 과정을 거치면서 의미 협상을 벌이기도 한다. 이로써 화자와 청자는 공동으로 담화를 재구성하는 것이 된다. 그래서 이해 교육이 수동적인 활동 영역이 아닌 학습자의 능동적 활약이 강조되는 영역이라고 하는 것이 바로 의사소통적 접근법의 관점이다.

현대의 의사소통식 교수법은 무작위의 독자를 대상으로 작성된 텍스트의 광범한 읽기를 통한 일방적 이해나 쓰기를 통한 일방향적 표현이 아니라 구어를 통한 쌍방의 의사소통을 중시하고 지향한다. 이는 자기가 전달하고자 하는 내용을 말하고 그 즉시에 답을 듣고 또 그 답에 대한 반응을 하도록 하는 과정으로 진행되는 의사소통 상황이 빈번해진 현대 사회의 외국어 사용 양식을 그대로 반영하는 것이다. 물론 청각 구두식 교수법도 이러한 필요성에 부응하고자 고안된 것이기는 하다. 그러나 의사소통식 교수법이야말로 가변하는 상황에 적응하는 보다 창의적인 구어 활동을 이끌어 내는 실용적이고 효과적인 방법이라는 데에 현대의 언어 교수자들과 연구자들은 거의 동의하고 있다.

5. 듣기 교육 자료

5.1. 듣기 자료의 언어적 특성

한국어를 배우는 일정 수준의 언어 능력을 가진 학습자들을 대상으로 영역별로 언어 능력을 조사한 결과 듣기 능력이 상대적으로 제일 낮은 것으로 나타났다. 이는 듣기의 매개 언어인 구어의 특성에서 비롯되는 것으로 이해할 수 있는데, 구어는 문어와 달리 단어의 형태도 고정적이지 않고 더구나 조사의 생략, 어미의 생략, 잦은 이야기의 전환 같은 현상들이 일어나 맥락을 한번 놓치면 따라잡기 어렵다는 특성이 있다. 게다가 음성 언어는 보존성이 없기 때문에 듣는 순간 사라져 다시 듣기나 거꾸로 가서 해석하기가 되지 않는다. 그렇기 때문에 듣기 교육을 위한 듣기 자료를 구성할 때 듣기 자료의 언어적 특성을 이해하고 이를 잘 반영하는 일은 매우 중요하다.

Richards(1983:223~227)은 듣기 이해를 논의하면서 매체 요소로서 구어의 특성을 다음 (1)과 같이 아홉가지로 나누어 설명하였다.

(1) 절을 기본으로 하는 발화(clausal basis of speech), 축약형(reduced form), 비문법적 형태(ungrammatical form), 휴지와 발화 실수(pausing and speech errors), 발화 속도(rate of delivery), 리듬과 강세(rhythm and stress), 응집 장치(cohesive devices), 정보 내용(information content), 상호 작용(interaction)

Brown(1994)는 Richards(1983), Ur(1984), Dunkel(1991) 등에 기대어 (2)의 여덟가지로 구어의 특성을 재정리하였다.

(2) 무리 짓기(clustering)의 어려움, 잉여성(redundancy), 축약형(reduced form), 수행 변인(performance variables), 구어체, 발화 속도, 강세·리듬·억양 등 비분절 자질의 사용, 상호 작용(interaction)

제2 언어 교육에서 밝혀진 구어의 특징은 한국어 구어에도 그대로 나타난다. 한국어의 구어적 특징과 함께 위의 구어적 특징을 한국어 담화를 중심으로 살펴보자.

5.1.1. 무리 짓기(clustering)의 어려움

문자 언어의 경우는 문장을 기본 구성 단위로 하여 관심을 갖도록 조건화되어 있다. 마침표는 그런 문장 단위를 시각적으로 보충해 주는 기능을 하는데 간혹 문장의 길이가 길어지는 경우는 절을 기준으로 문장을 해석하기도 한다.

음성 언어는 문어처럼 문장이 끝났음을 알려주는 마침표의 사용 대신에 중간중간 휴지를 두는데 구어의 문장은 문어처럼 주어, 목적어, 서술어 등을 다 갖춘 온전한 형식이 아니라 절, 또는 구 단위로 발화가 이루어져 의미 해석을 위한 무리 짓기가 쉽지 않다. 구어의 무리 짓기 단위는 의미 해석의 단위일 뿐 아니라 기억의 단위가 되기도 하는데 보편적으로는 절이 기본 단위가 되며 절보다 작은 구가 기본 단위가 되기도 한다.

제2 언어 학습자 가운데는 개별 문장 단위나 개별 단어 단위별로 정보를 유지하고 있는 경우도 있는데 교사는 학습자가 처리 가능한 무리를 파악하도록 도와주어야 한다.

다음 (3)의 예를 통해 무리 짓기를 연습해 보도록 하자.

(3) 가. 인기가 있을 때 열심히 해야지 안 그러다가 갑자기 일 끊어지면 어떻게 하기가 어려워서 다른 사람은 몰라도 그렇게 해야겠다는 생각을 예전부터 그렇게 쭉 하고 있었어요.

나. 그때 편찬원들은 그 너무도 힘이 들구 해서 아구 감상을 할 여유가 그냥 아휴 한숨을 쉬었지요. 이제 끝났구나 말이에요.

다. 옷이 뭐 이래 하니까 아저씨가 됐으니까 다른 데 가라 아니 처음 보는데 반말을 하니까 나도 모르게 사람이 내가 아무리 나이가 어려도 처음 보는 사람한테 내가 그 사람한테 직접 말한 것도 아니고 괜히 왜 듣고서 왜 그러는 거야 뭐냐고요.

예를 보면 구어의 기본 단위는 완결된 문장이기보다는 구나 절 단위인 경우가 많아 마침표를 찍기가 쉽지 않다. 말의 끝맺음이 분명하지 않고 중간중간 다른 이야기가 끼어들어 맥락을 이해하지 못하면 의미 파악이 쉽지 않다.

또한 일반적으로 구어는 문어에 비해 문장 구조가 단순하며 길이가 짧은 특징을 지닌다. 한국어 역시 문어에 비해 복문 사용이 많지 않고 어순이 자유로우며, 문장 성분의 생략, 조사 생략이 자주 일어나고, '못+V, 안+V'와 같은 단형 부정이 '–지 못하다, –지 않다, –지 말다'와 같은 장형 부정보다 선호되는 통사적 특징을 지닌다.

5.1.2. 잉여성(redundancy)

문자 언어와 달리 음성 언어는 잉여성이 많다. 반복하는 말, 고쳐 하는 말, 설명하는 말, 그리고 중간에 덧붙이는 말- 있잖아, 그런데, 그래서 말이야 등 - 등이 음성 언어에서 많이 사용된다. 이렇게 잉여적 표현을 사용하는 것은 대체로 비의도적이지만 때에 따라 의도적인 경우도 있다. 화자는 잉여적 표현을 사용하여 자신이 말하고자 하는 내용을 정리하기도 하고 잘못된 발화를 수정하기도 한다. 한편 청자는 음성 언어의 이러한 잉여성 때문에 듣기를 하는 동안 시간적, 심리적 여유를 가질 수 있다.

(4) 요즘 엔화가 많이 올라서 말이야. 일본에서 서울로 오는 비행기 있잖아. 가격이 많이 떨어졌다는데 왜 있잖아. 엔화가 오르면 달러가 싸게 돼서 그러니까 달러가 적어지니까 한국돈으로 바꾸면 적어지는 거야. 너무 잘됐지. 우리 이번 겨울에 일본 가자. 일본 비행기 타고 말이야. 일본 비행기 타면 왕복 얼마라더라. 그래 25만원이라던가?

발화를 구성하는 모든 문장이나 구가 새로운 정보를 담고 있지 않다는 구어의 특성을 학습자가 인식하고, 또 중복된 표현임을 알려주는 언어적 혹은 비언어적 단서를 파악할 수 있게 되면 학습자는 듣기를 훨씬 더 수월하게 할 수 있게 된다.

5.1.3. 축약형(reduced form)

음성 언어는 문자 언어와 달리 축약형을 많이 사용한다. 단어를 축약하여 사용하기도 하고 문장도 주요 성분을 생략한 채 일부만 사용하기도 한다. 축약의 종류로는 음성적 축약, 어형적 축약, 통사적 축약, 화용적 축약 등이 있다.

음성적 축약은 여러 음절을 빨리 발음함으로써 일어나는 축약형으로, '어디에다 책을 놓아 두었어?'를 '얻다 책을 놔뒀어?'라고 하거나 '그것은'을 '그건'이라고 짧게 발음하는 예이다. 어형적 축약은 '오라고 했어'를 '오랬어'와 같은 형태로 줄여 사용하는 것이고, 통사적 축약은 '너 언제 다시 올 거니?'에 대한 대답으로 '내일 아침.'처럼 주요 성분을 생략한 채 문장을 발화하는 축약형이다. 화용적 축약은 담화 상황에서 단어 한두 개로 의사소통을 하는 축약형으로, 예를 들어 엄마를 찾는 전화를 아이가 받아 엄마에게 넘겨주면서 '엄마, 전화'라고 하는 발화나 음식점에서 종업원이 와서 메뉴판을 보여 주기도 전에 '자장면 두 개요'라고 말하는 것 등은 모두 화용적 축약에 해당한다.

학습자가 이러한 축약형들을 교실 상황에서 충분히 경험했다면 듣기를 하는 데 어려움이 덜하겠지만 일반적으로 교실 상황에서는 주로 완전한 형태의 문장을 학습하기 때문에 이러한 축약형을 이해하는 데 어려움을 느끼는 경우가 많다.

5.1.4. 수행 변인(performance variables)

연설이나 강연처럼 화자가 미리 계획을 하고 발화를 하는 경우가 아니라면 대부분의 음성 언어에서는 화자가 말하는 도중에 주저하거나 말을 잘못 꺼내 잠시 머뭇거리거나 아니면 이미 한 말을 수정하여 다시 말하는 경우가 허다하다. 원어민 청자는 이러한 수행 변인들을 어릴 때부터 솎아 내는 훈련을 해 왔기 때문에 어려움이 없지만 제2 언어 학습자들은 이런 훈련이 안 되어 있기 때문에 듣기에 방해를 받는다.

(5) 이렇게 저를 사랑해 주시니 뭐라고 말씀드려야 할지…… 학생들이 불러 준 노래 어 그 노래 내가 사랑받고 있어요 내가 정말 어 좋아하는 노랜데…… 어떻게 그 노래를 들으면 갑자기 눈물이 나려고 해요. 항상 하느님께 이렇게 사랑받을 수 있게 해 주신 데 대해 감사하고 그러니까 내가 여러분을 위해 할 수 있는 일은 기도밖에 없다고 생각하고 늘 기도하고…… 여러분들도 저를 위해 어 기도해 주실 거죠.

학습자의 주의를 산만하게 만드는 수행 변인 가운데서 의미를 가려듣는 연습을 해야 한다.

5.1.5. 구어체

음성 언어는 문자 언어와는 다른 문체를 보인다. 앞에서 설명한 잉여성, 축약형, 수행 변인 등은 모두 구어체를 구성하는 요소들이다. 또한 구어에서는 문어에는 잘 사용하지 않는 어휘와 관용적 표현, 구어체만의 조사나 어미, 속어 등을 사용하기 때문에 구어에 많이 노출되지 않은 학습자는 역시 어려움을 느낄 수밖에 없다.

예를 들어 '되게, 무지, 참, 진짜' 등의 정도 부사는 주로 구어에서 자주 사용되는 어휘이며, '글쎄, 뭐, 그런데 말이야, 그야 그렇지만, 자'와 같은 담화 표지 역시 구어에서 사용된다. 종결 어미는 주로 '-어, -게, -지, -고'와 같은 반말체 어미가 많이 사용되고, 접속 조사 '와/과' 대신 '하고'라든지 '랑/이랑' 등이 사용되며 쉼표를 사용하지 않는 대신 접속 조사를 반복적으로 사용하는 방법을 쓴다.

5.1.6. 발화 속도

대부분의 외국어 학습자들은 원어민 화자의 말하기 속도가 빠르다고 느낀다. 듣기 활동에서는 읽기와 달리 화자의 말을 멈추게 하거나 다시 말하도록 하기 어렵기 때문에 다양한 발화 속도의 목표어를 이해할 수 있도록 훈련해야 한다. 그리고 교사 역시 초급 단계에서는 평상시 속도보다 느리게 발화하겠지만 단계가 어느 정도 올라가면 일상적인 속도로 발화하여 학습자가 발화 속도에 익숙해질 수 있도록 해야 한다.

5.1.7. 강세, 리듬, 억양 등 비분절 자질의 사용

음성 언어에는 강세, 리듬, 억양과 같은 비분절 자질이 사용되기 때문에 이에 익숙하지 않은 학습자는 이해에 어려움을 느낀다.

한국어는 영어와 달리 단어의 강세가 대부분 일음절에 오기 때문에 비교적 단순한 운율 구조를 갖는다. 그러나 다양한 담화 상황을 고려하여 화자는 특정 성분을 강조하여 발음하기도 한다. 예를 들어 '철수가 오늘 도서관에 갔어'와 같은 문장에서 강조할 수 있는 성분은 네 개이며 강조되는 성분에 따라 문장의 의미 해석이 달라진다.

한국어 억양은 문장의 종류에 따라 달라지는데, 부차적으로 친애, 모욕, 부탁, 칭찬 등 화자의 정서에 따라 억양이 달라지기도 하므로 이에 대한 이해 역시 중요하다.

(6) 가. 철수는 집에 있어.
나. 철수는 집에 있어?
다. 철수는 집에 있어!
라. 철수는 나랑 집에 있어.

해체의 종결어미 '-어, -지' 등은 평서, 의문, 명령, 청유 등 다양한 문장 유형에 사용되며 억양과 문맥에 따라 문장의 유형을 구분할 수 있다. 일반적으로 평서문은 하강조, 의문문은 상승조이고, 명령문은 짧고 빠른 하강조, 청유문은 긴 하강조이며 부드럽고 여운을 남기는 느낌으로 발화한다.

5.1.8. 상호 작용(interaction)

일방향적 듣기가 아닌 양방향적 듣기에서는 상호 작용이 일어난다. 외국어 듣기의 목적은 강의나 방송을 듣기 위한 것뿐 아니라 화자와 상호 작용하는 것이 중요한 비중을 차지한다. 듣기를 정의할 때도 이러한 측면을 고려하여 들은 내용을 이해하고 이에 대한 반응을 보이는 것까지를 포함한다.

교사가 듣기 지도를 할 때 어느 시점부터는 반드시 듣기의 양방향성을 다루어야 한다. 그리고 학습자 역시 잘 듣는 사람이 잘 응답한다는 사실을 이해해야 한다.

상호 작용에는 순서 교대와 끼어들기가 일어나며, 대화의 대응 쌍이 나타난다. 원활한 상호 작용을 위해서는 한국어의 맞장구 표현, 화제 전환 표현, 간접 표현, 몸짓 언어 등을 이해하는 것이 필요하다.

다음은 상호 작용이 잘 나타나는 인터뷰의 예이다.

(7) 초대 손님: 저는 칸느 영화제 가면 굉장히 신나고 즐겁습니다.
진행자: 아.
초대 손님: 그게 어 거기 가면 경쟁 부분의 한 20명의 감독들이 있는데 저보다 나이 어린 사람이 거의 없어요. 사실 한국에서는 모든 분야가 그렇듯이 영화에서도 좀 원로가 별로 없고……

진행자: 네, 앵커도 그래요.

초대 손님: 네. 사십대 중반의 나이에 저보다 위에 활동 중인 분이 몇 분 안 계세요. 그래서 완전히 애어른 된 기분인데, 거기 가면 진짜 애가 돼서 다들 귀여워해 주세요. 그래서 즐겁습니다.

진행자: 화면에 보이시는 언론을 통해 보이시는 이미지는 굉장히 날카롭고……

초대 손님: 네.

진행자: 어 좀 거만해 보이시고 그런데 거기선 귀여움 받으세요?

초대 손님: 〈웃음〉

진행자: 표현이 좀?

초대 손님: 제가 왜 거만해 보이는지 모르겠네요.

진행자: 아니 언론에도 그런 평이 많으시다는 거는 보셨어요?

초대 손님: 네 최근에 한 기사를 읽은 적이 있습니다. 네 거기에 예 말씀 잘 꺼내셨어요.

진행자는 초대 손님, 즉 인터뷰 대상자가 자기 얘기를 잘할 수 있도록 맞장구를 쳐 주기도 하고 자연스럽게 화제 전환을 유도하기도 한다. 또한 인터뷰 대상자도 진행자의 반응에 협조적이며 다소 당황스러운 질문에도 대화를 이어나가기 위해 웃음으로 답을 하기도 하는 등 이야기를 이어 가고 있다. 이처럼 화자와 청자는 서로의 반응을 살피고 말할 내용과 방법을 조절하며 상호 작용을 통해 효과적인 의사소통을 할 수 있다.

5.2. 듣기 자료 구성의 원칙

듣기 교육을 위해 듣기 자료를 구성할 때의 원칙은 크게 세 가지를 들 수 있다.

(8) 듣기 자료 구성의 원칙

가. 다양한 구어 유형을 포함한다.

나. 실제적 자료로 구성한다.

다. 자료 유형에 맞는 과제 활동을 제시한다.

5.2.1. 듣기 자료의 유형

듣기 자료는 다양한 구어 유형을 포함한다. 연설이나 강연같이 한 사람이 수많은 청자를 대상으로 말하는 자료도 있고, 두 사람 이상이 함께 대화하는 일상 대화, 토론, 회의, 대담과 같은 다양한 자료도 존재한다.

Brown(1994)는 Nunan(1991: 20-21)을 각색하여 구어의 유형을 다음과 같이 분류하였다.

(9)

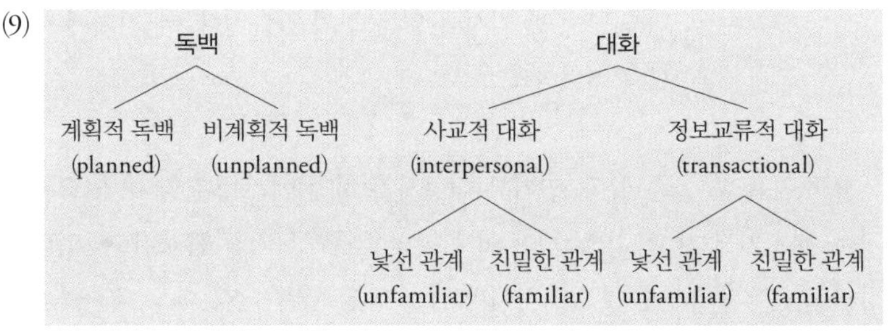

*권오량·김영숙 역(2010)

연설이나 강의, 뉴스 보도 등과 같이 화자가 일정 시간 동안 혼자 말하는 것을 독백(monologue)이라고 지칭하는데 독백을 들을 때 청자는 쉬지 않고 긴 발화를 처리해야 한다. 이때 청자가 이해하든 이해하지 못하든 언어 입력은 계속되는데, 계획적 독백과 달리 비계획적 독백은 담화 구조에 있어 차이를 보인다. 계획적 독백은 말하기 전에 말하기 자료를 검토하여 반복되는 표현을 줄이고 필요한 내용만을 추리기 때문에 불필요한 내용이 비교적 적은 반면, 비계획적 독백은 즉석에서 말하기가 이뤄지므로 반복되는 표현이나 불필요한 내용 등이 포함되어 있으며 수행 변인(주저함, 말을 잘못 꺼냄, 머뭇거림, 수정 등)과 더듬

거림 등이 개재되는 경우가 많다.

대화(dialogue)는 두 명 이상의 화자 사이에 일어나는 상호 작용으로 사회적 관계를 증진시키는 사교적 대화와 정보를 교환하기 위한 정보 교류적 대화로 나눌 수 있다. 어느 경우든 대화 참여자들이 상당한 양의 지식(사전 지식, 세상 지식)을 공유하고 있고, 친밀감에 따라 가정이나 함축 등이 많이 발견된다. 그러나 모든 대화가 한 가지 유형의 특성만을 가지고 있는 것은 아니다. 예를 들어 사교적 성격과 정보 교류적 성격을 다 갖는 듣기 자료가 있을 수 있다.

강명순 외(1999)는 담화 유형에 따른 평가 자료를 논의하면서 듣기 자료의 유형을 독백, 대화, 의례적 인사, 좌담, 연설, 토의/토론, 회의, 의식사(축사, 주례사, 환영사 등), 설명(자기소개, 광고, 안내 방송 등), 보도 등으로 나눈 바 있다. Brown(1994)의 구어 유형에 따라 분류하면 독백에는 연설, 의식사, 설명, 보도 등이 포함되며, 대화에는 의례적 인사, 좌담, 토의/토론, 회의 등이 포함된다.

듣기 자료의 유형을 주제에 따라 나누면 일상생활을 주제로 다룬 것과 공적 생활을 주제로 다룬 것으로 나눌 수 있는데, 일상생활에 관한 자료는 개인 간의 대화로 초급에서는 소개, 날씨, 물건 사기, 전화 걸기, 약속, 여행 등을 주제로 한 자료가 주로 사용된다. 물론 이는 중급, 고급에서도 주제로 사용될 수 있다. 공적 생활에 관한 자료는 주로 중급 이상에서 다뤄지는데 대표적인 것으로 병원, 관공서 등에서 용무 보기, 광고, 일기 예보, 교통 정보 듣기 등이 포함된다. 고급에서는 일상생활 주제나 공적 생활 주제를 넘어 전문적 주제를 다루는데 정치, 경제, 역사, 문화, 사회 등 다양한 분야의 주제를 대상으로 할 수 있다.

듣기 자료는 이처럼 담화 유형, 담화 주제에 따라 분류가 가능할 뿐 아니라, 학습자의 숙달도에 따라 초급, 중급, 고급의 자료로 분류할 수 있으며 어절, 문장, 텍스트(길이에 따라 다시 세분화 가능) 등 담화 단위에 따라서도 분류가 가능하다. 이러한 듣기 자료의 분류는 결국 학습자에 따라 그리고 학습자의 듣기 교육의 목표에 따라 선택되어 듣기 연습과 훈련을 쌓는 데 활용될 것이다.

5.2.2. 실제적 자료

듣기 자료는 실제적인(authentic) 자료로 구성한다. 실제적인 자료란 실제 자료(raw materials, genuine materials)는 아니고 실제 생활에 쓰임직한 자료를 말한다. 실제 자료를 그대로 녹음해서 수업 자료로 사용하는 데는 여러 가지 문제점이 따른다. 첫째, 실제 자료에는 짜임새 없는 말이나 온전하지 못한 문장, 담화 주제에 어울리지 않는 발화 등이 포함되어 있다. 물론 대화에 참여하는 사람들은 여러 정보를 공유하고 있기 때문에 이해가 어렵지 않으나 제삼자, 즉 학습자가 녹음된 자료만을 가지고 담화를 이해하기는 어렵다. 둘째, 실제 자료에는 녹음하거나 전사했을 때 옮기기 어려운 표정이나 몸짓 언어 등이 사용되기 때문에 이를 배제한 자료 역시 듣기 학습 자료로 그대로 쓰기 어렵다. 셋째, 실제 자료에는 비표준적 발음이나 억양, 비표준적 어휘 등이 그대로 사용되어 교육 자료로 그대로 사용되기 어려운 점이 있다. 넷째, 실제 자료는 난이도가 고르지 않다는 문제점을 지닌다. 실제 자료를 듣기 자료로 이용한다고 할 때 특히 초급 학습자가 이해할 수 있는 듣기 자료를 구하기가 쉽지 않을 것이다. 이런 이유로 실제 자료를 '실제 생활에서 쓰임직한' 자료로 가공하여 쓰기도 하는데 이를 실제적 자료라고 할 수 있다.

실제적 자료를 제작할 때는 앞에서 설명한 실제 자료의 특징을 감안하여 짜임새 없는 말이나 온전하지 못한 문장 등을 짜임새 있게 온전한 문장으로 수정하고, 선지식이 없이도 듣기 자료를 이해할 수 있도록 배경지식을 지문이나 대화로써 제시하며, 가능한 한 표준어를 사용하도록 하고, 난이도 조정을 위해 어휘나 문법 항목의 대치, 생략 등을 해야 한다. 한편 실제 언어생활에서 나타나는 주위의 소음도 적당히 반영해야 한다. 주위의 소음은 청자의 이해를 방해하는 요소가 될 수도 있고, 이해를 돕는 요소가 될 수도 있다. 예를 들어 공항의 안내 방송이나 지하철역의 안내 방송, 텔레비전의 드라마 대화 등은 실제 자료를 듣는 데 방해가 되기도 하지만 대화 장소나 대화의 소재를 알려 주기도 한다.

일반적으로 초급의 경우 자료를 가공하여 쓰는 경우가 많은데 가공된 자료는 자연스러워야 한다. 이때 자연스럽다는 것은 발화 자체의 자연스러움뿐 아니라 발화 상황 자체의 자연스러움도 포함한다. 발화 상황의 자연스러움은 특정한 상황이나 선지식을 갖고 있지 않아도 이해가 가능한 전형적인 상황을 뜻한다.

(10) 종업원: 어서 오세요. 주문하시겠어요?
손님: 아메리카노 두 잔 주세요. (휴지) 머그컵에 주세요.
종업원: 네. 여기 있습니다.
손님: 시럽 넣었나요?
종업원: 아니요, 시럽은 저기 테이블 위에 있습니다.

위의 대화는 커피숍의 종업원과 손님 간에 나눈 대화이다. 손님의 "머그컵에 주세요."라고 하는 발화는 일반적으로 일회용 컵에 커피를 넣어서 판매하는 한국 커피숍에 대한 지식을 화자가 알고 있고, 화자는 일회용 컵을 선호하지 않기 때문에 머그컵에 달라고 요청한 것이다. 이처럼 선지식이 없는 경우 "머그컵에 주세요."라고 하는 발화를 이해하기는 쉽지 않다. 또 "시럽 넣었나요?"라고 말한 손님은 커피숍에 따라 미리 말하지 않아도 시럽을 넣어 주는 곳도 있고 그렇지 않은 곳도 있다는 선지식을 가지고 질문을 한 것으로, 있음직한 대화 상황이긴 하지만 커피숍에서 이루어지는 전형적인 발화 상황은 아니다. 초급 단계에 활용할 만한 실제적 자료를 찾기 어려운 이유는 이처럼 다양한 발화 상황을 고려한 전형적 유형을 만들어 내기 쉽지 않기 때문이다.

5.2.3. 자료 유형에 맞는, 또한 다양한 기능이 반영되어 있는 과제

듣기 자료와 함께 제시되는 과제 활동은 자료 유형에 맞는 실제적인 활동이어야 한다. 또한 다양한 기능이 반영되어 있는 과제여야 한다. 교재를 급하게 만들다 보면 듣기 자료의 주제나 구성이 천편일률적이거나 아니면 반대로 듣기 자료의 유형과 주제는 다양한데 제시된 과제가 비슷비슷하여 전혀 기능 향상에 도움이 되지 않는 경우가 있다. 이를 방지하려면 앞서 보았듯이 다양한 유형의 듣기 자료 개발과 듣기 자료에 알맞은, 그러면서도 다양한 기능이 반영된 과제 개발에 관심을 가져야 한다.

예를 들어 뉴스를 듣기 자료로 사용할 때는 뉴스의 목적이 정보 전달이기 때문에 정보를 파악하는 것이 주 과제로 제시되며, 드라마는 내용 파악과 함께 등장인물 간의 관계를 이해하고 있는지에 과제 초점이 놓여질 것이다.

(11) 뉴스의 예

> 내년 1월 1일부턴 서울 지역의 단란주점 등 유흥업소에서 소비자가 업소에 비치된 휴대전화를 이용해 가짜 양주 여부를 직접 확인할 수 있게 됩니다.
> 국세청은 최근 세계 최초로 무선 주파수 인식기술, RFID를 접목한 주류 유통정보 시스템을 구축했다고 밝혔습니다. RFID칩이 내장된 태그를 양주 병마개에 부착하고 RFID 인식 기능이 있는 휴대전화를 여기에 갖다 대면 실시간으로 국세청 주류 유통 시스템에 연결돼 휴대전화 화면에 주류 제조, 수입 과정에서 부여된 고유번호와 제품명, 생산일자, 출고 일자 등 제품 정보가 나타나게 되는 것입니다. 병마개를 한 번 열면 RFID칩이 내장된 태그가 손상되기 때문에 조작도 할 수 없습니다.
> 국세청은 우선 다음달 1일부터 서울 지역에서 유통되는 국내 브랜드 위스키 5종의 병마개에 이 RFID칩이 내장된 태그를 의무적으로 부착하도록 할 계획입니다. 또 RFID 인식 기능을 지닌 휴대전화가 오는 12월쯤 상용화되면 이를 각 유흥업소에 의무적으로 비치하도록 할 계획입니다.
> 국세청은 우선 국산 위스키, 서울 지역 업소를 시작으로 후년쯤엔 수입 위스키와 전국의 업소로 시스템을 확대 실시할 방침입니다.

(12) 드라마의 예

수아: 안녕하세요? 나선재 씨?
선재: 누구세요?
수아: 기억 안 나세요? 며칠 전에 그림 때문에 만났던……
선재: 아…… 네…… 제 번호는 어떻게 알았어요?
수아: 여기 갤러리예요.
선재: 근데 무슨 일로?
수아: 오늘 저녁에 시간 어떠세요?
선재: 왜 그러시죠?
수아: 뮤지컬 티켓이 오늘이 마지막이더라구요.
　　　티켓이 한 장 남는데…… 같이 보러 안 갈래요?
선재: 미안합니다. 전 선약이 있어서……
수아: 그래요. 그럼 할 수 없죠.

〈미우나 고우나, KBS〉

5.2.4. 듣기 자료의 개작과 실제성 문제

학습자에게 이해 가능한 입력을 제공하여 학습자가 텍스트의 내용을 더 잘 이해하고 표현할 수 있도록 돕기 위한 자료 개작은 '실제성(authenticity)'과 관련하여 논의되었다. 의사소통 중심 교수법을 지지하는 학자들은 외국어 교재 개발에 있어 실제성이 결여되거나 교육용으로 조작된 자료를 사용하는 것을 문제로 지적하였다.

실제성 있는 또는 '실제의', '살아있는' 구어, 문어 언어 자료를 바탕으로 한 교재의 필요성은 이제 상식처럼 되어 있다. 그러나 실제성 있는 교재는 모어 화자들이 실제로 사용하는 자료를 가감 없이 그대로 가져다 쓰는 것을 의미하지는 않는다. 물론 고급 학습자를 대상으로 할 때는 실제 자료는 수정이나 개작 없이 학습 자료로 사용하는 것이 가능하지만 초급, 중급 학습자를 위한 교육 자료는 학습자 수준에 맞는 텍스트 수정이 필요하다.

텍스트 개작(text adaptation), 텍스트 요약(text abridgement), 텍스트 상세화

(text elaboration), 텍스트 단순화(text simplification)라는 다양한 용어로 불리어 온 텍스트 수정은 상세화적 단순화(elaborative simplification)와 제한적 또는 언어적 단순화(restrictive simplification, linguistic simplification)로 구분된다.

대부분의 등급화된 교재에서는 언어적 단순화를 꾀하는데 구어 텍스트를 수정할 때는 구어의 특징이라고 할 수 있는 휴지, 반복 표현 등과 대화 참여자들의 사전 지식, 대화 상대방 간의 친밀도 등 맥락이 고려되어야 하기 때문에 상세화적 단순화를 꾀하기도 한다.

텍스트 수정을 다룬 실험 연구들은 잠정적인 몇 가지 결론을 제시하고 있다. 첫째, 언어적 단순화는 표면적인 이해를 향상하지만 상세화보다 항상 더 그런 것은 아니다. 둘째, 상세화는 이해를 향상한다. 셋째, 언어 숙달도가 낮은 학습자들은 단순화 또는 상세화된 유형으로부터 언어 숙달도가 높은 학습자들보다 더 도움을 받는 것처럼 보인다. 넷째, 단순화 또는 상세화 중 어느 접근법을 따르더라도 광범위한 텍스트 수정은 일반적으로 이해를 향상시키지만 단순화 또는 상세화를 분리해서 조정하는 것은 짧은 강의(듣기 자료) 또는 읽기 지문 전체의 이해도를 높이는 데 충분하지 않다.

말하기, 듣기, 읽기, 쓰기 등 네 기능이 통합되어 있는 통합 교재는 일반적으로 각각의 기능을 교수하는 데 부족한 경우가 많다. 이때 교사는 교재를 다시 고쳐 씀으로써, 즉 개작(adaptation)함으로써 기능 향상을 도모할 수 있는데 듣기 능력 향상을 위한 듣기 자료 개작의 원리로 먼저 통합의 원리를 들 수 있다.

여기서 통합은 말하기, 읽기, 쓰기의 기능 통합을 뜻한다. 우리의 일상생활을 보면 텔레비전을 보면서 대화를 한다든지, 신문 기사를 읽고 대화를 한다든지, 또는 책을 읽고 글을 쓰는 식으로 언어의 네 가지 기능 중 두서너 가지가 통합되는 경우가 흔하다. 그러므로 언어 학습도 통합적으로 구성되어야 실제적이라고 할 수 있다.

통합의 방법은 크게 과제 중심의 통합과 주제 중심의 통합으로 나뉘는데 예를 들어 전화를 받고 자리에 없는 친구나 동료에게 전화 건 사람의 용건을 글로 적어 전해 주거나, 친구들을 만나 함께 영화를 보기 위해 같이 볼 영화를 정하고 약속 시간을 정해서 수첩에 메모하는 과제는 여러 기능을 통합함으로써 자연스럽게 듣기 기능을 향상할 수 있다. 주제 중심의 통합은 일반적으로 한 과의 주제를 통일되게 구성하여 학습 내용을 결속시킴으로써 배운 내용을 기능별로 향상시키는 방법인데, 대부분의 외국어 교재에서 택하고 있는 방법이기도 하다.

5.3. 듣기 교육 자료의 개발

앞에서 듣기 자료를 구성하는 원칙에 대해 설명하였다. 듣기 교육 자료는 한국어의 구어적 특성이 충분히 반영되어 있어야 하며, 한국어 원어민 화자에게 받아들여지는 현실적인 한국어 담화, 즉 실제성 있는 자료이어야 하며, 다양한 구어의 유형과 함께 다양한 기능이 반영되어 있어야 한다.

이러한 원칙을 기본으로 하여 듣기 자료를 개발하거나 선정할 때 실제적으로 유의할 점을 좀 더 세분화하여 살펴보도록 하자.

5.3.1. 이해 가능한 입력

교사가 듣기 자료를 개발할 때 먼저 주의할 점은 듣기 자료가 학습자의 수준보다 어렵거나 너무 쉽거나 하지 않아야 한다는 것이다. 너무 어려우면 듣기 자료에 대한 흥미와 관계없이 듣기 활동을 하고자 하는 학습자의 학습 의욕을 떨어뜨리게 되며 마찬가지로 너무 쉬운 내용이면 학습자가 집중하지 않게 되어 학습이 이루어지기 어렵다.

학습자의 활발한 참여를 유도하기 위해 이해 가능한 듣기 자료를 선정하는 것이 중요할 뿐 아니라 듣기 자료의 주제나 소재가 학습자의 흥미를 유발할 수 있는 자료이어야 한다. 그렇다고 흥미만 고려하여 학습 목표와 무관한 자료를 선택하는 것은 학습 동기를 유발하지 못하므로 학습 목표에 부합하는 자료를 선정해야 한다.

또한 아무리 좋은 듣기 자료라고 해도 수업 시간을 고려하여 그 길이를 조정하는 것이 필요하다. 듣기 활동은 어느 정도의 기억력도 요구하기 때문에 기억 능력을 넘어서는 너무 긴 내용의 듣기는 집중력과 흥미를 떨어뜨린다. 따라서 듣기 자료는 적절히 통제된 양이어야 한다.

5.3.2. 다양한 유형의 자료

5.2.1.에서도 살펴보았듯이 듣기 능력을 향상시키기 위해서는 다양한 유형의 자료를 접함으로써 유형에 따른 듣기 기능을 학습하는 것이 필요하다.

듣기 자료로는 실제 대화 상황, 안내방송, 텔레비전, 라디오, 연극, 영화, 강연, 연설, 전화, 노래 등 다양한 유형을 활용할 수 있으며, 다양한 유형의 자료를 제시하여 학습자들이 실생활에서 들을 수 있는 다양한 형태에 익숙해지도록 유도해야 한다.

그리고 듣기 자료를 녹음할 때에는 남자와 여자의 목소리를 적절하게 배합해서 남녀의 목소리와 어조, 억양 등에 익숙하게 하는 것이 좋고, 일상생활에서의 듣기는 소음을 동반하므로, 듣기 자료를 녹음할 때에는 일정량의 소음을 의도적으로 넣는 것이 좋다.

5.3.3. 과제와 연계된 자료

대부분의 듣기 활동은 듣기 활동으로 끝나지 않고 듣기 후 활동 단계로 넘어가 들은 내용을 바탕으로 말하기, 쓰기, 행동하기, 그리기, 만들기 등의 과제로 연계되는 경우가 많다. 이렇게 들은 내용을 과제와 연계한 자료는 들으면서 학습한 내용을 실제 과제로 활용할 수 있다는 점에서 좋은 듣기 자료라고 할 수 있다.

듣기 자료는 내용 이해, 추론 이해, 적절한 반응 끌어내기, 적절한 행동 끌어내기와 같은 과제와도 연계될 수 있는데 들은 내용을 확인하기 위해 간접적으로 부과되는 이런 과제들은 듣기 자료의 내용이나 성격과 관련되어 부과된다. 학습자 단계에 따라 이런 유형의 과제들은 좀더 복잡한 사고를 요구하게 된다.

5.3.4. 듣기의 난이도

제2 언어 듣기의 등급화는 제2 언어 교수를 위해 필요한 일이며 실제로 대부분의 교사들이 듣기 자료를 등급화하여 제시하지만 일정한 기준에 따라 등급화를 한다는 것은 쉬운 일이 아니다.

Lee(1977)은 제2 언어 등급화와 관련하여 등급화가 제2 언어 학습자의 관점으로부터 접근되어야 함을 강조하였으며, Anderson & Lynch(1988)은 텍스트, 청자, 듣기가 일어나는 맥락들 사이의 상호 작용 결과물로부터 듣기의 어려움이 비롯된다고 하는 기존의 논의를 소개하고 있다.

먼저 텍스트 특성을 통한 등급화는 텍스트를 이루는 요인에 따라 등급화가 가능한데, 어휘의 난이도 수준, 통사의 복잡성, 텍스트 길이는 텍스트를 이루는 요소로 등급화와 관련된다. Anderson & Lynch(1988)은 어휘의 난이도가 우리가 생각하는 것보다 듣기의 난이도 요인으로 크게 중요하지 않을 수 있다고 하였다. 학습자가 어렵게 느끼는 어휘는 이례적이거나 새로운 단어인 경우가 많은데 맥락을 이해하고 있거나, 주제에 대한 지식이 있거나, 새로운 단어를 분석할 가능성이 높으면 새롭더라도 어렵게 느끼지는 않는다. 다시 말하여 새로운 어휘와 어려운 어휘는 구분해야 한다는 것이다. 때로 제2 언어 학습자들은 고급스런 특정 어휘를 더 잘 이해하고 오히려 쉽게 풀어 말하기 위해 사용하는 일반적인 일상 단어 및 구절들을 이해하지 못하는 경우도 있다. 통사의 복잡성과 이해 난이도 사이의 관련성 역시 간단하지 않으며, 텍스트 길이 자체가 듣기 난이도의 핵심적 요인이 되지는 않는다고 한다. 왜냐하면 어떤 주제에 대해 더 길게 말하면 말할수록 말하려는 핵심을 이해할 가능성이 높기 때문이다.

1.4에서 보았듯이 Anderson & Lynch(1988)은 듣기를 어렵게 하는 요인을 언어의 유형, 듣기 과제 또는 듣기 목적, 듣기 맥락 등 세 범주로 나누어 설명하고 있는데 이들 요인은 듣기 자료의 등급화에도 적용이 가능하다. 예를 들어 정보의 조직화, 주제의 친숙성, 정보의 명확성, 입력물 유형과 같은 언어의 유형과 관련된 요인을 고려하여 듣기 자료를 선정하거나 각색하면 듣기 자료의 난이도를 조정하는 것이 가능하다.

텍스트뿐 아니라 과제를 등급화하여 듣기 자료의 난이도를 조정할 수 있다. 과제의 난이도를 결정짓는 요인으로는 듣기 목적, 요구되는 반응, 보조 자료 등이 있는데, 듣기 목적에 의한 등급화란 교수자가 청자의 듣기 목적을 조절하고 적합하게 만듦으로써 과제의 난이도를 등급화하는 방식을 계발하는 것이다. 예를 들어 같은 방송 뉴스를 듣고 뉴스의 소재를 찾게 하는 과제는 뉴스의 주요 내용을 요약하게 하는 과제보다 수월하다.

이론적으로 텍스트(언어 유형)가 아니라 과제를 등급화하는 것은 임의의 텍스트를 사용하여 특정한 학생들에게 적합한 수준의 과제를 만들어 내는 것이 가능함을 보여 준다. 그러나 텍스트는 어려운데 너무 쉬운 과제를 부과하거나 과제는 어렵고 복잡한 것인데 초보적 수준의 텍스트를 제공하는 일은 실제로 잘 일어나지 않으며 듣기 기술 향상에도 도움이 되지 않는다. 듣기 자료를 개발할 때는 텍스트의 난이도와 과제의 난이도를 결합함으로써 텍스트 요인과 과제 요인을 균형 있게 하는 것이 필요하다.

과제의 등급화와 관련한 '요구되는 반응'은 청자가 듣기를 하고 난 후 요구되는 반응 유형을 뜻한다. 청자로 하여금 화자의 행위를 관찰하고 분석하도록 요구하는 과제를 부여할 것인지 아니면 청자로 하여금 참여자 즉, 화자로서 들은 내용에 대해 반응하는 과제를 부여할 것인지를 결정하는 것이다. 전자는 예를 들어 텔레비전 대담 내용을 시청하고 출연자가 무엇에 대하여 이야기를 하고 있는지 알아내도록 하는 것으로, 텍스트를 듣고 그 내용을 분석하는 것이며, 후자는 예를 들어 출연자 중 본인과 다른 견해를 가진 출연자에 대해 자신의 의견을 말하게 하는 것으로, 청자처럼 반응하여 스스로 상호 작용에 참여하도록 요구하는 것이다.

일정한 수준의 학습자는 언어 텍스트에 대하여 두 가지 다른 방식으로 반응하도록 유도되는데 이 둘은 일반적으로 다음 두 단계를 밟는다. 첫 번째 단계에서 청자인 학습자는 화자 각자의 관점에 대해 무엇을 이해하였는지 또 얼마만큼 이해하였는지 보여 주도록 요구된다. 청자는 텍스트를 이용하여 이해한 내용을 보여 주기 때문에 이를 접근성(accessibility)이라고도 한다. 두 번째 단계에서 학습자는 화제에 대해 자신의 관점을 언급하고, 텍스트와 자신의 생각을 관련짓도록 요구받는다. 이는 청자가 들은 내용을 어느 정도 수용하는지를 보이게 되므로 수용성(acceptability)이라고도 한다. 청자의 개인적 반응을 요구하는 두 번째 단계의 요구 반응은 초급 학습자에게는 어려운 과제일 뿐 아니라 과

연 듣기에 필요한 과제인지 의문시될 수 있다. 그러나 듣기는 단순히 상대방의 말을 듣는 데에서 그치지 않고 이에 대해 반응하는 것을 포함하기 때문에 이를 듣기 과제에 포함하는 것은 교육적으로 의미가 있다.

듣기 활동에 그림이나 사진, 도표 등이 추가된 것은 인쇄 정보에 관심을 갖지 못하게 하려는 것이 아니라 학습자를 도와 듣기 자료에 주목하도록 배려한 결과이다. 보조 자료는 반드시 들을 내용과 관련된 것이어야 하며, 제한된 시간에 과제를 처리해야 하기 때문에 보조 자료가 너무 많아 듣기에 방해가 될 정도가 되면 안 된다. 보조 자료로서 듣기 대본은 교육과정의 초기 단계에서 이용되어야 하고 점차적으로 듣기 대본에 의존하지 않도록 듣기 기술을 향상해야 한다. 과제의 난이도는 보조 자료의 유형과 양에 영향을 받으며, 과제의 난이도는 듣기 자료의 난이도 조정에 기여한다.

5.4. 듣기 교육 자료와 도구의 실례

한국어 듣기 교육에서 학습자의 듣기 수행 역량을 효과적으로 신장하기 위해서는 교실 수업 내의 전략적 교수-학습 설계뿐 아니라 수업 외적 환경에서도 학습자가 다양하고 실제성 있는 듣기 입력에 지속적으로 노출될 수 있도록 지원하는 체계적인 자료 제공이 병행되는 것이 효과적이다. 특히 최근에는 온라인 플랫폼과 모바일 기반 애플리케이션, 디지털 매체의 발달로 인해 학습자가 언제 어디서든 자신의 수준과 목적에 맞는 듣기 자료에 접근할 수 있는 환경이 마련되어 있어 교수-학습 과정의 외연을 확장하는 데 긍정적으로 기여한다. 여기에서는 실제로 활용이 가능한 한국어 듣기 학습 플랫폼과 자료 제공처, 애플리케이션 및 디지털 매체 기반 학습 도구를 중심으로 그 교육적 활용 가능성과 교수-학습 설계와의 연계 방안을 구체적으로 살펴보고자 한다.

우선, 대표적인 공공 교육 플랫폼인 '누리-세종학당'은 한국어 학습자를 위한 수준별 온라인 콘텐츠를 체계적으로 제공하고 있으며, 듣기 기능 강화를 위한 다양한 학습 자료를 무료로 제공하고 있다는 점에서 교육적 접근성과 공공성을 동시에 갖춘 플랫폼이다. 특히 '실용 한국어', '회화' 등으로 구분된 학습 코스 내에 듣기 연습과 타 기능 통합 활동으로 구성된 단계적 듣기 학습 구조가 포함되어 있어, 교실 수업에서의 듣기 전략 통합 설계와의 연계 가능성이 높다. 또한 동영상 또는 소리 학습 자료와 한국 문화와 관련된 다양한 동영상 자료 등 학습에 적합하면서도 실제성 있고 흥미로운 듣기 입력 자료를 제공하고 있어 학습자의 듣기 학습 동기와 흥미를 불러일으킨다. 해당 사이트에서 제공하는 듣기 학습은 초급 학습자부터 중·고급 학습자에게까지 폭넓게 적용할 수 있으며 특히 학습자가 한국어 교육 기관에 소속되지 않아도 개인 계정만으로 자유롭게 학습을 이어갈 수 있다는 점에서 자기 주도적 학습 환경 조성에 기여한다.

다음으로 'Talk To Me In Korean(TTMIK)'은 초급 학습자에게 적합한 '느린 한국어(Slow Korean)' 시리즈를 비롯하여 다양한 수준의 듣기 연습 과정을 제공한다. 해당 자료는 발화 속도를 조절하여 학습자의 인지적 부담을 낮추면서도 실제 사용되는 표현과 발화를 중심으로 구성되어 있어, 초급 학습자에게 이해 가능한 입력을 제공하는 데 효과적이다. 또한 'How to Study Korean'과 'LearnKorean24'도 유용한 웹사이트로, 각각 문법 기반 듣기 연습과 주제별 짧은 듣기 활동을 제공하며 과제 중심 수업에서 정보 수집형 과제나 듣기 후 정리 활동으로 활용하기 적절하다.

모바일 기반 애플리케이션의 활용도 한국어 듣기 교육의 외연을 확장하는 데 매우 효과적인 것으로 보인다. 특히 최근 개발된 '손안의 세종학당' 앱에서는 세종학당재단의 공식 한국어 학습 콘텐츠를 바탕으로 듣기·읽기·말하기·쓰기 통합 학습이 가능하다. 학습자는 각 회차별 영상 또는 음성 자료를 들은 후 선택형, 단답형, 정리형 등의 과제를 수행할 수 있다는 것이 특징적이다. 이 앱은 누리-세종학당과 연동되어 있으며 특히 교실 수업과 병행하여 활용할 수 있는 온라인 보조 학습 자료로 구성되어 있어 듣기 교육의 사후 보강이나 예습 과제로도 활용할 수 있다.

이 외에도 'Speechling'은 수천 개의 한국어 문장을 원어민 발화로 제공하며, 학습자가 자신의 음성을 녹음하고 비교할 수 있도록 설계되어 있다. 이는 듣기와 말하기를 통합하여 설계할 수 있는 수업 구조에 유용하며, 발음 인식 및 자기 점검 전략 훈련에도 효과적이다. PORO의 'Korean–Listening and Speaking'은 상황별 회화를 중심으로 구성되어 있으며, 실제 대화 맥락을 기반으로 청취–반복–대화 수행까지 이어지는 구성은 역할극 기반 상호 작용 과제 설계에 적합하다. 또한 iVoCA 'Korean Listening & Speaking'은 주제별 실생활 표현 중심의 구성으로, 중급 학습자에게 적절한 청취–말하기 통합 연습 기회를 제공한다.

보다 통합적인 학습 경험을 가능하게 하는 플랫폼으로는 'LingQ'와 'Beelinguapp'이 있다. LingQ는 학습자에게 음성 자료와 원문 텍스트를 동시에 제시한다. 기능적으로는 단어 클릭, 즉석 해석, 반복 듣기 기능을 제공함으로써 전략적 듣기 활동과 어휘 습득의 통합적 설계에 효과적이다. 그리고 Beelinguapp은 이 중 언어 오디오북 형태의 애플리케이션으로, 장문 텍스트를 반복 노출하는 데 적합하며 고급 학습자의 요약 및 비교 듣기 과제에서의 활용도가 기대된다.

한편, 학습자는 다양한 디지털 매체를 활용하여 주도적으로 듣기 입력에 접근할 수도 있다. 이를 위한 유용한 플랫폼으로는 'KBS World Radio'와 'Naver AudioClip' 등이 대표적이다. 이들은 뉴스, 시사, 교양 등 다양한 방송 콘텐츠를 기반으로 한 실제성 높은 듣기 자료를 제공하며, 특히 학문 목적 또는 직업 목적 학습자의 담화 적응 훈련에 유효하다. 또한 'Lingopie'는 한국 드라마나 예능 콘텐츠에 이중 자막과 반복 듣기, 단어 복습 기능 등을 결합한 플랫폼으로, 학습자가 실제적 맥락 속의 언어 사용에 노출되며 고급 청취 전략을 내면화할 수 있도록 돕는다.

이외에도 한국어 듣기 교육을 위한 온라인 사이트, 모바일 앱, 디지털 기반 도구는 현재에도 다양하게 개발되고 있으며 향후 계속해서 늘어나고 발전할 것으로 전망된다. 이러한 듣기 자료 및 도구의 활용은 단지 듣기 자료를 제공하는 데 그치지 않고, 듣기 교육과정 내의 전략 지도, 과제 설계, 자기 주도 학습 지원, 정의적 반응 조절 등의 교육적 기능을 통합적으로 수행할 수 있도록 한다. 특히 누리–세종학당과 손안의 세종학당은 공공 한국어 교육 기관과의 연계성이 높아 학습자의 안정적 접근을 가능하게 한다는 장점이 있다. 개별 플랫폼과 애플리케이션 역시 수업 전·중·후 활동과 연계하여 효과적으로 활용된다면 전략 중심 수업과 과제 중심 설계를 실천하는 데 기여할 수 있다. 듣기 교육이 더 이상 교실 수업의 한정된 경험에 머무르지 않고 언제 어디서든 확장 가능한 실천적 언어 활동으로 발전하기 위해서는 이러한 다양한 디지털 학습 자원을 적극적으로 활용하고자 하는 태도가 필요하다.

6. 듣기 활동 (1)
– 초급

듣기의 범위가 음의 식별부터 담화의 전체 내용 이해에 이르기까지 다양한 만큼 듣기 활동 및 연습 역시 학습자의 언어 능력 발달 단계에 따라 다양한 방식으로 이루어져야 한다. 본 장과 다음 장에서는 실제 교실에서 이루어지는 듣기 활동 유형을 학습자의 언어 능력 수준에 따라 쉬운 것부터 차례로 제시하도록 한다.

6.1. 음의 식별 연습

왕초급 단계의 활동으로 학습자가 어떤 특정한 음을 정확하게 식별할 수 있도록 하는 연습이다. 교사는 비슷한 음소가 포함된 단어를 연속적으로 들려주고 학습자가 이를 구별해 내도록 하는 방법을 쓴다.

먼저 두 개의 음절을 들려주고 같은지 다른지를 응답하도록 한다. 학습자에게는 다음 (1-1)과 같은 답안지만 제시한다.

(1−1) 음 식별 연습 답안지

〈보기〉 1) (○), 2) (×)		
1) (　　)	2) (　　)	3) (　　)
4) (　　)	5) (　　)	6) (　　)
7) (　　)	8) (　　)	9) (　　)

위 활동의 실제 문제지로 제시되는 듣기 활동 자료는 다음 (1−2)와 같은 예가 될 것이다.

(1−2) 음 식별 연습 문제지(녹음용)

〈듣기 지문〉

다음 두 개의 연속되는 소리를 듣고 둘이 같은 소리이면 ○, 다른 소리이면 ×를 하십시오.

1) 물, 불 (　　)	2) 강, 강 (　　)	3) 우, 오 (　　)
4) 전, 천 (　　)	5) 어, 오 (　　)	6) 아, 아 (　　)
7) 판, 반 (　　)	8) 준, 군 (　　)	9) 방, 반 (　　)

난이도를 조금 높이면 세 개의 음절을 제시하되, 두 개는 같고 하나가 다른 것으로 제시하여 몇 번째 것이 다른 음인지 찾아 표시하도록 하는 문제로 제시할 수 있다. 학습자에게 제공되는 답안지는 (2−1)처럼 번호만 있는 것이고 그중 다른 발음으로 제시된 것의 순서에 해당하는 번호를 선택하면 된다.

(2–1) 음 식별 연습 답안지

〈보기〉 1) (❶ ② ③), 2) (① ❷ ③)	
1) (① ② ③)	2) (① ② ③)
3) (① ② ③)	4) (① ② ③)

이런 활동의 듣기 자료로는 다음 (2–2)와 같은 예가 있다.

(2–2) 음 식별 연습 문제지(녹음용)

〈듣기 지문〉
다음 연속되는 세 개의 소리 중에는 다른 소리가 하나씩 섞여 있습니다. 잘 듣고 몇 번째로 들려주는 소리가 다른 소리인지 그 해당 번호에 색칠하십시오.

1) (① 빵 ② 방 ③ 방)	2) (① 달 ② 딸 ③ 달)
3) (① 자 ② 자 ③ 차)	4) (① 서 ② 소 ③ 소)

조금 더 난이도와 복잡도를 높이면 긴 발화 연속체에서 특정 음절이 몇 번 나오는지를 세어 보게 하는 활동을 할 수도 있다. 이러한 활동의 자료로는 다음 (3)과 같은 예가 있다.

(3–1) 동일 음절 출현 횟수 세기 답안지

다음 들려주는 말에서 '가'가 몇 번 나오는지 그 숫자를 쓰십시오.
( )번

(3-2) 동일 음절 출현 횟수 세기 문제지(녹음용)

〈듣기 지문〉
가수 강유리가 가발을 쓰고 가방을 들고 가만히 길을 걸어가다가 가로수 옆에 가늘게 핀 개나리를 보려고 잠시 머뭇거리다가 다시 길을 가는데 저기 가구 가게에서 친구가 나오는 걸 보고 가볍게 인사를 한다.

(3-1)과 같은 답안지를 주고 (3-2)와 같은 듣기 자료를 문제로 주어 동일한 음절 '가'가 들려오는 횟수를 적도록 한다. 정확한 횟수를 세는 데에 스트레스를 받을 수 있다면 답을 바로 적는 방식이 아니라 주어진 몇 가지 중에서 선택하도록 하는 방법도 가능하다. 그러나 이러한 연습은 반드시 정답을 맞히는지를 보는 평가의 의미보다는 초급 듣기 과정에서 특정 음절에 주목해 보는 연습을 한다는 데에 의의가 있으므로 학습자들에게 활동의 목적을 잘 이해시키는 것이 필요하다.

음소 식별 연습에서 한 가지 더 중요한 것은 한국어는 형태음소적 원리에 따른 한글 표기를 하고 있으므로 어휘의 철자와 발음이 완전히 일치하지 않는 경우가 있다는 사실을 학습자들에게 잘 이해시키는 일이다. 한국어에서 표기상으로 나타난 음소와 실제 발음에 차이가 생기게 되는 원인은 연음, 자음 동화, 모음 동화 및 대표음화 등으로 인한 음운 변동이므로 이에 대한 이해가 충분해야만 듣기에서 어휘 형태를 식별하는 데 어려움이 없다. 또 같은 단어라도 앞, 뒤에 어떤 말이 놓이느냐에 따라 음운이 달라지는 현상들에 대하여 실례를 사용하여 연습하는 활동이 필요하다.

6.2. 듣고 따라 하기

듣고 따라 하기는 초급 단계 중에서도 자음과 모음을 학습하는 초기 단계에서부터 진행할 수 있는 가장 기본적인 활동이다. 음성 자료 혹은 교사의 발화를 듣고 그대로 모방해서 똑같이 따라 소리 내는 것으로 시작한다. 자모음 학습 단계에서는 각 음운의 개별 음가를 정확히 인식하고 발음하는 데에 도움을 주며 문장 단위로 확장하여 듣고 따라 말하게 되면 억양이나 휴지 등을 익히는 데에도 도움을 준다.

최근에는 원어민의 발음을 담고 있는 디지털화된 음성 자료들을 쉽게 입수할 수 있어서 듣고 따라 소리 내거나 따라 말하기 활동에 도움이 된다. 또한 디지털 음성 기술이 발전하여 학습자가 따라 한 음성이 모범적인 원어민의 음성과 얼마나 일치하는지를 점수화해 주는 애플리케이션들도 많이 있고, 발음을 프라트(praat) 형식의 그림으로 보여 주거나 억양 곡선을 그래프화해서 눈으로 보여 주는 앱들도 있어서 학습자 스스로 자신의 발음이 얼마나 정확한지, 얼마나 원어민의 발음에 가까운지를 가늠해 볼 수 있기도 하다. 또 학습자가 발음한 내용을 간단한 버튼 하나로 바로 녹음하여 자신의 발음을 반복적으로 들어 볼 수 있는 간편한 도구들도 내장되어 있어 듣기의 기초라 할 수 있는 음의 식별 훈련에 도움을 받을 수 있다.

이러한 반복적 청취와 반복적 따라 하기에 시각 자료를 함께 사용하기도 하고 시각 자료 없이 순전히 귀로만 듣고 따라 하기를 할 수도 있다. 교사가 처음에는 학습자들로 하여금 시각 자료 없이 듣고 따라 하도록 하다가 나중에는 확인 차원에서 시각 자료를 제공해 주면서 얼마나 정확하게 활동했는지를 평가해 주는 것도 좋은 방법이다.

6.3. 그림, 사진, 지도 등 시각 항목 찾기

'시각 항목 찾기'는 학습자에게 여러 가지 요소들이 한데 담겨 있는 그림이나 사진, 지도 등 시각 자료를 나누어 주고 그 자료 가운데서 교사가 구두로 설명하는 대상을 찾도록 하는 활동이다. 초급에서 문장 단위로 이해하거나 덩어리 표현 등을 아직 청해할 단계가 되지 않았을 때 간단하게 단어 단위로 들을 수 있는지를 평가하도록 하는 활동이므로 어휘는 되도록 학습자 수준에 맞는 쉬운 것을 선택하도록 한다. 또한 종이나 스크린 등에 제시하는 시각 자료는 그림 자체가 선명하게 구별되는 것으로 선별해서 제공해야만 그림의 혼동으로 인한 문제가 생기지 않는다.

이때 교사가 주어진 시각 자료 중에 나오지 않는 단어들도 중간중간 섞어서 함께 말해 주면 학습자들이 교사가 들려준 단어 중에서 그 단어들에 해당하는 그림이 시각 자료 내에 없다는 사실을 알아맞히는 활동을 겸할 수 있다. 이렇게 활동을 좀 변형하면 시각 항목 찾기 활동이 단순하고 지루한 활동이 아닌 흥미로운 활동이 될 수 있다. 물론 어린 학습자들에게는 단순한 그림 찾기도 흥미로울 수 있으나 성인 학습자들에게는 단어 자체를 제시하고 찾도록 하는 활동보다는 사고력이 요구되는 조금 더 진전된 활동이 필요하다.

성인 학습자들은 인지 발달 단계상 이러한 활동을 단순하게만 진행할 경우 자칫 지루해질 우려가 있기 때문에 교사는 다양한 변형을 시도하는 것이 좋다. 목표 단어를 명사로 한정하지 말고 형용사나 동사 등으로 확대해 볼 수도 있고, 목표 단어를 그냥 주는 것이 아니라 목표 단어에 해당하는 설명을 제공하면서 그 설명과 관련된 그림을 찾도록 하는 활동으로 변형해 볼 수도 있다. 이렇게 하면 들려오는 설명을 잘 듣고 그것을 통해 단어의 형태를 먼저 알아낸 뒤 그다음으로 단어에 해당하는 그림을 찾아야 하므로 조금 더 진전된 사고력의 단계를 요구하는 활동이 될 수 있다.

다음으로는 추론을 가미한 형태의 듣기 활동도 있다. 들려주는 내용을 통해 그 대화가 이루어지는 장소를 찾는다든지 또는 들려준 자료를 통해 앞으로 나타날 것으로 예상되는 행위를 묘사한 그림을 찾는다든지 하는 활동이다. 또 대화자들이 대화 속에서 추구하는 바를 나타내는 그림이나 사진 등을 찾아보는 활동을 할 수도 있다. 그리고 지도를 활용한 듣기 활동의 경우에는 자연 지리적 지도만이 아니라 인문 지리적 지도 등 여러 가지 지도를 제시해 주고 듣기 지문 속의 대화 내용과 관련 있는 지도를 선택하게 하거나 또 대화 내용과 관련이 없는 지도를 선택하게 하는 등의 활동으로 다양화해 볼 수 있다.

또 (4)처럼 들려준 내용에 알맞은 그림을 고르는 활동을 할 수도 있고, (5)처럼 들려준 내용을 바탕으로 학습자 스스로 그림을 그리는 활동을 해 볼 수도 있다. 학습자들은 이러한 활동을 통해 단편적이고 단순한 듣기보다는 고차원의 내용 파악과 관련된 듣기 연습을 할 수 있다.

(4-1) 시각 항목 찾기 활동 답안지 ①

대화가 끝난 장면에서 민희의 장바구니로 가장 알맞은 그림을 고르십시오.

(4-2) 시각 항목 찾기 활동 문제지(녹음용) ①

〈듣기 지문〉

민희는 친구 혜영이와 함께 마트에 갔습니다.

민희: 어머, 세제를 세일하는구나. 그러지 않아도 표백제가 떨어져 가는데 잘됐다. 혜영아, 너도 세제 안 살래?

혜영: 응, 나는 얼마 전에 샀어. 나는 저기 치약을 사야겠다.

민희: 나도 치약도 필요해. 소금이 들어 있는 이게 좋겠지? 너도 이걸로 사.

혜영: 그래? 나는 소금 치약은 안 써 봤는데, 그걸 한번 써 볼까?

민희: 그래. 아, 저기 샴푸도 세일하네. 근데 샴푸는 아직 많이 남아 있어. 나중에 또 세일하겠지?

혜영: 그래. 연말 되면 또 세일할 거야. 이제 식품 코너로 가자.

민희: 식품은 나중에 계산 직전에 사야 해. 나도 어묵이랑 아이스크림도 사야 하는데 미리 담아 두면 신선도가 떨어져서 좋지 않아.

혜영: 그래? 그럼, 어느 코너로 갈까?
민희: 화장지 코너 잠깐 들르지 않을래?
혜영: 그래, 좋아.

(5-1) 시각 항목 찾기 활동 답안지 ②

장영과 허민의 대화를 잘 듣고 민수의 집에 배치된 물건들을 그려 보십시오.

서재	부엌	화장실
안방	거실	현관

(5-2)시각 항목 찾기 활동 문제지(녹음용) ②

〈듣기 지문〉
장영: 허민, 오랜만이다.
허민: 그래, 장영, 잘 지냈어?
장영: 어, 그래. 참 그저께 과제 함께 하느라 민수네 집에 잠깐 갔었어.
허민: 그래? 민수는 여전히 깔끔하게 해 놓고 사니?
장영: 응. 네가 그걸 어떻게 알아?
허민: 나도 민수네 여러 번 가 봤어. 갈 때마다 한 번도 청소가 안 되어 있는 적이 없더라.
장영: 그래. 민수는 청소만 잘하는 게 아니라 아주 예술 취향인가 보더라. 거실에 큰 스피커며 대형 TV도 있어. 그렇게 홈시어터를 해 놓고 안락의자에 앉아서 영화도 자주 본대.
허민: 맞아. 수집 취미도 있어서 현관 입구에 있는 도자기며 서재에 걸린 큰 액자, 그리고 거실 장식장을 가득 채운 수석도 장난이 아니지. 게다가 걔네 집에는 항상 향기가 있잖아. 진한 커피 향.

장영: 그래. 아예 커피 기계 전용 장식장을 식탁 옆에 붙여 놨더라. 나도 그게 눈에 띄었어. 커피 맛도 진짜 좋던데? 아, 이런 말 하니까 그 커피 또 마시고 싶다. 민수한테 전화 한번 넣어 봐. 지금 집에 있으면 잠시 가도 되느냐고.

이때 그림 그리기가 어렵다면 대략의 배치도 정도만 해도 좋고, 그림을 그리기 전 단계에서 각 방에 들어 있는 물건에 해당하는 단어를 메모해 놓는 정도의 활동을 해 보는 것도 좋다.

6.4. 그림 순서 맞추기

그림 순서 맞추기 활동은 여러 장의 그림 카드를 가지고 하는 활동이다. 듣기 자료를 몇 단계로 구분하여 각각의 단계별 내용을 담은 낱장의 그림 카드를 만들어 순서를 뒤섞어서 학습자들에게 제공한다. 그 뒤 학습자들이 듣기 자료를 들은 후 그 카드들을 들은 이야기의 순서에 따라 맞추어 재구성하는 방식으로 활동이 이루어진다. 이 작업은 개별 활동으로 할 수도 있고 공동 활동으로 할 수도 있다. 공동 활동으로 하게 하면 학습자들이 협업하는 과정에서 들은 내용을 말해 보는 경험도 하게 되므로 듣기 활동과 말하기 활동이 연계되는 시너지 효과가 있다.

또 이 활동을 개별 활동으로 하려면 같은 카드를 여러 벌 준비해야 하는데, 카드가 한 벌밖에 준비되지 않은 상황에서 개별 활동으로 하고자 한다면 다른 방식을 고안해야 한다. 즉, 각 학습자들에게 카드를 한 장면씩만 나누어 주고 듣기 자료 전체를 들려주는 것이다. 그러면 학습자들은 자신의 카드에 담긴 내용이 어느 순서에 맞는 것인지를 파악한 후 순서에 맞게 자리 배치를 하는 활동을 해 볼 수 있게 된다. 학습자들이 카드를 한 장씩 들고 있다가 순서대로 일렬횡대로 서게 되면 그림 카드들이 이야기 전체의 순서에 따라 맞춰져서 내용을 순차적으로 보여 주는 단계 그림이 완성되도록 하는 활동으로 진행되는 것이다. 이렇게 하면 학습자들은 이야기의 순서에 맞게 자신의 위치를 찾아가기 위해서 다른 학습자들과 이야기를 나누기도 하고 위치 조율을 하기도 하여 매우 활발한 협업 활동이 이루어질 수 있다. 전체 카드의 순서를 공동으로 맞추는 활동에서는 자칫 몇몇 학습자가 활동을 주도하여 소외되는 학습자가 생길 수 있는 반면, 이러한 하이브리드 활동에서는 그런 소외를 방지하는 효과가 있으며 자기의 순서를 몰라 이리저리 방황하는 학습자의 위치를 협동적으로 보정해 주는 활동을 통해 학습자들 사이의 친밀감이 형성되기도 하여 더 오래 기억에 남는 활동이 될 수 있다.

또한 이 활동은 전체 학습자를 두 그룹으로 나누어 한 그룹이 먼저 앞에 나가서 이런 활동을 하고 다른 그룹이 그 활동을 지켜보며 코치를 하게 하고, 또 다른 그룹이 같은 활동을 하는 것을 다른 한 그룹이 지켜보면서 코치하게 하는 방식으로 진행하는 것도 좋다. 동일한 자료를 가지고 해도 다시 한 번 확인하는 과정이 되므로 의의가 있으며, 동일한 자료가 지루해질 우려가 있을 때는 유사한 다른 자료로 대치해도 좋다. 이 활동은 주로 서사적인 텍스트나 일과, 일의 진행 과정, 요리 순서 등 절차적 텍스트를 듣기 자료로 활용할 때 효과적인 활동이다.

⟨6-1⟩ 그림 순서 맞추기 활동 답안지

들려주는 이야기를 잘 듣고 다음 그림을 민수 씨의 행동 순서에 맞게 번호를 써 넣으십시오.

백화점 (　)	회의 (　)	자료실 (　)	복사 (　)	그래프 작업 (　)
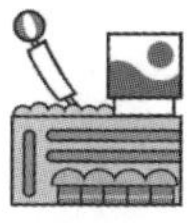				
맥도널드 (　)	벤치 (　)	연극 (　)	와인 (　)	목걸이 (　)
	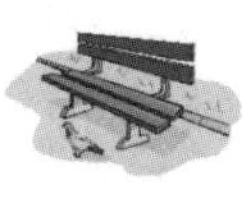			

(6-2) 그림 순서 맞추기 활동 문제지(녹음용)

〈듣기 지문〉
민수 씨는 오늘 회사에서 많은 일을 했습니다. 아침에 회의, 점심 식사 후에는 자료실에 가서 문서 찾기, 복사하기, 그리고 퇴근 때까지 영업 실적 그래프 완성하기 작업을 했습니다. 퇴근 후 현정 씨와 연극을 보기로 했기 때문에 더 마음이 급했습니다. 시간에 늦지 않게 맥도널드에 가서 간단히 먹을 햄버거를 사서 극장 앞 벤치에 앉아 현정 씨를 기다렸습니다. 그런데 오늘은 현정 씨의 생일입니다. 그래서 어제 저녁 퇴근길에 이미 백화점에 가서 예쁜 목걸이를 사 두었답니다. 연극이 끝나고 멋진 레스토랑에 가서 와인을 한 잔 하고 나서 민수 씨는 현정 씨 목에 목걸이를 걸어 주었습니다.

6.5. 단어 게임

어휘는 말하기, 듣기, 읽기, 쓰기 어떤 분야에서도 그 중요성이 강조된다. 듣기에서 역시 어휘 자체를 많이 아는 것이 듣기 능력에 기여하지만 반대로 어휘에 대한 설명을 "듣는" 활동 자체도 의미가 있으므로 단어 게임은 듣기 활동에서 일거양득의 효과를 준다. 먼저 학습자가 머릿속에 한 단어를 떠올리고 그것에 대하여 단계적 질문을 해 나가는 교사의 질문을 들으며 간단하게 '예/아니요'로 답하는 방식으로 활동을 진행한다. 좀 더 광범위한 설명에서 시작하여 핵심적인 단어로 접근해 간다. 말하자면 상위 범주나 유개념의 설명에서 해당 어휘에 대한 설명으로 범위를 좁혀 나가는 방식이다. 이는 흔히 스무고개 게임이라고 불리기도 하나 스무 개는 다소 많은 경향이 있으므로 열 개 이내의 질문으로 하는 열 고개 게임 정도가 좋다.

이 활동은 어휘의 수준 및 설명 내용에 따라 초급에서 고급까지 두루 활용할 수 있으며 학습자의 능동적 참여를 이끌어 낼 수 있다는 점이 장점이다. 또한 교사와 함께가 아니라 학습자들을 둘씩 짝 활동으로 하게 하고 다른 학습자들은 옆에서 참관하며 보조하는 방식으로 진행하는 것도 한 방법이다. 또 서너 명의 소그룹으로 나누어 한 명이 술래가 되고 다른 사람들이 협동적으로 질문하여 정답에 도달하도록 하는 방식으로 진행해도 된다.

(7) 열 고개 단어 게임 연습지

학습자1: 물건입니까?
교사 또는 술래 학습자: 네.
학습자2: 우리 근처에서 볼 수 있나요?
교사 또는 술래 학습자: 네.
학습자2: 쉽게 볼 수 있나요?
교사 또는 술래 학습자: 아니요.
학습자3: 지금 이 교실 안에 있나요?
교사 또는 술래 학습자: 네.
학습자3: 많이 있나요?
교사 또는 술래 학습자: 아니요.
학습자1: 그럼 한 개만 있나요?
교사 또는 술래 학습자: 아니요.
학습자2: 큽니까?
교사 또는 술래 학습자: 아니요.
학습자3: 손에 들 수 있습니까?
교사 또는 술래 학습자: 네.
학습자2: 선생님께서 많이 쓰십니까?
교사 또는 술래 학습자: 네.
학습자1: 지금 이 교실에 두 개 있나요?
교사 또는 술래 학습자: 네.
학습자1: 칠판지우개.
교사 또는 술래 학습자: 맞습니다.

6.6. 듣고 행동하기

교사가 학습자에게 말로 특정의 지시를 내리면 학습자가 그 말을 듣고 행동으로 수행하는 활동이다. 초급에서는 간단한 문장 하나를 들려주는 것으로 시작한다. 그리고 급수가 높아질수록 여러 문장으로 복잡한 지시를 내려 그것을 듣고 행동하도록 활동을 구성한다. 이 활동은 전체 학습자를 대상으로 하여 동시에 진행할 수도 있고, 소그룹으로 나누어 활동할 수도 있으며 개별 학습자를 대상으로 각각 하는 활동으로 진행할 수도 있다. 전체 학습자들이 동시에 활동에 참여할 경우 행동 수행이 들은 내용과 일치하는지 여부를 학습자 전체가 판단하여 평가하도록 하는 활동도 포함해서 진행한다. 소그룹 활동의 경우 이웃 그룹의 활동을 참관하여 평가하는 활동으로 이어서 진행할 수도 있다. 개별 학습자를 대상으로 할 경우 활동 후 짝을 지어 평가하게 하는 방식으로 응용할 수도 있다.

또한 행동을 지시하는 발화를 할 때, 그 발화 자료를 미리 교사가 준비하여 학습자들이 번갈아 가면서 말하여 다른 학습자들에게 들려주도록 구성할 수도 있고, 안내 방송과 같은 외부의 음성 자료를 미리 준비하여 교사가 전체 학생들에게 들려준 후 그 안내 방송에 따라 행동하도록 유도할 수도 있다. 활동의 재미를 더하려면 여러 가지 주제의 행동 지시 내용이 담긴 카드를 만들어 두고 학습자들로 하여금 무작위로 카드를 뽑게 하여 학습자가 스스로 뽑은 카드에 적힌 행동 지시 대사를 읽음으로써 다른 학습자에게 행동하게끔 하는 활동으로 진행할 수도 있다. 또 그 카드의 내용을 교사나 다른 학습자가 읽어 주고 카드를 뽑은 사람이 그에 맞는 행동을 하도록 하는 방법으로 진행할 수도 있다. 또 이미 몇 가지 행동을 지시하는 내용이 담긴 음성 자료를 번호를 매겨서 준비해 두었다가 학습자가 번호를 선택하면 그 음성 자료를 들려주어 행동에 옮기게 하는 활동으로 진행할 수도 있다.

이렇게 몸으로 하는 활동은 직접적이므로 주로 아동이나 초급 단계의 학습자에게 적합한 활동으로 간주된다. 그러나 몸을 움직이는 활동은 뇌를 각성시키고 지루함을 쫓는 효과가 있으므로 중·고급 단계에서도 얼마든지 활용할 수 있다. 듣기 자료의 수준만 학습자의 수준에 맞게 한다면 어느 단계에서나 가능하며 효과적인 활동이다.

(8) 듣고 행동하기 활동지

> 명령문과 위치 표현에 이용되는 단어를 배운 후 할 수 있는 게임
> (학습자에게 각종 지시를 들려준다. 학습자가 그에 따라 행동한다. 교사는 미리 적절한 곳에 사물들을 배치해 놓는다.)
>
> 〈듣기 지문〉
> ① 교실 앞으로 나와서 칠판의 왼쪽에 자기 이름을 쓰세요.
> ② 교실 뒤로 가서 맨 뒤의 의자 아래에 있는 가방을 가져오세요.
> ③ 앞에서 두 번째, 왼쪽에서 세 번째 자리에 있는 공책을 뒤에서 네 번째, 오른쪽에서 첫 번째에 앉은 사람에게 주세요.

6.7. 듣고 완성하기(빈칸 채우기)

듣기 텍스트를 문서로 제시하되, 군데군데에 빈칸이 들어 있는 형태로 제시하고, 듣기 자료를 들으면서 빈칸을 채워 완성하게 하는 활동이다. 특별한 준비물도 필요 없고 깊이 고안할 것도 없어 전통적이며 가장 널리 사용되는 손쉬운 활동으로, 정확성을 요구하는 상향식 이론을 바탕으로 한다. 이 활동 역시 텍스트의 성격에 따라 학습 단계에 관계없이 두루 활용할 수는 있으나, 사실적 내용을 제대로 들을 수 있는지를 확인하는 데에 주목적이 있으므로 특히 초급에서 많이 활용된다.

이 경우 그림, 지도, 표를 보조적 자료로 주어 단지 청각적 정보에만 집중하지 않고 우뇌를 동시에 활용할 수 있도록 고안하면 더욱 효과적이라는 보고도 있다. 그림 등 시각 자료를 이용하면 청각적으로 들려오는 내용에 대한 전반적인 이해도를 높일 수 있고 듣기 자료에 들어 있는 수치 등을 보여 주는 표나 그

래프 등이 시각 자료로 제시되었을 때는 그 자료 또한 하나의 단서가 될 수 있기 때문에 훨씬 더 선명하게 이해할 수 있다. 이는 일반적으로 TV 뉴스 등에서도 사건 보도에서 어떤 현장 사진이나 그림 등 시각 자료를 함께 제시한다든지 달성 수치나 통계 자료 등을 보도할 때 도표나 그래프 등을 함께 제시한다든지 하는 경우와 그 목적이 같다. 그러므로 듣기 활동에 있어서 시각 자료의 보조적 활용은 실제성의 원칙과도 부합된다.

(9−1) 듣고 완성하기 답안지

> 들려주는 내용을 잘 듣고 다음 빈칸에 알맞은 내용을 채우십시오.
>
> (　　) 주소는 (　　)에 이름을 붙이고, (　　)에는 건물 (　　)를 붙여서 써요. 도로명 주소는 (　　)은 (　　), (　　)은 (　　)이고 건물 번호 사이는 (　　)미터, 건물 사이의 거리는 (　　)미터예요. 이것만 알면 처음 가 보는 곳도 잘 찾을 수 있어요. 국립한글박물관 주소는 서울특별시 용산구 (　　) 139예요. 서빙고로가 (　　) 곳에서부터 1,300미터에 있는 (　　) 건물이란 것을 알 수 있어요.

(9−2) 듣고 완성하기 문제지(녹음용)

> 〈듣기 지문〉
>
> 도로명 주소는 도로에 이름을 붙이고, 건물에는 건물 번호를 붙여서 써요. 도로명 주소는 왼쪽은 홀수, 오른쪽은 짝수이고 건물 번호 사이는 10미터, 건물 사이의 거리는 20미터예요. 이것만 알면 처음 가 보는 곳도 잘 찾을 수 있어요. 국립한글박물관 주소는 서울특별시 용산구 서빙고로 139예요. 서빙고로가 시작되는 곳에서부터 1,300미터에 있는 왼쪽 건물이란 것을 알 수 있어요.
>
> 자료 출처: 『다문화 가정과 함께하는 즐거운 한국어 초급 2』 15과, 163쪽 일부 변형

그러므로 가령 위 (9)의 빈칸 채우기에서도 도로명 주소 표지판을 사진으로 보여 주는 것이 좋다. 그럴 경우 표지판을 본 적이 있는 사람의 배경지식은 더 많이 활성화될 것이고 그렇지 않은 사람이라 하더라도 듣기 자료의 내용을 시각적으로 보여 주므로 활동에 도움이 될 것이다.

7. 듣기 활동 (2)
– 중·고급

이 장에서는 6장에 이어 실제 교실에서 활용할 수 있는 중급 및 고급 수준의 듣기 활동 유형을 살펴보도록 하겠다. 난이도를 조절하여 초급 수준에서도 활용할 수 있는 활동들도 포함되어 있으나 중·고급에서 좀 더 유용하게 활용할 수 있는 활동들을 중심으로 기술한다.

7.1. 초분절적 요소의 식별 연습

음소의 기본적인 식별 연습은 초급 단계에서 이루어지지만 초분절적 요소, 즉 억양이나 강세, 고저, 장단 등에 대한 연습은 중급 이상의 학습자를 대상으로 할 수 있는 활동이다. 동일 어휘로 이루어져 문장의 형태는 같지만 억양이나 강세 등이 다른 두 가지를 들려주고 그 의미가 같은 것인지를 판단하도록 하는 활동을 해 본다.

(1-1) 강세 식별 연습 답안지

다음 두 문장의 의미가 같으면 동그라미(○), 다르면 가위표(×)를 하세요. 1) (　　)　　　　　　　2) (　　)

(1-2) 강세 식별 연습 문제지(녹음용)

〈듣기 지문〉 1) 영희가 **학**교에 갑니다. / 영희가 학교에 **갑**니다. 2) 철수가 어디 **가**나요? / 철수가 어**디** 가나요?

(1-2)에서 굵은 글씨로 된 부분은 강세를 두어 강하게 발음하는 부분이다. 1)의 경우는 어디에 강세를 두어도 서로 의미가 달라지지 않는 데 비해 2)는 강세의 위치에 따라 문장의 의미가 달라진다. 즉, 앞 문장은 판정 의문문으로서, 가는 장소의 이름을 묻는 질문이 아니라 단지 어딘가를 가는지 그렇지 않은지에 대한 질문이다. 따라서 '예' 혹은 '아니요'의 대답만이 요구되는 데 비해 뒤 문장은 설명 의문문으로서, '학교', '도서관', '회사' 등 목적지나 행선지에 대한 대답을 요구하는 물음이고 그에 따라 장소명으로 대답해야 한다는 차이점이 있다.

이와 같이 강세에 따라 문장의 의미가 달라지는 예문들을 더 많이 제공해 주고 그 의미가 강세와는 관계가 없는 문장들과 대비시켜 보게 하는 활동을 통해 학습자들이 실제 한국 사회에서의 의사소통 상황에서도 적절하게 대응할 수 있는 능력을 키울 수 있다. (1)의 변형으로 다음 (2)와 같은 답안지를 이용할 수도 있다.

(2-1) 강세 식별 연습 답안지-응용편

다음 지문을 잘 듣고 알맞은 대답을 고르십시오. 이때 질문에서의 강세의 위치를 잘 듣고 대답을 고르십시오.

1) ① 예 ② 아니요 ③ 도서관에 ④ 운동장에

2) ① 예 ② 아니요 ③ 도서관에 ④ 운동장에

이때 문제지도 (2-2)와 같이 조금 달라진다. 즉, 1)과 같이 가는 곳을 묻는 경우에는 장소를 고르고 이동 여부만을 묻는 2)의 판정 의문문에 대해서는 '예/아니요'의 응답을 골라야 하는 활동이다.

(2-2) 강세 식별 연습 문제지(녹음용)-응용편

〈듣기 지문〉

1) 영희는 어**디**에 갑니까?

2) 영희는 어디에 **갑**니까?

7.2. 메모 및 요약하기

메모 및 요약하기는 교사로부터 들은 내용을 간단하게 메모하거나 요약하는 활동이다. 특히 요약하기는 일반적으로 글쓰기와 연계되므로 쓰기 능력을 갖춘 중급 이상의 학습자들에게 적용하기에 적합한 활동이며 듣기 활동이 아니라 듣기 후 활동으로 간주되는 경우가 많다.

그러나 완전한 요약본을 내는 것이 듣기 후 활동으로서의 요약하기라면 듣기 활동으로서의 메모 및 요약하기는 들려오는 내용을 간단히 간추려 핵심 어휘를 적거나 약호를 사용하거나 어휘 관계를 그림으로써 메모 및 요약하는 활동을 일컫는다. 이 활동은 간단한 내용을 메모하는 활동으로 진행할 경우에는 초급 단계에서도 적용이 가능하나 주로 중·고급 단계에서 진행하기에 더 적합하다. 그러나 듣기 자료의 전체적인 내용을 이해하면서 핵심 어휘를 찾아내어 적기만 하면 가능한 활동이므로 어느 단계에서나 수준에 맞는 텍스트를 선택하여 활용할 수 있다.

이 활동에 적합한 자료로는 내용 자체가 복잡하거나 사고력을 요하는 것이기보다는 유사하게 열거되는 항목이 많거나 간단한 처리 절차 등이 단계별로 여러 가지 나열되는 등의 내용을 담은 설명문 형식의 자료가 좋다.

(3-1) 메모 및 요약하기 답안지

듣기 자료를 잘 듣고 이 피부 관리실에서 시행하는 프로그램의 명칭들을 쓰십시오. 1) ____________________ 2) ____________________ 3) ____________________ 4) ____________________

(3-2) 메모 및 요약하기 문제지(녹음용)

〈듣기 지문〉

우리 피부 관리실에서는 짧은 시간 내에 건강하고 젊은 피부를 유지하기 위한 피부 관리 프로그램을 운영합니다.

먼저 여드름을 치료해 주고 여드름이 난 자리에 화농이 생기는 것을 방지해 주는 여드름 스케일링이 있습니다. 여드름 피부는 청소년층의 최대 고민입니다. 요즈음엔 여성뿐 아니라 남성도 여드름을 그냥 방치하는 것이 아니라 적극적으로 관리하고 있습니다. 많은 시간을 투자하지 않더라도 주 1회 정도의 관리를 받으시는 것만으로도 여드름 피부를 개선할 수 있습니다.

다음으로는 화이트닝 스케일링입니다. 여름철 과도하게 자외선에 노출된 피부의 톤을 한층 밝게 해 주기 위해 비타민 C의 독특한 성질을 활용하여 기미 등 얼굴에 생기는 색소를 근본적으로 개선해 줍니다. 독특한 활성분의 복합 상승 작용으로, 기미를 만드는 멜라닌의 합성을 억제하여 깨끗하고 하얀 피부를 만들어 드립니다.

주름살을 없애고 탄력과 유연성을 회복하는 것은 모든 여성의 간절한 소망입니다. 주름 스케일링은 피부의 산화 방지 작용, 주름 예방을 위한 관리 프로그램으로 피부의 탄력을 증가시킵니다. 평균 수명이 늘면서 노화된 얼굴 모습을 개선하려는 의지를 가진 분들이 많이 생겨나고 있습니다. 우리 피부 관리실의 주름 회복 및 예방 프로그램은 수술이나 보톡스 등을 이용한 급진적 치료가 아닌 꾸준한 리프팅 관리를 통한 피부 개선이라는 점에 특징이 있습니다.

또한 나이가 들어감에 따라 얼굴의 근육이 지나치게 발달하여 이중턱이 되거나 턱 근육의 지나친 사용으로 얼굴 윤곽이 더 이상 앳된 모습을 갖지 못하게 된 중노년층을 위해 윤곽 교정 프로그램도 운영하고 있습니다. 얼굴 윤곽을 V 라인으로 갸름하게 만들어 드리는 획기적인 프로그램입니다.

이러한 활동에서는 전체적인 내용을 잘 요약하여 이해하는 능력과 함께 핵심 어휘를 선별하는 능력을 키울 수 있다. 예시 활동의 모범 답안은 다음 (3-3)과 같다.

(3-3) 메모 및 요약하기 모범 답안

1) 여드름 스케일링 2) 화이트닝 스케일링 3) 주름 스케일링 4) 윤곽 교정

7.3. 내용 이해하기

내용 이해하기 활동은 전체적인 내용과 중심 내용의 이해에서부터 세부적인 내용의 이해에까지 여러 가지 유형으로 이루어질 수 있다. 내용은 텍스트가 갖는 본질적인 정보적 속성이므로 어떠한 유형의 자료에서라도 내용 이해하기 활동이 가능하고, 학습자의 수준에 따라 여러 가지 단계로 자료를 구성할 수 있다. 그러나 초급 단계에서는 긴 텍스트를 듣는 것 자체가 쉽지 않으므로 내용 이해하기 활동은 일반적으로 중·고급 단계에 적용된다. 다만 듣기 자료를 구성할 때에 학습자가 흥미를 가질 만한 내용이며 이왕이면 학습자들에게 도움이 될 만한 내용으로 구성한다면 듣기 능력을 키울 뿐 아니라 학습자들의 지식 증대에도 도움이 될 수 있는 내용을 즐겁게 학습할 수 있어 일석삼조의 효과를 거둘 수 있을 것이다.

내용 이해하기 활동에 활용할 수 있는 텍스트는 소재와 주제도 다양하지만 유형도 다양하다. 일방적 전달이나 통보 텍스트도 좋고 두 사람 이상의 대화 교대가 일어나도록 구성되어 있는 것도 좋다. 대화 교대가 있는 음성 자료인 경우에는 되도록 음색이 뚜렷한 사람들의 목소리(가령, 남녀의 대비도 좋다.)가

나오는 것이 호흡을 적절하게 조정해 주고 대화의 흐름을 이해하는 데에 도움을 줄 수 있다. 일방적 전달 텍스트에서는 한 사람의 담화가 죽 이어질 경우 자칫 학습자들이 지루함을 느낄 수도 있고 내용의 흐름을 놓칠 수도 있기 때문에 중·고급 단계라고 하더라도 내용이 단일한 주제로 집약되어 있고 길지 않은 텍스트를 선택하는 것이 좋다.

또한 내용 이해라는 것 자체가 아주 폭이 넓은 활동이어서 질문의 형식을 활용하여 학습자들이 어디에 주안점을 두고 들어야 할지를 미리 알려 주는 것이 효과적이다. 전체적인 내용을 이해할 수 있는 능력을 키울 수 있도록 제목 붙이기 등의 세부 활동을 할 수도 있고 또 전체 글을 죽 이어서 듣기보다는 세부적인 부분으로 나누어 들으면서 각 단락별로 소제목 달기 활동 같은 세부 활동을 진행할 수도 있다. 듣기 텍스트는 읽기 텍스트와 달리 시각적으로 단락이 구분되지 않으므로 단락 나누기를 쉽게 할 수 있도록 듣기 자료를 구성하는 것도 필요하다.

여러 사람의 목소리가 차례차례 등장하는 자료로 구성하면 목소리가 바뀌는 것이 일종의 단락을 구성하게 되어 각 단락의 내용을 단위별로 이해하기에 용이하다. 이렇게 사람이 바뀌는 것을 경계로 하여 내용 단락을 지어 보면서 활동을 하면 좋다. 가령, 학습자들에게 듣기 자료를 다 들려준 후 첫 번째 남자가 이야기한 내용을 요약해서 소제목을 달아 보게 한다든지 여자가 세 번째로 이야기한 내용의 핵심적인 부분을 요약해서 말하게 한다든지 하는 식의 방법으로 활동을 진행할 수 있다.

또 이 활동은 중·고급 단계의 학습자들을 중심으로 진행하기 때문에 좀 더 다양한 활동으로 변형해 볼 수도 있다. 듣기 자료에 제시된 어떤 사물의 위치를 적거나 주어진 선택지 중에서 고르게 하는 방법도 가능하고, 듣기 자료 속에는 나오지 않는 내용, 즉 자료를 들어도 즉각적으로는 알 수 없는 내용을 추론해서 답하게 하는 등의 고차원적 활동으로 진행할 수도 있다. 우선 다음 (4)는 간단하고 단순한 세부 내용 이해하기 활동의 예시이다.

(4-1) 내용 이해하기 답안지

다음은 가게에서의 대화입니다. 잘 듣고 질문에 답하십시오.

1) 손님은 장갑을 왜 샀나요? (   )

2) 어머니의 현재 나이는 몇 살인가요? (   )

(4-2) 내용 이해하기 문제지(녹음용)

〈듣기 지문〉

여자: 어서 오세요. 뭘 찾으십니까?

남자: 장갑 있나요?

여자: 가죽으로 된 것을 원하세요? 아니면 천으로 된 것을 원하세요? 요즘은 천도 잘 나와요.

남자: 가죽이 더 따뜻하지 않을까요?

여자: 가죽이나 천이나 다 따뜻해요. 다만 바람이 많이 불 때는 가죽이 바람을 막아 주니까 그런 면에서는 더 좋죠. 손님한테는 이게 잘 맞을 것 같은데요.

남자: 아니, 제가 쓸 게 아니고 저희 어머니께 선물로 사 드릴 거예요.

여자: 아, 그래요? 어머니 연세가 어떻게 되시는데요?

남자: 내일이면 예순 여섯이 되세요.

여자: 그래요? 생일 선물이신가 봐요.

남자: 예.

여자: 그럼 이건 어떠세요? 연세 있으신 분들은 가죽보다는 천을 좀 더 선호하시거든요. 가죽은 차가운 느낌이라고 싫어하시는 분들도 있어요. 색깔은 점잖은 베이지색 계통이 어떨까요?

남자: 저희 어머니는 화려한 것을 좋아하시는 것 같아요.

여자: 그럼 여기 비즈 달린 빨간색은 어떠세요? 겨울에는 빨간색이 따뜻해 보이기도 하니까요. 그리고 화려한 것을 좋아하시면 빨간색이 좋죠.

남자: 네, 그렇겠네요. 그럼, 빨간색으로 주세요.

내용 이해하기 활동은 답을 적는 방식이 아니라 ○, ×로 답하는 형식으로도 이루어질 수 있다. 숙달도가 낮을수록 ○, ×로 표기하는 형식이 더 선호되는데 중·고급 단계에서도 사실적 내용 이해를 확인하는 활동으로는 ○, ×로 답하는 간단한 활동이 유용하다. 교사는 미리 문제를 녹음한 듣기 자료를 이용할 수도 있고 읽기 텍스트로 가지고 있다가 학습자들에게 즉각적으로 읽어 줄 수도 있다. 또는 학습자들끼리 짝 활동으로 하여 한 학습자에게 읽게 하고 다른 학습자가 듣게 하는 활동으로 구성할 수도 있다. 한 사람이 읽고 여러 사람이 들으면 집중도가 떨어져서 내용 이해가 어려울 때가 많은 반면, 둘씩 짝을 지어 한 사람씩 교대로 읽고 다른 사람이 듣는 식으로 활동하면 훨씬 집중도가 높아져 이해가 쉬워지기도 한다.

○, ×로 답하는 내용 이해하기 활동에서는 일련번호가 붙은 답안지를 먼저 나누어 주어 듣는 즉시 ○, ×로 답을 적도록 해야 한다. ○, × 문제라고 해서 아주 간단한 진위 문제만 있는 것은 아니고 추론을 통해 판단해야 하는 사고력을 요하는 문제를 구성할 수도 있다. 특히 중·고급 단계에서 활용하는 경우라면 단순한 진위 판단보다는 특정 어휘, 이중 부정 표현, 생략 구문의 이해 같은 특별한 목적을 위한 활동으로 고안해 보는 것도 좋다.

(5-1) ○, ×로 답하기 답안지

> 다음은 구두 수선집에서의 대화입니다. 내용과 같으면 ○를, 다르면 ×를 하십시오.
>
> 1) 여자는 구두에 문제가 있다고 한다. ( )
> 2) 남자는 구두가 새는 원인을 찾지 못했다. ( )
> 3) 여자는 다음에 구두를 꿰매러 와야 한다. ( )
> 4) 여자는 구두를 새로 사기로 결정했다. ( )

(5-2) ○, ×로 답하기 문제지(녹음용)

〈듣기 지문〉

남자(수선공): 어서 오십시오. 어떻게 오셨습니까?

여자(손님): 구두가 물이 좀 새는 것 같아요.

남자(수선공): 비 오는 날 신어 보셨습니까?

여자(손님): 네, 어제 비 올 때 신고 나갔다가 양말까지 흠뻑 젖었어요.

남자(수선공): 어디 봅시다. 아, 여기 밑창에 틈이 생겼군요. 본드로 붙여 드릴 테니까 다음에 비 오는 날 신어 보세요. 그때도 또 물이 새면 실로 꿰매 붙여야 합니다.

여자(손님): 그럼 그때는 꿰매고 나면 완전히 괜찮아지나요?

남자(수선공): 그럴 수도 있고 그렇지 않을 수도 있습니다. 꿰매고 나서도 여전히 물이 새기도 하는데 그러면 그때는 구두를 새로 사셔야 합니다.

또 내용 이해하기 활동은 관련 없는 내용 찾기 방식으로 이루어질 수도 있다. 교사가 긴밀성(응집성) 있는 하나의 텍스트를 들려주면서 중간에 해당 텍스트의 주제와 거리가 먼 엉뚱한 이야기를 끼워 넣어 들려준다. 혹은 미리 녹음된 자료라도 좋다. 이렇게 중간에 들어간 이질적인 내용을 학습자들이 찾아내도록 하는 활동이다.

이는 반드시 듣기의 영역에만 해당되는 것은 아니고 읽기라든지 혹은 글쓰기 등에서도 글의 전체적인 흐름과 주제, 응집성 등과 관련하여 주목해 볼 만한 교육 항목이다. 듣기에서는 특히 단지 소리만을 듣는 것이 아니라 전체적인 맥락을 이해하는 담화 차원에서 이러한 활동의 필요성이 언급된다. 그러므로 이 활동은 초급 단계보다는 고급 단계로 갈수록, 또 아동 학습자보다는 성인 학습자들에게 더 유용하고 적용하기 좋은 활동이라 하겠다.

7.4. 맥락 이해하기

맥락 이해하기는 대화나 발화가 이루어지는 장소를 추론하는 활동부터 다음에 이어질 내용을 추측하기, 함축된 내용 찾기, 발화자들의 배경에 대하여 추론하기 등의 여러 가지 활동 영역을 포함한다. 이 활동은 정답이 확정되어 있다기보다 주어진 듣기 자료의 어떤 부분에서 단서를 찾아 내용을 추론하는 것이므로 학습자들 간에 혹은 학습자들과 교사 사이에 논의와 주장, 근거 제시, 의견 조정하기 등의 말하기 활동과 연계될 수 있다. 그러나 주안점은 어디까지나 듣기에 있으므로 교사는 학습자들이 듣기 자료의 어떤 부분을 어떻게 들었는지를 파악하는 데 주력해야 한다.

맥락 이해하기에 활용되는 자료가 대화 자료인 경우에는 적절한 대답 고르기도 하나의 활동으로 이루어질 수 있다. 어떤 인사말에 어떻게 응대해야 하는지, 어떤 질문에 어떻게 대답해야 하는지를 아는 것은 맥락에 대한 이해가 선행되지 않으면 불가능하므로 내용을 파악한 후 적절한 대답을 찾는 활동까지 영역이 확대될 수 있는 것이다.

(6-1) 맥락 이해하기 답안지 ①

다음을 잘 듣고 철수의 대답으로 가장 알맞은 것을 고르십시오. (　　)

① 천만에요.

② 감사합니다.

③ 새로 하나 살까요?

④ 잘 어울리지 않나요?

⑤ 다음에는 함께 골라요.

(6-2) 맥락 이해하기 문제지(녹음용) ①

〈듣기 지문〉 영희: 철수 씨, 오늘 청바지가 참 잘 어울리네요. 철수: ____________________

이와 같은 대화의 빈칸 채우기 활동도 학습자 수준별로 다양하게 선택될 수 있다. 일상적인 인사말이나 관용적으로 사용되는 문화적 표현들은 초급 단계에서 많이 이용할 수 있으며 속담이나 고도의 관용적 어구들을 활용하는 경우라면 고급 단계의 자료로 쓸 수 있을 것이다. 다음 (7)도 맥락을 통해 추론하는 활동으로 해 볼 수 있는 것이다.

(7-1) 맥락 이해하기 답안지 ②

다음 대화를 듣고 추론할 수 있는 내용으로 옳은 것을 고르시오. ① 오늘은 길이 막히지 않았다. ② 남자는 미안한 마음이 없다. ③ 남자는 사고 때문에 늦었다. ④ 여자는 남자를 오래 기다렸다. ⑤ 두 사람은 아침에 약속을 했다.

(7-2) 맥락 이해하기 문제지(녹음용) ②

〈듣기 지문〉 남자: 미안해요. 오래 기다렸어요? 여자: 40분이나 기다렸어요. 전화도 안 되고... 회사에서 무슨 일이 있는지, 혹시 오다가 사고라도 난 건 아닌지 많이 걱정했어요. 남자: 퇴근 시간인데다가 도로에 사고라도 난 건지 길이 너무 막혔어요. 정말 미안해요. 회사에서 급하게 나오느라 휴대폰을 두고 나왔지 뭐예요. 공연히 걱정하게 해서 진짜 미안해요.

7.5. 모형 및 수준별 듣기 활동

앞서 3장에서 살펴보았듯이 듣기 교육 모형으로 상향식, 하향식, 상호 작용식 모형이 있다. 각 모형의 특성에 따라 수준별로 적용할 수 있는 듣기 활동이 다른데, 이에 대해 Brown(1994/2001)에서는 다음 (8)과 같이 제시하고 있다.

(8) Brown(1994/2001)의 듣기 모형에 따른 수준별 활동

	상향식 활동	하향식 활동	상호 작용식 활동
초급	• 문장의 억양 패턴 식별하기 • 음소 식별하기 • 굴절 어미 식별하기 • 문장 어순 익히기	• 정서적 반응 식별하기 • 문장의 개요 파악하기 • 주제 파악하기	• 단어 연상 의미망 구성하기 • 비슷한 단어를 범주별로 구분하기 • 방향 찾기
중급	• 빠른 속도의 구어 인식하기 • 강세 음절 찾기 • 축약형 단어 인식하기 • 문장 속에서 연음되어 소리 나는 단어 찾기 • 발화를 듣고 세부적인 정보 찾기	• 담화 구조를 분석하여 효과적인 듣기 책략 제안하기 • 화자나 화제를 규명하며 듣기 • 주제와 모티브를 평가하며 듣기 • 요지와 관련된 세부 정보 찾기 • 추론하기	• 언어 사용역(register)과 어조 식별하기 • 회화적 표현에서 생략된 문법 요소 찾기 • 축약형이 포함된 발화의 의미 파악하기 • 맥락을 이용하여 예측하기 • 예측한 것을 확인하며 듣기 • 상향식 처리를 적용하면서 생략된 단어 찾기 • 예측한 내용과 실제 들은 내용 비교하기 • 불완전한 감각과 문화적 배경지식을 이용하여 텍스트를 보다 완전하게 이해하기

고급	• 문장 강세와 말소리의 크기에 따라 주요 정보를 찾아 메모하기 • 강의 텍스트의 문장 특징 알기 • 강의 텍스트의 조직적 단서 파악하기 • 정의를 내리는 데 사용하는 어휘와 초분절(suprasegmental) 요소 파악하기 • 구체적 정보 찾기	• 강의의 도입부를 듣고 주제와 전체적인 방향 예측하기 • 강의 원고를 읽고 다음에 올 내용 예측하기 • 강의의 단락별 주제 찾기	• 강의 내용을 상세히 들으면서 예측한 내용의 정확성 평가하기 • 강의의 일부를 듣고 기록한 세부적인 정보를 분석하여 그 부분의 요점 파악하기 • 문장의 요지를 파악하여 추론하고 평가적 진술하기 • 텍스트에 대한 지식과 강의 내용에 대한 지식을 이용하여 생략된 정보 찾기 • 텍스트에 대한 지식과 강의 내용을 이용하여 강사의 오류를 판별하고 강사가 말하고자 하는 아이디어 제공하기

상향식 모형은 음소, 어휘, 문장 구조 등 언어적 단서를 바탕으로 청각적 정보를 인식하고 의미를 구성하는 방식이다. 초급 단계에서는 음소 식별, 어휘 인식, 문장 어순 파악과 같은 활동을, 중·고급 단계에서는 조직적 단서와 초분절적 요소를 활용한 정보 탐색 활동을 활용할 수 있다.

하향식 모형은 배경지식과 담화 구조, 주제 지식 등 상위 인지 능력을 활용하여 전체 의미를 예측하고 추론하는 방식이다. 초급은 주제 추론과 화자의 의도 파악, 중급은 담화 구조 분석과 암시 정보 추론, 고급은 내용 전개 방향 예측과 숨겨진 정보 해석 활동으로 구성된다.

상호 작용식 모형은 상향식과 하향식 처리를 통합하여 언어적 단서와 배경지식을 동시에 활용하는 방식이다. 초급에서는 의미 유추와 내용 방향 파악, 중급에서는 화용적 단서와 맥락 이해, 고급에서는 텍스트 간 의미 연계와 발화 의도 분석과 같은 활동을 수행할 수 있다.

이러한 구성은 듣기 활동이 교육 모형과 학습자 수준에 따라 체계적으로 조직될 수 있음을 보여 준다. 또한 효과적인 교수-학습을 위해 인지 처리 전략과 학습자 수준의 조화가 중요함을 시사한다.

8. 타 기능과의 연계 활동

듣기 단계가 끝나고 듣기 후 단계에서는 주로 말하기, 읽기, 쓰기 등 다른 기능과 연계한 활동을 진행한다. 이는 앞서 들은 내용을 다시 확인하고, 기억 및 재생하며, 다른 내용으로 확장하게 하는 데 도움을 준다. 어떤 활동을 하는지에 따라 활동의 규모가 달라지므로 수업에서 활용할 수 있는 활동 시간에 맞추어 적절하고 효과적인 활동을 선택하거나 구성할 필요가 있다.

8.1. 듣고 말하기

듣기는 의사소통의 중심 기능이라고 할 수 있는 말하기와 아주 밀접하게 관련된다. 화자가 혼자 말하는 독백을 제외하면 말하기는 화자가 청자를 상정하고 청자에게 말을 하여 자신의 감정이나 의사를 표현한 후에 청자가 이에 대해 반응하기를 기대하는 과정이라고 할 수 있다. 그런데 만약 청자가 듣기를 제대로 하지 못하여 반응을 할 수 없게 된다면 원활한 의사소통에 실패하게 된다.

듣기를 못하는 상태에서 말하기만 한다는 것은 음성언어를 매개로 한 의사소통을 제대로 할 수 없음을 뜻한다.

따라서 듣기와 말하기는 상호 의존성을 갖는다. 흔히 듣기와 말하기를 언어 능력의 별개의 부문으로 나누어 놓지만 학습자들에게는 두 가지 기능을 하나로 묶어 연습할 기회가 주어져야 한다. 두 기능을 통합하지 않고서는 대화가 가능하지 않으며 의사소통 기능 중 가장 중요하게 다루어지는 말하기 기능의 계발에 장애가 생긴다. 듣기 수업에서는 일반적으로 듣기를 한 후 이를 이해했는지에 대해 지필 평가를 하는데 이렇게 되면 말하기가 제대로 연습이 되지 않고, 청자는 들은 내용에 대한 상호 작용을 할 수 없게 된다.

듣기에서의 성공과 말하기에서의 성공 사이에는 밀접한 관련이 있다. 도표 그리기나 대상 배열하기 같은 과제 수행에서 화자가 청자에게 음성 언어로 지시를 할 때 이전에 비슷한 과제에서 미리 청자가 되어 본 학습자들이 가장 효율적인 말하기 수행을 하였다는 실험 결과가 있다. 청자로서의 경험이 화자로서의 역할 연습보다 말하기 수행에 훨씬 더 도움이 되었다는 보고이다. 듣기 연습을 해 본 학습자가 화자가 되었을 때 청자를 고려한 효율적인 말하기를 할 수 있었다는 이러한 실험 결과는 말하기의 성공이 듣기의 성공을 전제로 함을 확인시켜 준다.

듣기와 말하기는 음성 언어를 매개로 한다는 점에서 구어적 특성을 함께 지닌다. 말하기를 하기 위해 구어적 특성을 이해해야 하는 것처럼 듣기를 잘하기 위해서도 구어적 특성을 이해해야 한다. 구어는 형태적, 통사적으로 비문법적 요소가 사용되기도 하고 휴지, 강세, 머뭇거림, 반복 등의 요소가 포함되며 이에 대한 이해가 담화 내용을 파악하는 데 주요한 실마리를 제공하는 경우가 많다. 또한 말하기와 듣기는 읽기나 쓰기와 달리 언어 외적 요소- 화자의 어조, 표정, 동작 등 -가 이해에 많은 영향을 미치므로 이를 고려할 줄 알아야 한다.

듣기는 이처럼 말하기와 밀접하게 관련되어 있고 구어를 매개로 한다는 공통점을 지니고 있기도 하지만, 듣기는 음성 언어의 이해 행위로서 담화 개입이나 속도 조절, 연습이 가능하지 않은 반면, 말하기는 표현 행위로서 임의로 담화에 개입하거나 진행 속도를 조절하거나 연습이 가능하다는 차이점이 있다.

이와 같이 듣기와 말하기가 밀접한 관련성을 가지며, 두 기능을 연계하면 음성 언어의 이해가 선행된 후 표현으로 이어지게 할 수 있다는 점에서 듣기 후 단계에서는 말하기와의 연계 활동을 가장 적극적으로 활용할 수 있다. 일상생활에서 필요한 기초 의사소통 능력 신장에 목표를 두어 구어 학습 비중이 높은 초급에서는 특히 들은 후 말하는 활동을 주로 진행하며, 가장 기본적인 듣기와 말하기 연계 활동에는 '듣고 따라 하기' 가 있다.

최근 '듣고 따라 하기' 의 일종에 해당하는 섀도잉(shadowing) 기법이 듣기 능력의 향상에 도움이 되는 방법임이 입증되어 다양하게 시도되고 있다. 섀도잉은 듣기와 말하기 능력을 동시에 향상시키기 위한 훈련 방법으로 화자의 발화를 듣는 즉시 그림자처럼 따라 하는 것을 말한다. 학습자에게 듣기 자료를 들려주면 학습자는 마치 속기사처럼 들은 내용을 바로바로 따라 적거나 아니면 노래 따라 부르기처럼 바로바로 따라 말하는 등의 활동을 하게 된다. 그런데 실제로 이런 활동을 해 보면 바로바로 따라 적는 활동은 실제 발화의 속도로 이루어진 자료라면 모어 화자의 경우에도 매우 어려운 작업이다. 실제 테스트 결과 바로바로 정확하게 적을 수 있는 분량은 10~15%에 지나지 않으며 7~8회 들려주어도 완벽한 적기에 도달하기 어렵다. 따라서 최근에는 듣기 지문을 함께 제공해 주어 들려오는 내용을 눈으로 보면서 따라 말할 수 있도록 하는 방법이 고안되고 있다.

이 외에도 듣기 후 단계에서 활용할 수 있는 말하기 연계 활동으로 역할극, 인터뷰, 토론 등이 있다.

8.2. 듣고 읽기

듣기와 읽기는 이해 기능이란 면에서 공통점을 갖는다. 모어의 경우 듣기 및 말하기 기능은 읽기 교육이 시작되기에 앞서 성공적으로 달성된다. 듣기 능력이 뛰어난 학습자는 보통 읽기 능력도 높고 듣기 능력이 부족한 학습자는 읽기 능력도 모자란다고 한다. 제2 언어의 듣기와 읽기의 관련성에 대한 증거는 제1 언어에 비해서는 분명하지 않은데 Brown & Hayes(1985)는 일반적으로 듣기와 읽기가 관련성이 있지만 어떤 특정한 학습자 집단–영어를 배우는 일본인 학습자들–에서는 듣기보다 읽기에서 수행을 더 잘하는 경향이 있다고 하였다. 제2 언어 교육을 할 때 구어보다는 문어 중심의 수업을 한 결과로 이해할 수 있겠다.

듣기와 읽기 수행은 정보 처리 과정에 있어 비슷한 점을 보인다. 인지심리학적 관점의 정보 처리 과정에 근거하여 분류한 상향식 과정, 하향식 과정, 상호작용적 과정의 구분은 듣기와 읽기에 모두 적용될 수 있으며, 듣기 수업 활동을 듣기 전 활동–듣기 활동–듣기 후 활동으로 나누고 듣기 전 활동에서 스키마 형성을 위한 활동을 하는 것은 읽기 수업 활동에서도 마찬가지로 적용된다. 이는 듣기와 읽기가 구어와 문어를 매개로 한다는 점에서는 다르지만 둘 다 이해 과정이라는 공통점이 있기 때문이다.

이와 같이 듣기와 읽기는 같은 이해 기능이지만 음성 언어, 문자 언어라는 매개 언어의 차이점으로 인하여 서로 다른 특성을 갖는다. 예를 들어 읽기는 되돌아가기가 가능하나 듣기는 가능하지 않으며 읽기는 여러 번 읽는 것이 가능하나 듣기는 녹음 자료가 아니라면 일회적이라는 차이가 있다.

한편 활동 수행의 측면에서 듣기는 이해 영역에 해당하므로 듣기 후 단계에서는 주로 말하기, 쓰기와 같은 산출 중심의 활동이 이루어지지만 그렇다고 해서 듣기 후 단계에서 같은 이해 영역에 속하는 읽기 활동을 진행할 수 없는 것은 아니다. 들은 내용과 관련한 추가 자료를 읽음으로써 주제에 대한 이해도를 높일 수 있고, 듣고 읽은 자료를 종합하여 추가적인 활동을 진행할 수도 있다. 그러나 읽기 역시 말하기나, 특히 쓰기와 같은 표현 영역의 활동으로 이어진다는 점에서 듣기 후 활동으로 읽기 자료만 선택하게 되면 학습자의 이해도를 폭넓게 점검하기 어렵고 이해 영역 활동의 연쇄로 학습자가 지루해할 수도 있다. 따라서 듣기 후 읽기 활동을 진행하게 된다면 간단하게라도 산출 활동을 함께 진행하는 것이 좋다.

8.3. 듣고 쓰기

듣기는 이해 활동이고 쓰기는 표현 활동이며, 듣기는 음성 언어, 쓰기는 문자 언어를 매개로 한다는 점에서 둘의 관계는 다른 영역 간의 관계만큼 밀접하지 않다고 생각할 수 있다. 그러나 듣기 활동 중에 과제로 부여할 수 있는 쓰기는 학습자의 듣기 수행 및 성공 여부를 판단할 수 있는 장치가 될 수도 있고, 듣기 능력과 쓰기 능력을 결합하여 교수하는 방법은 두 영역의 통합 능력을 기를 수 있다는 점에서 유용하다.

듣기 활동과 쓰기 활동을 연계한다고 할 때 쓰기는 '듣기 후 활동으로서의 쓰기'를 들 수 있다. 들은 내용을 글로 요약하거나 들은 내용을 근거로 자기 의견을 쓰거나 하는 듣기 후 활동으로서의 쓰기는 음성 언어를 문자 언어로 전환하여 표현하는 활동이지만 단순히 들은 음성을 그대로 문자로 받아 적는 받아쓰기와는 차원이 다르다. 귀를 통해 음성으로 들려와 머릿속에서 해독(decoding)된 내용을 다시 문자를 매개로 의미로 형성해 나가는 과정이다. 그러므로 이때 의미의 해석과 재편성이 일어난다.

듣기와 연계된 가장 초보적인 단계로는 '받아쓰기'를 들 수 있는데, '받아쓰기'는 주로 초급 단계에서 자음과 모음, 음운 변화를 일으킨 단어 등을 제대로 식별하고 인식하여 문자화할 수 있는지를 평가하는 가장 손쉬운 방법이다. 받아쓰기는 듣기와 쓰기가 거의 동시에 통합적으로 이루어지는 활동이라는 점에서는 듣기 후 활동으로서의 쓰기에 비견될 수 있으나 그 심도에서는 확연히 구별되는 활동이라 하겠다.

받아쓰기도 학습자의 단계가 높아지면 단어나 짧은 길이의 문장에서 벗어나서너 문장 이상의 듣기 텍스트를 주고 중간중간의 빈칸에 주요 어휘나 표현, 문법 요소를 채워 넣는 '듣고 빈칸 채우기' 활동으로 변형하여 진행할 수 있다. 듣고 빈칸 채우기는 표준적인 읽고 빈칸 채우기와는 두 가지의 중요한 구조적 차이가 있다. 표준적인 읽고 빈칸 채우기가 매 n 번째 오는 모든 단어를 빈칸으로 처리하는 것과 달리 듣고 빈칸 채우기는 측정 목표에 비추어 단어나 어구를 비워 둔다. 또 듣고 빈칸 채우기에서는 일반적으로 실제로 들려준 단어나 어구만을 정답으로 받아들이는 정확한 단어 채점법을 사용해야만 하며, 의미적으로 가능하다고 하더라도 실제로 들려준 것과 완전한 동형의 단어나 표현이 아닌 경우에는 오답으로 처리한다. 듣고 빈칸 채우기의 목표는 듣기 이해 여부를 평가하는 것이지 문법이나 어휘 예측 능력을 평가하는 것이 아니기 때문이다.

영어에서는 받아쓰기(dictation) 시험에 일정한 패턴이 있는데, 일반적으로 50~100 단어로 이루어진 글을 세 번 들려주고 쓰게 하는 방식이다. 처음에는 정상 속도로, 두 번째는 어구나 의미 단위 사이에 간격을 길게 주면서, 그리고 마지막으로 다시 한 번 정상 속도로 들려준다. 수험자는 처음 들려줄 때 요점 이해를 목표로 듣고, 두 번째는 들은 내용을 받아쓴다. 느린 속도와 휴지는 받아쓰기에 직접적인 도움이 된다. 그리고 마지막으로 들려줄 때 수험자는 자신이 받아 적은 내용을 확인하며 틀린 부분을 고치게 된다.

받아쓰기는 문법 지식과 담화 지식을 전제로 하고 듣기와 쓰기를 통합하기 때문에 외국어 교육에 자주 활용되는데 한국어 교육에서는 그리 선호되는 방식이 아니다. 들은 내용을 똑같이 받아 적어야 하기 때문에 능동적이어야 하는 청자가 수동적으로 되기 쉬우며, 정교함이 요구되기 때문에 매 시간마다 받아쓰기를 하게 되면 자칫 학습 의욕이 떨어질 위험도 있다. 그리고 텍스트의 길이가 길어질수록 정확한 받아쓰기에 소요되는 시간이 너무나 길다. 정형화된 표현이 많은 언어는 받아쓰기가 비교적 용이할 수 있으나 한국어는 다양한 변이형들이 많이 존재하는 언어로서 들은 내용을 바로바로 받아쓰는 속기형 받아쓰기에 적합한 언어라고 보기 어렵다.

전통적인 받아쓰기를 확장한 유형의 활동으로 '딕토글로스(dictogloss)'와 '딕토콤프(dicto-comp)'가 있다. 활동의 명칭에 포함된 '딕토'에서 알 수 있듯이 두 활동은 모두 '받아쓰기(dictation)'를 기반으로 한 것으로, 교사가 들려주는 이야기를 듣고 그 내용을 바로 글로 쓰는 작문 교육 활동이자 듣기와 쓰기의 통합 활동이다.

딕토글로스는 교사가 보통의 발화 속도로 들려주는 텍스트를 2회 정도 메모하며 들은 후, 학습자들 간의 그룹 활동을 통해 들은 내용을 서로 견주어 가며 원문을 재생산하는 활동이다. 이 활동은 의미 중심 형태 집중(focus on Form,

FonF) 기법의 하나로 학습자들이 텍스트 재생산을 위해 의사소통하는 과정에서 문법 항목에 주의를 집중하게 되어 문법 항목의 정확성을 높이는 데에 목표를 둔 활동이다. 따라서 목표 학습 내용이 되는 문법 항목의 노출이 많은 텍스트를 활용하여 활동을 실시한다.

딕토콤프 역시 교사가 보통의 발화 속도로 들려주는 텍스트를 2~3회 듣고 재구성하는 것을 궁극적인 목표로 삼으나, 이 활동은 작문 능력 향상을 위해 일종의 모방을 활용하는 방식이다. 딕토콤프는 단순히 텍스트를 그대로 받아쓰는 활동이 아니라 들은 내용을 바탕으로 하나의 완결성 있는 텍스트를 재구현하는 것이다. 이때 교사는 핵심어나 표현, 담화 표지 등을 제공하는데, 학습자는 들은 내용에서 주어진 언어 표현들을 활용하여 내용을 재구현하며 의미를 이해했으나 정확한 표현이 기억이 나지 않는 부분은 맥락에 맞게 자신의 언어를 사용하여 재구성한다. 이러한 과정을 통해 실제 작문과 유사한 과정을 거치게 된다. 즉, 듣고 원문을 구현하는 부분은 받아쓰기의 형식을, 기억이 나지 않는 부분을 재구성하는 과정은 작문의 형식을 취하는 것이다.

딕토글로스는 문법 항목에 초점을 두어 원문을 그대로 재구현하는 통제적 쓰기 활동에 속한다. 딕토콤프 또한 원문을 재구성한다는 측면에서 통제적이기는 하나 주어진 표현 혹은 자신의 언어를 활용하여 맥락과 의미 중심으로 텍스트를 구현하므로 유도된 쓰기 활동에 속한다고 볼 수 있다. 특히 딕토콤프는 활동 절차의 특성상 텍스트에 대한 이해를 기반으로 내용 및 구조를 파악하여 쓰기와 연관 짓게 되므로 효과적인 듣기 및 쓰기 결합 교육 방안이라 할 수 있으며, 두 기능에 모두 긍정적인 효과를 미칠 수 있는 통합 활동이라 할 수 있다. 딕토글로스는 다른 학습자와의 그룹 활동이 포함되어 있어 말하기 기능까지 신장시킬 수 있는 기능 통합 활동이다.

딕토글로스와 딕토콤프의 절차적 유사성으로 인해 일부 학자들은 두 활동을 동일한 것으로 간주하기도 하나 딕토글로스는 문법 형태로의 집중에, 딕토콤프는 통합적인 작문 능력 향상에 초점을 두므로 활동의 목표가 엄연히 다르다. 좀 더 자세히 말하면, 교육 흐름이 변화하면서 기존과 달리 딕토콤프에서도 메모를 허용하거나 그룹 활동을 추가하는 등 활동 운영 방식이 딕토글로스와 유사하게 변한 측면이 있으므로 두 활동이 절차상 차이를 가진다기보다는 교육 목표에 차이가 있는 것으로 구분하는 것이 더 적절하다. 딕토글로스와 딕토콤프의 차이를 간단히 정리하면 다음과 같다.

(1) 딕토글로스와 딕토콤프의 차이점

딕토글로스	딕토콤프
• 통제적 쓰기 활동 • 문법 항목의 정확성 신장 목표 • 목표 문법 항목이 반복적으로 노출되는 텍스트 활용 • 메모 가능, 학습자 간 그룹 활동 진행	• 유도된 쓰기 활동 • 의미와 맥락 중심의 작문 능력 향상 목표 • 내용적으로 완결성 있는 텍스트 활용 • 글의 개요, 핵심어, 담화 표지 제공

한편, 듣기와 쓰기의 연계 활동은 학문 목적 학습자들에게 더 필요하고 유용한 활동이라 할 수 있다. 강의를 들으며 필기하고 보고서나 시험 답안을 써 내는 등의 활동이 학문 목적 학습자들에게 필수적이기 때문이다. 듣기와 쓰기는 순서를 달리하여 '쓰기 → 읽기 → 듣기'의 순으로 연결하여 수업에 응용하기도 한다. 학습자가 어떤 주제에 대해 쓴 자료를 여러 사람 앞에서 읽게 되면 쓰기 자료가 듣기 자료로 전환이 된다. 이러한 듣기와 쓰기의 연계 활동은 학부나 대학원에 진학하여 수업에서 발표의 기회가 많은 학생들에게 매우 유용한 활동이 될 수 있다. 수업 중에 이루어지는 대부분의 발표는 발표 원고를 미리 써서 다른 학생들 앞에서 읽는 활동이 되며 문어가 구어 형식으로 구현되므로 듣기 활동의 자료가 되기 때문이다.

이렇게 언어의 네 가지 기능은 서로 연계되어 있어 그 기능들 간의 경중을 가릴 수는 없지만 듣기는 네 가지 기능 중에 가장 원초적으로 이루어지는 활동이라는 점에서 중요성이 크다. 문어는 2차 언어이고 구어는 1차 언어라는 점에서 듣기는 구어 영역에 속하며, 구어 영역 중 듣기는 이해 영역이고 말하기는 표현 영역이라는 점에서 이해 영역에 속하는 듣기가 더 원천적으로 이루어져야

만 한다는 특성이 있다. 그러나 네 가지 기능이 각각 완전히 독립적일 수는 없기에 네 영역의 활동이 연계되는 것이 필요하다.

9. 듣기 수업의 실례

앞서 3장에서 살펴본 바와 같이 듣기 수업은 크게 '듣기 전 단계–듣기 단계–듣기 후 단계'의 세 단계로 나눌 수 있다. 여기에서는 듣기 수업의 단계별 구성 예시를 초급과 중·고급으로 나누어 제시하도록 하겠다. 초급 수업 예시에는 『서울대 한국어 2A』, 중·고급 수업 예시에는 『이화한국어 4』에 제시된 듣기 텍스트를 활용하였다.

9.1. 초급 수업의 실례

어휘와 문법 등을 교수–학습한 후 진행하는 초급 수준의 듣기 수업 예시는 다음과 같다. 듣기 전 단계에서는 주제에 대해 묻고 답하는 활동을 통해 학습자의 배경지식을 활성화하고, 동기를 부여하거나 흥미를 유발한다. 이때 사진이나 그림 자료 등을 적극적으로 활용할 수 있다. 또한 듣기 텍스트를 통해 접하게 될 새로운 핵심 어휘나 표현을 미리 학습하여 이해를 돕는다. 듣기 단계에서는 3회 내외의 반복 듣기를 통해 주요 내용에서부터 세부 정보에 이르기까지 점차적으로 내용을 파악하며, 이해를 확인하기 위한 활동을 함께 진행한다. 듣기 후 단계에서는 듣기 텍스트에서 학습한 내용을 기반으로 다른 언어 기능과 연계하여 학습을 확장한다.

〈수업 개요〉

- 단원: 『서울대 한국어 2A』 2과
- 단원 주제: 취미
- 기학습 어휘: 취미, 정도 부사
- 기학습 문법: V-는 것, V-(으)ㄹ 줄 알다[모르다], V-(으)ㄴ N, A/V-지 않다
- 듣기 수업 주제: 동호회 활동에 대한 대화 듣기

❶ 듣기 전 단계(10분)

- 인사를 나누고 필요시 전 시간에 배운 내용을 간단하게 복습한다.
- 취미에 대해 묻고 답하며 배경지식을 활성화한다.

T: 취미가 뭐예요?

T: 여러분은 취미가 있어요?

여러분의 취미는 뭐예요?

- 여러 취미 활동에 대한 그림이나 사진 자료를 제시한다.

- 동호회에 대해 설명하고 질문하며 배경지식을 활성화한다.

T: 동호회를 알아요?

T: 동호회를 들어 본 적이 있어요?

T: 여러분도 동호회 활동을 해 봤어요?

무슨 동호회 활동을 해 봤어요?

- 듣기 전에 알아야 할 핵심 어휘와 표현을 제시한다.

❷ 듣기 단계(20분)

- 3회 내외의 반복 듣기를 통해 내용을 점진적으로 파악한다.
- 듣기 내용을 파악하는 데에 길잡이가 되어 줄 수 있는 질문을 제시하여 학습자들이 목적을 가지고 집중적으로 들어야 할 정보를 알 수 있도록 돕는다.

T: 여자와 남자 두 사람이 이야기해요. 무엇을 이야기해요? 잘 들으세요.

〈듣기 지문〉 – 듣기2

여: 민수 씨, 이번 주말에 뭐 해요? 시간이 있으면 같이 영화 봐요.

남: 아, 미안해요, 유진 씨. 저는 이번 일요일에 기타 동호회에 가요.

여: 기타 동호회요? 와, 민수 씨 기타 잘 쳐요?

남: 아니요, 조금 칠 줄 알아요. 관심 있으면 유진 씨도 같이 가요.

여: 저도 가고 싶지만 기타를 칠 줄 몰라요.

남: 괜찮아요. 저도 동호회에서 처음 배웠어요. 가면 좋은 친구들도 만날 수 있어요.

여: 그럼 같이 가요. 그런데 그 기타 동호회 이름이 뭐예요?

남: '소리사랑'이에요.

여: 일요일 몇 시에 모여요?

남: 오후 2시에 강남역 앞에 있는 연습실에서 모여요.

여: 모임에 오는 사람이 많아요?

남: 보통 열다섯 명쯤 와요. 아, 그리고 회비는 한 달에 만 원이에요.

여: 알겠어요. 그럼 일요일에 만나요.

(출처: 『서울대 한국어 2A』 2과, 260쪽)

• 1차 듣기: 개괄적인 내용 파악

– 전체 내용을 들으며 개괄적으로 내용을 파악하게 한다.

– 교사의 간단한 질문을 통해 내용 파악 여부를 확인한다.

T: 누구와 누구의 대화예요? (민수, 유진)

T: 민수 씨는 이번 주말에 뭐 해요? (기타 동호회에 가요.)

T: 유진 씨는 기타를 칠 줄 알아요? (아니요.)

• 2차 듣기: 핵심적인 내용 파악

– 교재에 제시된 문제를 풀고 정답을 확인한다.

듣기2 잘 듣고 질문에 답하세요. track 19

Listen carefully and answer the following questions.

1) 맞는 것을 고르세요.

① 여자는 기타를 못 칩니다.

② 동호회 연습실은 학교에 있습니다.

③ 두 사람은 오늘 동호회에 가려고 합니다.

2) 빈칸에 알맞은 답을 쓰세요.

동호회 이름	소리사랑
모임 시간	______요일 오후 ______시
회비	____________________원

(출처: 『서울대 한국어 2A』 2과, 58쪽)

• 3차 듣기: 세부적인 내용 파악

– 아래와 같은 활동지를 활용하여 텍스트를 들으며 빈칸 채우기 활동을 진행하고 정답을 확인한다.

여: 민수 씨, 이번 주말에 뭐 해요? 시간이 있으면 같이 __________.
남: 아, 미안해요, 유진 씨. 저는 이번 일요일에 기타 동호회에 가요.
여: 기타 동호회요? 와, 민수 씨 기타 잘 쳐요?
남: 아니요, 조금 칠 줄 알아요. __________ 유진 씨도 같이 가요.
여: 저도 가고 싶지만 기타를 __________.
남: 괜찮아요. 저도 동호회에서 처음 배웠어요. 가면 좋은 친구들도 만날 수 있어요.
여: 그럼 같이 가요. 그런데 그 기타 동호회 이름이 뭐예요?
남: '소리사랑'이에요.
여: __________ 몇 시에 모여요?
남: 오후 2시에 강남역 앞에 있는 __________에서 모여요.
여: __________에 오는 사람이 많아요?
남: 보통 열다섯 명쯤 와요. 아, 그리고 는 한 달에 만 원이에요.
여: 알겠어요. 그럼 일요일에 만나요.

❸ 듣기 후 단계(20분)

• 듣기 지문을 따라 읽거나 번갈아 가며 읽는다.
  – 학습자 수준에 따라 교사의 발음을 잘 듣고 따라 하게 할 수도 있고, '교사–학생' 혹은 '학생–학생'이 짝을 지어 역할을 바꿔 가며 말하는 연습을 할 수도 있다.
• 다른 언어 기능과 연계하여 확장한다. (아래 활동 중 선택)
  – 듣기 지문을 자신의 이야기로 바꾸어 역할극 하기
  – 반 친구들을 대상으로 참여하고 싶은 동호회를 조사하고 그 이유에 대해 인터뷰하기
  – 내가 참여하고 싶은 동호회에 대한 간단한 글을 쓰기
  – 내가 새로 만들고 싶은 동호회에 대해 이야기하거나 쓰기

9.2. 중·고급 수업의 실례

다음은 중급 및 고급 단계에서 활용할 수 있는 듣기 수업의 예시이다. 수업의 전반적인 흐름은 초급 단계와 유사하지만 활용할 수 있는 활동의 유형에 차이가 있다. 앞서 제시한 초급 수업의 듣기 단계에서는 들은 내용과 일치하는 것 고르기, 표 및 빈칸 채우기 활동을 활용하였고, 듣기 후 단계에서는 따라 읽기, 역할극이나 인터뷰 혹은 글쓰기와 같은 활동으로 확장하였다. 아래에 제시한 중급 수준 수업의 듣기 단계에서는 핵심어 메모하기 전략을 활용하도록 유도하며, 일치 여부 판단하기, 추론하기, 요약하기 등의 활동을 수행한다. 듣기 후 단계에서는 텍스트를 통해 확인한 내용을 주변에서 볼 수 있는 실제 사례와 관련지어 말하거나 쓰는 활동으로 확장한다.

〈수업 개요〉

- 단원: 『이화한국어 4』 6과
- 단원 주제: 음식과 건강
- 기학습 문법: –(으)ㄴ/는 셈이다, –듯이, –고도
- 듣기 수업 주제: 바른 먹을거리 확인 방법에 대한 강연 듣기

❶ 듣기 전 단계(10분)

- 인사를 나누고 필요시 전 시간에 배운 내용을 간단하게 복습한다.
- 사진 자료(성분 표)를 보여 주며 이야기를 나눈다.
  - 성분 표를 본 적이 있는가?
  - 어디에서 볼 수 있는가?
  - 성분 표에 어떤 것이 표기되어 있는가?
  - 성분 표를 통해 무엇을 알 수 있는가?
- 제조 일자와 유통 기한이 표기되어 있는 음식물의 사진 자료를 보여 주며 이야기를 나눈다.
  - 제조 일자와 유통 기한을 아는가?

- 어디에 표기되어 있는가?
- 제조 일자와 유통 기한이 무엇을 의미하는가?

• 듣기 내용과 관련된 핵심 어휘와 표현을 제시한다. (활동지 활용)

❸ 듣기 단계(25분)

• 3회 내외의 반복 듣기를 통해 내용을 점진적으로 파악한다.
• 듣기 내용을 파악하는 데에 길잡이가 되어 줄 수 있는 질문을 제시하여 학습자들이 목적을 가지고 집중적으로 들어야 할 정보를 알 수 있도록 돕는다.
• 핵심적인 내용을 메모하며 듣는 연습을 할 수 있도록 유도한다.

T: 오늘은 먹을거리에 대한 강연을 들을 거예요. 어떤 것이 바른 먹을거리일까요? 바른 먹을거리는 어떻게 찾을 수 있을까요? 잘 들어 보세요. 들으면서 중요한 단어나 표현이 있으면 메모하세요.

〈듣기 지문〉

강연자: 안녕하세요, 여러분? 요즘 건강에 관심이 높아지면서 먹는 것에 대한 관심도 높아졌습니다. 그렇지만 몸에 좋은 음식을 먹어야 한다는 것을 알지만 어떤 것이 좋은 음식인지 모르는 경우가 많습니다. 그럼 어떻게 바른 먹을거리를 찾을 수 있을까요? 오늘은 여러분께 바른 먹을거리를 확인하는 방법에 대해서 말씀드리려고 합니다.

첫째로, 영양 성분 표를 볼 줄 알아야 합니다. 영양 성분 표는 보통 식품 포장의 뒷면에 나오는데 이 표를 보면 그 식품에 어떤 영양소가 들어 있는지, 열량은 얼마나 되는지 알 수 있습니다. 이 성분 표를 보고 지방이나 나트륨 같은 성분은 적게 들어가고 칼슘이나 비타민 같은 몸에 좋은 영양소가 많이 들어 있는 음식을 선택하면 됩니다.

둘째로, 식품 첨가물에 대해 알아야 합니다. 식품 첨가물이란 우리가 먹는 식품의 맛, 향, 색을 내거나 식품이 상하는 것을 막기 위해 사용되는 것입니다. 예를 들면 콜라의 검은색을 내거나 아이스크림의 바닐라 향을 내기 위해 첨가물을 사용합니다. 가공된 식품에는 이러한 첨가물이 빠지기가 어렵겠지요. 그렇지만 첨가물을 지나치게 섭취하면 몸이 허약해지거나 병이 들 수 있습니다. 가능하면 식품 첨가물이 적게 들어 있거나 아예 들어 있지 않은 식품을 먹도록 하십시오.

마지막으로, 우리가 확인해야 할 것은 제조 일자와 유통 기한입니다. 제조 일자는 그 식품이 만들어진 날짜이며 유통 기한은 그 식품을 먹을 수 있는 기한을 말합니다. 식품을 살 때 제조 일자를 확인해서 더 최근에 만들어진 신선한 식품을 선택하고 유통 기한 내에 모두 드세요.

지금까지 말씀드렸듯이 바른 먹을거리를 찾기 위해서는 영양 성분 표, 식품 첨가물, 제조 일자와 유통 기한을 확인하는 것이 중요합니다. 식품을 살 때마다 조금만 주의를 기울인다면 우리 주변에서 바른 먹을거리를 얼마든지 찾을 수 있을 겁니다. 오늘 강연에 참석해 주신 여러분, 감사드립니다.

(출처: 『이화한국어 4』 6과, 204쪽)

• 1차 듣기: 개괄적인 내용 파악하기

- 교사의 질문을 통해 학습자가 내용의 전반적인 흐름을 파악하였는지 확인한다.
- 학습자가 메모한 어휘와 표현을 검토하며 핵심 내용에 대한 이해 여부를 점검한다.
- 학습자가 이해하지 못한 주요 어휘나 표현이 있으면 추가로 설명한다.

T: 무엇에 대한 강연이에요? (바른 먹을거리를 확인하는 방법)

T: 바른 먹을거리를 확인하는 방법으로 몇 가지를 제시했어요? (세 가지)

T: 어떤 단어를 메모했어요? 잘 모르는 단어나 표현이 있었어요?

• 2차 듣기: 세부적인 내용 파악하기

- 교재에 제시된 문제를 풀고 정답을 확인한다.

02 다음은 바른 먹을거리에 대한 강연입니다. 듣고 물음에 답하세요.

(1) 강연에서 바른 먹을거리를 찾을 때 확인해야 하는 것으로 말하지 않은 것은 무엇입니까?

① 열량 ② 원산지 ③ 영양 성분 ④ 식품 첨가물

(2) 다음 중 바른 먹을거리 확인 방법에 따라 식품을 구입하지 않은 사람은 누구입니까?

① 수진: 과자를 살 때 나트륨 함량이 적은 것을 샀다.

② 사라: 우유를 살 때 흰 우유보다는 딸기 맛이 나는 우유를 샀다.

③ 마틴: 음료수를 살 때 탄산음료 대신에 비타민이 들어 있는 과일 주스를 샀다.

④ 유키: 빵을 구입할 때 최근에 만들어져서 유통 기한까지 날짜가 많이 남아 있는 것을 샀다.

(3) 듣고 맞는 것에 √표 하세요.

① 사람들은 좋은 음식이 무엇인지 알지만 잘 챙겨 먹지 못한다.

네 ____ 아니요 ____

② 영양 성분 표를 보면 그 식품에 포함된 영양소와 열량을 알 수 있다.

네 ____ 아니요 ____

③ 식품을 가공할 때 맛이나 향, 색을 내기 위해서 식품 첨가물을 사용한다.

네 ____ 아니요 ____

(출처: 『이화한국어 4』 6과, 118쪽)

• 3차 듣기: 듣고 요약하기 활동

– 아래와 같은 활동지를 활용하여 바른 먹을거리를 확인하는 방법을 요약 및 정리하게 하고 정답을 확인한다.

〈바른 먹을거리를 확인하는 방법〉

방법1: 영양 성분 표 확인

- 위치: 식품 포장의 뒷면
- 알 수 있는 것: 어떤 영양소가 들어 있는지, 열량은 얼마나 되는지

방법2: 식품 첨가물에 대해 알기

- 정의: 우리가 먹는 식품의 맛, 향, 색을 내거나 식품이 상하는 것을 막기 위해 사용하는 것
- 예: 콜라의 검은색, 아이스크림의 바닐라 향
- 단점: 지나치게 섭취하면 몸이 허약해지거나 병이 들 수 있음

방법3: 제조 일자와 유통 기한 확인

- 제조 일자 정의: 식품이 만들어진 날짜
- 유통 기한 정의: 식품을 먹을 수 있는 기한
- 활용 방법: 제조 일자를 확인해서 더 최근에 만들어진 신선한 식품을 선택하고 유통 기한 내에 먹음

❸ 듣기 후 단계(15분)

• 다른 언어 기능과 연계하여 확장한다. (아래 활동 중 선택)

– 자신이 먹은 음식에 있는 영양 성분 표 확인하여 음식 종류별로 성분 및 열량 비교하여 말하기 또는 쓰기

– 주변에서 흔히 볼 수 있는 식품 첨가물의 예를 찾아서 이야기하기

– [교재 문제 활용] 자신이 먹은 음식에 있는 영양 성분 표와 첨가물에 대한 정보를 직접 확인해 보고 바른 먹을거리인지 이야기하기

9.3. 어휘·문법 수업과 듣기 활동

듣기 수업은 듣기만을 위해 구성되기보다는 어휘와 문법 등을 교수하는 과정에서도 이루어진다. 다음은 이러한 수업을 고려한 교수-학습 과정 안의 예시이며, 듣기 활동에 대한 교사 발화를 좀 더 구체적으로 포함한 것이다.

〈수업 개요〉

- 단원: 『새 연세한국어-어휘와 문법 2-1』 3과 2장
- 학습목표
  대화 어휘: 유명하다, 관광지, 별로, 오래되다, 그립다
  확장 어휘: 외롭다, 부럽다, 불안하다, 기쁘다, 슬프다, 행복하다, 부끄럽다, 화가 나다
  문법: '-기 때문에', '-는데/은데/ㄴ데'(대조)
- 수업 시간: 총 100분 (2개 차시로 분리 가능)

❶ 복습 및 도입 단계(5분)

- 전 시간에 배운 내용을 복습한다. 이때 배운 어휘 및 문법을 사용하여 대답할 수 있도록 질문한다.
  - 복습 어휘: 구경거리, 남해, 섬, 다녀오다, 푸르다
  - 복습 문법: 만에, -아/어 보다(경험)

T: ○○ 씨, 쉬는 시간에 어디에 **다녀왔어요**?

T: △△ 씨는 이번 주말에 어디에 **다녀오**고 싶어요?

T: ㅁㅁ 씨는 명동에 **가 봤어요**?

T: 우리나라 **남해**에는 어떤 **섬**들이 있어요?
그중에 가장 큰 **섬**은 무슨 **섬**이에요?

T: 여러분은 제주도에 **가 봤어요**?
제주도에는 어떤 **구경거리**가 있어요?
제주도 하늘은 어땠어요? (**푸르다**)

T: ◇◇ 씨는 얼마 **만에** 여행을 갔어요?

• 교재 그림을 이용하여 오늘 배울 내용을 질문으로 유도한다.

T: 흐엉 씨와 윤아 씨가 무엇을 하고 있어요?

흐엉 씨의 고향은 어디인 것 같아요?

윤아 씨의 고향은 어디인 것 같아요?

여러분의 고향은 어디예요?

T: 흐엉 씨와 윤아 씨의 고향은 어떤 곳인지 알아볼 거예요.

❷ 전개 단계 (1) – 전 활동(25분)

• 교재에 제시된 듣기 자료를 활용하여 배울 어휘 및 문법을 노출한다.

〈듣기 지문〉

윤아: 흐엉 씨 고향은 어떤 곳이에요?

흐엉: 유명한 관광지이기 때문에 언제나 사람들이 많아요.

윤아: 그래요? 날씨는 어때요?

흐엉: 서울은 겨울에 좀 추운데 제 고향은 별로 춥지 않아요.

윤아: 흐엉 씨 부모님은 고향에 계시지요?

흐엉: 네, 저는 고향에 다녀온 지 오래돼서 부모님이 아주 그리워요.

(출처: 『새 연세한국어–어휘와 문법 2–1』 3과 2장, 35쪽)

• 교사의 질문을 통해 들은 내용을 간단히 확인한다.

T: 흐엉 씨의 고향은 어떤 곳이에요? (유명한 관광지이기 때문에 언제나 사람이 많아요.)

T: 흐엉 씨 고향의 날씨는 서울과 비슷해요? 흐엉 씨 고향의 날씨는 어때요? (서울은 겨울에 좀 추운데 흐엉 씨 고향은 별로 춥지 않아요.)

T: 흐엉 씨 부모님은 어디에 계세요? (고향에 계세요.)

• 들은 내용을 따라 하며 발음을 익힌다.

– 전체, 개인, 문장별로 듣고 따라 하게 한다.

❸ 전개 단계 (2) – 새 어휘 학습(20분)

• 예문을 활용하여 새 어휘의 의미와 용례를 제시하고 확인 질문을 통해 의미 이해 여부를 확인한다.

1) 유명하다 – 이름이 널리 알려져 있다

예) T: ○○ 씨는 BTS를 알아요? △△ 씨는 BTS를 알아요? 여러분의 친구 중에 BTS를 아는 사람이 많아요? 많은 사람들이 BTS를 알아요. BTS는 유명해요.

확인 질문: 요즘 어떤 한국 가수가 유명해요?
그 가수의 무슨 노래가 유명해요?

T: 제주도에 가 봤어요? 제주도 좋지요? 많은 사람들이 제주도를 알아요. 제주도는 유명해요.

확인 질문: 여러분의 고향에서는 어디가 유명해요?
여러분의 고향에서는 무슨 음식이 유명해요?

2) 관광지 – 경치가 뛰어나거나 사적(史跡), 온천 따위가 있어 관광할 만한 곳

예) T: 제주도에는 산과 바다가 있어요. 많은 사람들이 제주도에 여행을 가요. 제주도는 유명한 장소예요. 볼 것이 많아요. 제주도는 유명한 관광지예요.

확인 질문: 여러분 나라에는 어떤 관광지가 있어요?

3) 별로 – 이렇다 하게 따로. 또는 그다지 다르게

예) T: 선생님은 커피를 좋아하지 않아요. 싫어하는 것은 아니에요. 저는 커피를 별로 좋아하지 않아요.

확인 질문: 여러분은 여행 좋아해요? 등산을 좋아해요?

4) 오래되다 – 시간이 지나간 동안이 길다

예) T: 선생님은 3년 전에 고향에 다녀왔어요. 고향에 다녀온 지 오래됐어요.

확인 질문: ○○ 씨는 언제 고향에 다녀왔어요? 고향에 다녀온 지 오래됐어요?

5) 그립다 – 보고 싶거나 만나고 싶은 마음이 간절하다

예) T: 선생님은 고향에 다녀온 지 오래됐어요. 고향 친구들을 못 본 지 오래됐어

요. 그래서 고향 친구들이 많이 보고 싶어요. 그리워요.

확인 질문: ○○ 씨는 고향에 다녀온 지 얼마나 됐어요? 오래됐어요?

가족들이 그리워요? 고향 친구들이 그리워요?

❹ 전개 단계 (3) – 새 문법 학습(45분)

〈문법1〉 '–기 때문에'

[교사 참고]

– 뒤 절의 원인을 나타낼 때 쓰이는 연결 표현

– 동사 및 형용사 어간과 결합한다.

– 앞 절의 내용은 뒤 절의 원인이 된다.

– 뒤 절에 명령문이나 청유형이 올 수 없다.

예) *비가 오기 때문에 집에 있으세요/있읍시다.

[판서]

1) ＿＿＿＿＿＿ –기 때문에 ＿＿＿＿＿＿

엄마가 보고 싶다	엄마에게 전화를 하다
배가 아프다	집에 일찍 가다

→ 엄마가 보고 싶어요. 그래서 엄마에게 전화를 해요.
엄마가 보고 싶기 때문에 엄마에게 전화를 해요.

→ 배가 아파요. 그래서 집에 일찍 가요.
배가 아프기 때문에 집에 일찍 가요.

2) ＿＿＿＿＿＿ –었기/았기/였기 때문에 ＿＿＿＿＿＿

늦게 일어나다	지각을 하다
점심을 안 먹다	배가 고프다

→ 늦게 일어났어요. 그래서 지각을 했어요.
늦게 일어났기 때문에 지각을 했어요.

→ 점심을 안 먹었어요. 그래서 배가 고파요.

점심을 안 먹었기 때문에 배가 고파요.

[교체 연습]

• 두 개의 절이나 문장을 하나의 문장으로 만드는 연습을 한다.

1) 고향에 가다 / 수업에 못 오다
2) 비가 오다 / 길이 미끄럽다
3) 친구가 한국에 오다 / 공항에 가다
4) 야구를 좋아하다 / 야구장에 자주 가다
5) 배가 부르다 / 밥을 그만 먹다
6) 일찍 자다 / 일찍 일어나다
7) 몸이 아프다 / 일찍 집에 들어가다
8) 여자친구와 헤어지다 / 마음이 아프다
9) ○○ 씨는 착하다 / ○○ 씨는 인기가 많다
10) 주앙 씨가 공부를 열심히 하다 / 주앙 씨가 시험을 잘 보다
11) 피곤하다 / 늦잠을 자다
12) 어제 축구를 지다 / 기분이 안 좋다

[응답 연습]

• 학습자가 목표 문법을 사용하여 대답할 수 있도록 다양한 질문을 제시한다.

T: ○○ 씨, 어제 왜 그렇게 일찍 들어갔어요?

T: ○○ 씨, 오늘 왜 지각했어요?

T: ○○ 씨, 왜 숙제를 못했어요?

T: ○○ 씨, 창문을 왜 열었어요?

T: ○○ 씨, 에어컨을 왜 켰어요?

T: ○○ 씨, 오늘 신촌에 왜 가요?

T: ○○ 씨, 오늘 왜 밥을 못 먹었어요?

〈**문법2**〉 '-는데/은데/ㄴ데'(대조)

> [교사 참고]
> - 앞 절의 내용과 다른 상황이나 결과가 뒤 절에 이어짐을 나타내는 연결 어미.
> - 동사 어간과 결합할 때는 '-는데', 형용사 어간과 결합할 때는 '-은데/ㄴ데'를 쓴다.
> - 앞 절과 뒤 절의 내용이 대조를 이루어야 한다.
> - 대조를 나타내기 위해서 주격 조사 '이/가'를 보조사 '은/는'으로 바꿔 줘야 한다.

[판서]

____________ -는데/은데/ㄴ데 ____________

우유는 마시다	커피는 안 마시다
동생은 키가 크다	형은 키가 작다

→ 우유는 마셔요. 그런데 커피는 안 마셔요.
  우유는 마시<u>는데</u> 커피는 안 마셔요.

→ 동생은 키가 커요. 그런데 형은 키가 작아요.
  동생은 키가 <u>큰데</u> 형은 키가 작아요.

[교체 연습]

• 두 개의 절이나 문장을 하나의 문장으로 만드는 연습을 한다.

1) 떡볶이는 좋아하다 / 김밥은 좋아하지 않다
2) 물냉면을 좋아하다 / 비빔냉면은 안 좋아하다
3) 한국은 여름은 덥다 / 겨울은 춥다
4) 비는 오다 / 바람은 안 불다
5) 피아노를 잘 치다 / 기타를 잘 못 치다
6) 생선은 먹다 / 고기는 안 먹다
7) 사과가 비싸다 / 포도가 싸다

8) 미국 친구가 많다 / 한국 친구가 적다

9) 한국어는 쉽다 / 영어는 어렵다

10) 숙제가 많다 / 시간이 없다

11) ○○ 씨는 바쁘다 / △△ 씨는 바쁘지 않다

12) ○○ 씨는 키가 크다 / △△ 씨는 키가 작다

[응답 연습]

• 학습자가 목표 문법을 사용하여 대답할 수 있도록 다양한 질문을 제시한다.

T: ○○ 씨, 고향의 날씨가 어때요? 여름하고 겨울 날씨가 달라요?

○○ 씨 고향은 여름에 더워요? 겨울에는 추워요?

T: ○○ 씨, 오늘 바빠요? △△ 씨는 오늘 바빠요?

T: ○○ 씨, 포도 좋아해요? △△ 씨는 포도 좋아해요?

T: ○○ 씨, 커피 마셔요? △△ 씨는 커피 마셔요?

T: ○○ 씨, 떡볶이 좋아해요? 김밥은 좋아해요?

❺ 정리 단계(5분)

• 배운 어휘와 문법을 유의미하게 사용할 수 있는 질문을 제시하며 학습한 내용을 정리한다.

• 필요한 경우 과제를 부여하거나 다음 시간 수업 내용을 예고한다.

위에 제시한 어휘 및 문법 수업에서 듣기를 활용하는 예시를 살펴보면, 어휘와 문법을 배우기에 앞서 학습자에게 대화 내용을 먼저 들려주고 교사의 질문을 통해 내용 이해 여부를 확인하는 과정을 거친다. 이어서 듣고 따라 하기 활동을 진행한다. 듣기는 2회 정도 반복되며, 이를 통해 학습자는 본격적인 어휘와 문법 학습에 앞서 배울 내용을 익힐 수 있다. 이후 새롭게 제시되는 어휘와 문법 항목에 대한 교수–학습이 이루어지며, 수업 중간에도 듣고 대답하는 활동이 지속적으로 병행된다.

10. 듣기 평가

10.1. 듣기 평가의 개념

듣기를 하기 위해서는 듣고자 하는 내용에 귀를 기울여 말소리를 인식하고 그 의미를 파악해야 한다. 주의를 하지 않으면 주변에 여러 소리가 들려도 듣기, 다시 말하여 이해 과정이 이루어지지 않는다. 즉 주의를 기울이지 않은 듣기는 귀에 들려오는 것이 소리라는 것을 인식할 뿐 그 말의 의미는 파악하지 못한다.

인간의 귀는 사실 말소리 모두를 주의 깊게 듣지 않는다. 즉 우리는 듣기(주의를 기울인 듣기, listening)를 할 때 모든 것을 듣는 것이 아니라 선택적으로 듣는다. 읽기를 할 때 언어의 모든 요소를 자음, 모음, 형태소, 단어 등으로 일일이 세분하여 읽지 않는 것처럼 듣기도 소리를 자음, 모음, 형태소, 단어 등으로 쪼개어 이해한 후 종합하는 상향식 과정을 밟지 않는다. 그렇다고 해서 목표어의 음운을 식별할 필요가 없다는 뜻은 아니다. 음운의 식별이 머릿속에서 자동적으로 인지될 수 있도록 학습하고 나서 이를 다시 확인하는 것이 듣기 평가이다.

듣기는 읽기와 마찬가지로 목적을 가진 활동으로, 청자의 기대와 목적에 따라 그리고 배경지식에 따라 담화의 메시지를 듣는 정도, 즉 이해하는 정도가 달라진다. 그렇기 때문에 듣기 연습이나 수업을 할 때 분명한 목적을 가지고 듣기를 하는 것이 매우 중요하다.

듣기는 기본적으로 말, 즉 음성 언어를 듣는 것이기 때문에 목표 언어의 음성적 특징을 이해하는 것이 듣기의 첫 단계이다. 음성 언어를 듣는다고 하는 것은 음운을 식별하는 것, 단어의 축약형을 파악하는 것, 음운 변화를 일으킨 단어를 인식하는 것을 포함하며, 인식한 문법 단위 또는 어휘 단위들로 구성된 문장의 통사적 구조를 파악하여 문법 단위와 어휘 단위로 이루어진 문장의 의미를 해석해 내고 전체 담화 속에서 문장의 중요성 정도를 파악하는 것까지 포함한다. 각 단계의 듣기 내용은 듣기 연습의 자료가 되며, 또한 듣기 평가의 대상이 된다.

때로 수업 시간의 듣기 연습과 듣기 평가가 동일시되기도 한다. 듣기 수업에 사용했던 듣기 텍스트를 그대로 듣기 평가의 자료로 사용하는 경우도 있기 때문이다. 그러나 엄격히 말하면 듣기 연습은 듣기 교육의 목표에 따라 구성되며, 듣기 평가는 듣기 교육의 목표에 따라 습득된 듣기 능력이 어느 정도 수준에 도달하였는지를 평가하는 것이기 때문에 둘을 동일시하는 것은 옳지 않다.

듣기 평가는 듣기 교육의 목표에 따라 평가 내용이나 평가 방법이 달라지는데, 듣기 교육의 목표는 평가하고자 하는 듣기 능력을 구성하는 요소를 무엇으로 보느냐에 따라 달라질 수 있다. 듣기 능력을 구성하는 요소들은 듣기 평가의 구체적인 측정 목표가 될 수 있는데 한국어 듣기 능력의 구성 요소는 의사소통 능력 구성 요소–문법적 능력, 사회언어학적 능력, 담화 이해 능력, 전략적 능력–에 기반하고 있다.

10.2. 목적에 따른 듣기 평가

언어 능력 평가 도구의 설계 및 제작은 평가의 기획, 평가 항목의 선별, 평가 문항과 지시문 작성, 문항 검토와 사전 평가, 최종 형태 제작 등 5단계로 구성된다. 평가의 기획은 평가의 전체적인 틀을 구성하는 것으로 가장 중요한 요소는 평가의 목적을 어디에 두고 있느냐 하는 것이다.

개략적으로 보면 듣기 평가는 음운, 변이음, 음운 변화 등에 관한 청취력 평가와 들은 말의 의미나 의도 파악, 정보나 지식의 이해, 분위기나 목적 등을 파악하는 청해력 평가로 크게 나눌 수 있다. 일반적으로 청해력 평가가 중요하게 취급되나 교실 평가에서 성취도 평가나 진단 평가의 경우는 청취력 평가도 청해력 평가 못지않게 중요하게 다뤄진다.

교실에서 가장 많이 이루어지는 평가는 형성 평가(formative assessment)나 성취도 평가(achievement assessment)인데 형성 평가는 수업 중에 학습한 내용을 학습자들이 제대로 이해하고 따라오고 있는지를 수업 중간중간에 확인하는 평가이고, 성취도 평가는 학습 목표를 어느 정도 성취하였는지를 평가하는 것으로 중간고사나 기말고사가 이에 해당한다.

숙달도 평가(proficiency assessment)는 학습자가 현재 어느 정도의 숙달도 단계에 있는지를 파악하는 것으로, 이전에 배운 교육과정이나 교과서의 내용과는 관계없이 한 사람이 지니고 있는 전체적인 숙달도 혹은 숙련도를 측정한다.

이 외에도 진단 평가(diagnostic assessment)와 배치 평가(placement assessment) 등이 있는데 진단 평가는 수업을 시작하기 전에 학생들이 어떤 수준의, 어떤 성격의 학생들인지를 파악하여 그에 맞는 적절한 학습 내용과 방법을 결정하기 위해 실시하는 평가이다. 배치 평가는 말 그대로 비슷한 수준의 학생들을 같은 반에 배치하기 위한 목적으로 실시하며, 일반적으로 어떤 교육 프로그램을 실시하기 직전에 실시한다.

듣기 영역의 성취도 평가는 학습자들이 교육 목표를 어느 정도 성취했는지를 평가하는 것으로, 평가 문항을 작성할 때 결정해야 하는 문제 중 하나는 듣기 자료를 교재의 것을 그대로 사용할지 아니면 새로 구성할지에 대한 것이다.

만약 학생들이 수업 중에 학습한 내용을 어느 정도 학습하였는지를 평가하는 형성 평가라면 교재의 듣기 자료를 그대로 활용할 것이다. 그러나 성취도 평가는 중간고사나 기말고사에 실시하는 총괄 평가의 성격을 가지기 때문에 교재의 학습 목표에 따라 평가 항목을 선별하고 이에 따라 문항을 작성하는 것이 가능하다. 그러므로 듣기 자료를 듣기 수업의 학습 목표에 맞춰 새로 만들 수 있으며, 가장 손쉬운 방법은 교재의 듣기 자료를 변형 내지 각색하여 사용하는 것이다. 이 문제는 평가의 성격에 따라 다른 방식으로 접근되어야 하며, 특히 형성 평가와 총괄 평가에서의 적용 방식이 뚜렷이 구분된다.

형성 평가는 수업 중 또는 단원 마무리 시점에서 학습자들이 수업 내용을 얼마나 이해하고 있는지를 점검하고 피드백을 제공하기 위한 목적에서 이루어진다. 따라서 이때는 수업 시간에 이미 학습한 교재의 듣기 자료를 그대로 활용하는 것이 적절하다. 예를 들어, 초급 수준의 학습자에게 '식당에서 주문하기'라는 주제로 수업을 진행한 뒤, 형성 평가에서는 교재에 수록된 식당 대화 음성 자료를 그대로 다시 들려주고, 음식 이름이나 수량과 같은 구체적인 정보를 파악하게 하는 문항을 제시할 수 있다. 이러한 문항 구성은 학습자가 이미 접한 내용을 바탕으로 자신의 이해 수준을 스스로 점검하고, 교사는 학습 목표 달성 정도를 진단한 후 필요한 보충 지도를 제공할 수 있도록 한다. 형성 평가는 학습 과정의 중간에 이루어지는 만큼, 학습자에게 부담을 주지 않으면서도 학습의 방향성을 조정할 수 있는 실천적 기능을 담당한다.

반면, 성취도 평가의 일환으로서 중간고사나 기말고사와 같은 총괄 평가에서는 평가 목적이 다소 다르다. 이 경우 학습자가 일정 기간 동안 교육 목표를 어느 정도 달성했는지를 종합적으로 평가해야 하므로, 교재의 듣기 자료를 그대로 반복 사용하는 것은 평가의 타당성을 저해할 수 있다. 총괄 평가는 학습자가 배운 내용을 실제적으로 전이할 수 있는지, 즉 익숙하지 않은 입력에도 전략적으로 반응할 수 있는지를 진단해야 하기 때문에 교재에서 제시한 학습 목표에 맞추어 새로운 듣기 자료를 구성하거나, 기존 자료를 변형하여 평가에 활용하는 것이 바람직하다. 예를 들어, 중급 학습자 대상 수업에서 '공공장소 이용하기'라는 주제를 지하철 안내 방송 담화를 통해 다뤘다면, 실제 평가에서는 기존 수업 시간에 제시된 지하철 안내 방송 듣기 자료 대신 새로운 유형의 안내 방송을 듣고 주요 정보를 파악하게 하거나, 정차역, 환승 정보, 특수 안내 등의 각색된 내용을 이해하도록 하는 과제를 제시할 수 있다. 이와 같이 기존 수업과 연계되면서도 낯선 상황을 제공하는 듣기 자료는 학습자의 수행 능력을 보다 현실적으로 평가하는 데 도움을 주며, 교육적 전이 가능성까지 진단할 수 있게 해 준다.

결국 듣기 평가에서 자료를 어떻게 구성하느냐는 평가의 목적에 따라 달라져야 하며, 이는 곧 교육의 목표와 평가의 정합성을 확보하기 위한 실천적 선택이 된다. 형성 평가에서는 수업에서 학습한 내용을 기반으로 이해 여부를 점검하는 데 중점을 두는 반면, 성취도 평가에서는 수업의 목표에 부합하되 새로운 맥락에서 학습자의 청취 능력과 전략 사용 능력을 종합적으로 평가하는 것이 중요하다. 특히 듣기 자료를 단순히 반복 사용하거나 과도하게 낯설게 만드는 것 모두 학습자의 평가 반응에 영향을 줄 수 있기에 교재 내용을 적절히 변형하거나 유사한 유형의 새로운 자료로 구성하는 방식이 교육 목표와 평가 목적의 균형을 맞추는 데 효과적인 방안이 될 수 있다. 이러한 듣기 평가 설계는 평가 자체를 학습의 연장선으로 활용할 수 있게 하며, 학습자의 실제 언어 수행 능력을 더 정밀하게 진단하는 데 기여할 수 있다.

한편, 한국어 능력 시험(TOPIK)은 국가에서 공인한 한국어 숙달도 시험으로 현재 토픽 Ⅰ(초급), 토픽 Ⅱ(중·고급)으로 나누어 실시되고 있는데 일부 한국어 교육 기관에서는 배치 평가와 같은 목적으로 사용되기도 한다. 국가에서 공인하는 숙달도 시험은 언어 교육 기관의 학습 목표에 영향을 주기도 한다. 애초에 한국어 능력 시험은 특수 목적이 아닌 일반 목적의 시험으로 개발되었으나 현재는 주로 학문 목적의 한국어 학습자를 선발하는 목적으로 사용되며 취업 목적으로도 사용되고 있다.

일반 목적의 한국어 숙달도 시험과 학문 목적 내지는 특수 목적 숙달도 시험을 별개로 개발하기 위해서는 일반적인 언어 능력(의사소통 능력)과 학문 목적 내지는 특수 목적의 언어 능력 간에 겹치는 부분과 차별되는 부분에 대한 연구가 선행되어야 한다. 이는 듣기 평가에서도 마찬가지인데 Richards(1983)은 듣기의 측정 목표에 관해 듣기 기능을 회화적 듣기(conversational listening)와 학문적 듣기(academic listening)로 구분한 바 있다. 회화적 듣기는 일상적인 말을 듣는 것이고 학문적 듣기는 강의나 기타 학문적인 형태의 내용을 듣는 것을 가리키는데, 그는 회화적 듣기의 하위 능력 요소 33개와 학문적 듣기의 하위 능력 요소 18개를 제시하였다. 이러한 듣기 능력의 하위 구성 요소들은 하나하나 독립적으로 작용하는 것이 아니며, 여러 개의 하위 구성 요소들이 유기적으로 상호 작용을 하여 전체적인 듣기 능력을 형성하기 때문에 이에 대한 평가 역시 구성 요소 각각을 독립적으로 평가하기 어렵다.

대학 입학을 위한 평가 시험인 영어의 토플(TOEFL, Test of English as a Foreign Language)과 한국어 토픽(TOPIK, Test of Proficiency in Korean)에서 듣기 평가는 읽기 평가와 함께 외국어 능력 평가의 중심이었다. 언어 능력을 크게 이해 능력과 표현 능력으로 나눌 때 이해 영역이 표현 영역에 비하여 시험을 통해 그 능력을 측정하기 용이하고 객관적이며 비용이 적게 들기 때문이다. 표현 영역인 쓰기와 말하기는 채점에서 품이 많이 들고 주관적인 부분을 배제하기 어려워 시험 초기에는 포함되지 않았으나 쓰기가 먼저 평가 영역 내부로 들어오고, 이후 말하기 영역도 포함되었다.

영어 시험은 목적별로 시험이 나누어져 학문 목적의 토플과 일상생활 목적의 토익으로 나누어져 있다. 학문 목적의 평가 시험인 토플의 듣기 평가에서는 대학 강의 및 토론, 교내 대화 등을 듣기 자료로 하여 듣기 평가를 하고, 토익의 듣기 평가에서는 일상적 상황이나 업무 상황에서 사용하는 담화로 듣기 평가를 한다. 토익의 듣기 영역은 사진 묘사, 응답문, 회화문, 설명문 등 크게 네 가지로 나누어져 있다.

영국 케임브리지 대학, 영국문화원, IDP 호주 대학 연합에서 공동 주관하는 아이엘츠(IELTS, International English Language Testing System)는 학문 목적의 시험과 취업 및 이민 목적의 시험으로 나누어져 있다. 학문 목적의 아이엘츠(Academic IELTS)는 영어가 사용되는 고등 교육 기관에서 교육 또는 훈련을 받을 준비가 되었는지를 평가하며, 일반 목적의 아이엘츠(IELTS General Training)는 실용적이고 일상적인 맥락에서의 영어 숙달도를 평가하는 시험으로 고등학교에서 공부하거나 직업 훈련 프로그램에 참여하는 사람이 치르는 시험이다. 두 시험 모두 네 영역으로 구성되어 있으며, 학문 목적의 듣기는 40문항으로 두 사람 사이의 대화, 일상적인 사회적 상황에서의 독백(연설), 최대 4명 사이의 대화, 아카데믹한 상황에서의 독백(대학 강의) 등이 사용된다.

외국인 구직자의 한국어 구사 능력 및 한국에 대한 이해 정도를 평가하는 고용허가제 토픽 시험(EPS-TOPIK, Employment Permit System)은 한국산업인력공단에서 주관하는 한국어 시험이다. 이 시험은 2005년 8월 17일 필리핀, 태국, 스리랑카, 베트남, 몽골, 인도네시아 등 아시아 6개국에서 처음 시행된 시험으로 당시에는 고용허가제 한국어 능력 시험(EPS-KLT)이라고 하였다. 한국의 일상생활에 필요한 기초적인 의사소통 능력과 산업 현장에서 필요한 한국어 구사 능력, 한국 기업 문화에 대한 이해를 평가 내용으로 하며, 평가 영역은 듣기와 읽기 둘로 나뉜다. 50분 동안 듣기 20문항과 읽기 20문항을 풀도록 되어 있으며 듣기의 세부 분야는 소리와 표기, 시각 자료, 대화·이야기 등 구직자로서 필요한 아주 기초적인 부분이다.

한편 2022년 첫 모의 평가를 시작한 세종 한국어 평가(SKA, Sejong Korean language Assessment)가 문화체육관광부 산하 한국어 보급 기관인 세종학당재단의 주관하에 시행되고 있다. 세종학당 졸업자와 한국어 학습자를 대상으로 한국어 의사소통 능력을 종합적으로 측정하는 세종 한국어 평가는 우수 외국 인력의 입국과 선발 등에 활용되고 있는데 토픽과 차별되는 숙달도 시험으로서, 하나의 시험으로 네 가지 영역을 모두 평가한다. 줄임말 '스카'로 지칭되는 이 시험은 일상생활과 업무에 사용되는 실제성 높은 문항 구성을 특징으로 한다.

이상에서 간단히 기술한 한국어 능력 시험은 종류에 따라 평가의 세부 영역이 다르며 평가 내용이 다르다. 이는 해당 시험이 어떤 한국어 학습자를 대상으로 하는지에 따라, 즉 교육의 목표에 따라 평가 내용이나 평가 방법이 달라지기 때문이다. 가령 학문 목적인 한국어 교육의 목표와 이주 노동자를 위한 한국어 교육의 목표는 세부적으로 차이를 가질 수밖에 없다. 학문 목적의 한국어 학습자라면 비교적 문어에 가까운 대화인 강의를 많이 듣는 상황에 접하게 되므로 복잡한 단락 구조를 갖는 문어적 구어에 익숙하도록 훈련되어야 하고, 이주 노동자의 경우라면 실생활에서 접하는 안내 방송이나 상관의 업무 지시 등 간단하면서도 화맥적 요소에 의존해야 하는 구어를 잘 알아듣고 업무 수행을 잘하고 생활을 원활하게 할 수 있도록 훈련되어야 할 것이다. 물론 이러한 듣기의 세부 목표를 이루기 위해서는 학습자의 목적에 맞는 영역별로 어휘도 달리 교육되어야 할 것이고 구문도 달리 교육될 필요가 있기 때문에 평가에서도 해당 영역에 맞게 평가 문항을 구성하도록 해야 한다.

이렇게 세부적인 기능 교육 목표가 구체화되었을 때 이 목표가 달성될 수 있는 방향으로 실제 수업이 구성될 것이라고 전제하면, 이러한 항목들을 평가하는 것은 일반적이고 포괄적인 숙달도 평가나 성취도 평가라기보다는 형성 평가에 가깝고 이는 교육 현장에서 교수와 평가가 연동하여 실제적으로 이루어질 수 있다는 면에서 바람직하다고 하겠다.

10.3. 듣기 평가의 등급별 기준

한국어 듣기 평가의 등급별 기준은 일반적으로 한국어 능력 시험인 토픽의 듣기 평가 기준에 의존한다. 한국어 교육 기관마다 등급별 기준이 있으며 이에 따라 듣기 능력 평가가 이루어지지만 그 기준이 일반에게 공개되어 있지 않거나 공개되었더라도 그 대표성을 인정하기 어렵기 때문이다. 반면 토픽의 등급별 기준은 여러 한국어 교육 기관의 등급별 기준과, 같은 목적으로 실시되는 다른 국가의 시험을 기준으로 마련되어 이를 참고하는 것이 일반적이다.

한국어 능력 시험의 듣기 평가의 목표와 등급별 기준은 한국어 능력 시험의 체계화를 위해 연구된 김왕규 외(2002)와 이를 수정한 이해영 외(2006)이 가장 많이 소개되었다.

(1) 한국어 능력 시험의 듣기 평가 목표 및 등급별 평가 기준(이해영 외, 2006)

듣기 평가 목표		• 음성의 정확한 분별을 통한 의미 파악 능력을 평가한다. • 들은 내용에 적절히 반응하는 능력을 평가한다. • 듣고 정보를 파악하는 능력을 평가한다. • 들은 내용을 이용해 논리적으로 추론하거나 종합하는 능력을 평가한다.
평가 기준	1급	• 한국어의 기본적인 음운(자음, 모음, 받침)을 식별할 수 있다. • 간단한 질문을 듣고 대답할 수 있다. • 간단한 대화를 듣고 내용을 파악할 수 있다. • 간단한 담화를 듣고 내용을 파악할 수 있다.
	2급	• 변별하기 어려운 음운이나 음운의 변동을 식별할 수 있다. • 일상적인 생활과 관련한 간단한 질문을 듣고 대답할 수 있다. • 간단한 대화를 듣고 상황이나 내용의 흐름을 파악할 수 있다. • 일상생활과 관련 있는 간단한 담화를 듣고 내용을 파악할 수 있다. • 실생활에서 접하는 간단한 안내 방송 등 실용적인 담화를 듣고 내용을 파악할 수 있다.
	3급	• 비교적 복잡한 맥락을 갖는 일상 대화를 듣고 내용을 파악할 수 있다. • 사회적인 맥락과 관련 있는 대화를 듣고 내용을 파악할 수 있다. • 비교적 복잡한 맥락을 갖는 담화를 듣고 내용을 파악할 수 있다. • 간단한 광고나 인터뷰를 듣고 내용을 파악할 수 있다.

평가 기준	4급	• 복잡한 맥락을 갖는 일상 대화를 듣고 내용을 파악할 수 있다. • 사회적 맥락을 갖는 대화를 듣고 내용을 파악할 수 있다. • 복잡한 맥락을 갖는 담화를 듣고 함축된 의미를 파악할 수 있다. • 간단한 뉴스를 듣고 내용을 파악할 수 있다. • 비교적 친숙한 소재를 다룬 토론을 듣고 내용을 파악할 수 있다.
	5급	• 사회적인 맥락이나 전문적 주제를 다룬 대화를 듣고 내용을 파악할 수 있다. • 전문적인 주제를 다룬 강연, 대담 등을 듣고 대강의 내용을 파악할 수 있다. • 주례사, 추모사 등을 듣고 내용을 파악할 수 있다. • 전문적인 주제를 다룬 내용을 듣고 화자의 의도를 파악하거나 내용을 추론할 수 있다.
	6급	• 대부분의 뉴스를 듣고 내용을 파악할 수 있다. • 전문적인 주제를 다룬 강연, 대담 등을 듣고 대강의 내용을 파악할 수 있다. • 전문적인 주제를 다룬 내용을 듣고 화자의 의도를 추론할 수 있다. • 전문적인 주제를 다룬 복잡한 맥락의 담화를 듣고 내용을 추론할 수 있다.

앞의 표를 보면, 듣기 평가의 제1 목표는 음성 변별을 통한 의미 파악 능력이다. 이 능력을 음성 변별에 제한하지 않고 의미와 관련하면 단계별 세부 평가 기준이 모두 제1 목표에 해당한다고 볼 수 있다. 또한 음성 변별에 한하여 좁게 해석하면 1급과 2급의 음운 식별과 변이음 식별, 음운 변동의 식별을 의미한다.

듣기 평가의 제2 목표는 들은 내용에 대한 적절한 반응 능력으로 이를 반응 능력 또는 창출 능력 평가라고 이름 붙일 수 있다. 1급, 2급의 간단한 질문에 대한 대답이 이에 해당한다.

듣기 평가의 세 번째 목표는 정보 파악 능력이다. 정보 파악 능력은 결국 이해 능력에 대한 평가로 수용 능력이라고도 한다. 1급에서는 간단한 대화와 담화, 2급에서 역시 간단한 대화와 담화, 실용적 담화로서 안내 방송의 이해가 예시되어 있다. 3급의 대화는 비교적 복잡한 맥락의 일상 대화와 사회적 맥락의 대화와 비교적 복잡한 맥락의 담화와 광고, 인터뷰의 이해가 포함된다. 4급에서는 3급보다는 복잡한 일상 대화, 복잡한 맥락의 담화, 뉴스 듣기가 포함되며, 토론이 듣기 자료로 포함된다. 5급에는 전문적 주제의 강연과 대담, 주례사와 추모사의 내용 파악이 평가 기준에 포함되어 있고, 6급에서는 대부분의 뉴스와 역시 전문적 주제를 다룬 강연과 대담의 내용 파악이 기준으로 제시되어 있다. 5급과 6급의 차이는 6급 텍스트가 5급 텍스트보다 조금 더 복잡한 맥락을 지니고 있다는 점이다.

듣기 평가의 네 번째 기준은 추론과 종합 능력이다. 추론을 하거나 이해한 내용을 종합하기 위해서는 들은 내용을 목적에 따라 재구성해서 전달해야 하기 때문에 추론과 종합 능력을 전달 능력 또는 재구성 능력이라고도 한다. 5급과 6급에는'추론'이 평가 기준으로 명시되어 있는데 이때 추론은 내용 추론과 화자의 의도 추론을 포함한다.

2020년 11월 문화체육관광부는 '외국어 또는 제2 언어로서의 국어를 배우려는 자'를 대상으로 하는 〈한국어 표준 교육과정〉을 고시하였는데 숙달 등급별로 목표를 제시하였다. 또한 각 영역별로 급별 목표와 성취 기준을 제시하였는데, 목표와 성취 기준은 바로 평가와 연관되므로 듣기 영역을 중심으로 그 내용을 간단히 살펴보겠다.

(2) 〈한국어 표준 교육과정〉의 등급별 듣기 목표와 성취 기준

구분		듣기
1급	목표	기초적이고 일상적인 내용의 짧은 대화를 이해할 수 있으며, 인사나 소개 등의 의사소통 기능을 수행할 수 있다.

1급	성취 기준	1. 주변에서 자주 접하게 되는 일상적인 소재의 대화를 이해할 수 있다. 2. 개인적이고 친숙한 상황에서의 대화를 이해할 수 있다. 3. 단순한 정보를 파악하거나 들은 내용의 대략적인 의미를 이해할 수 있다. 4. 정형화된 표현이나 한두 문장 내외의 간단한 대화를 이해할 수 있다. 5. 기초 어휘와 기본적인 구조의 문장을 듣고 이해할 수 있고, 분명하고 천천히 말하는 모어 화자의 발화를 이해할 수 있다.
2급	목표	일상적으로 접하는 공적 상황에서의 간단한 대화를 이해할 수 있으며, 정보에 관해 묻고 답하기, 허락과 요청 등의 의사소통 기능을 수행할 수 있다.
	성취 기준	1. 일상에서의 친교적인 대화나 구체적인 소재의 대화를 이해할 수 있다. 2. 친숙한 공공장소나 비격식적 상황에서 사용되는 표현이나 내용을 이해할 수 있다. 3. 명시적인 정보를 통해 담화 상황이나 발화의 주요 정보 등을 파악할 수 있다. 4. 두 차례 이상의 말차례를 가진 대화나 간단한 안내 방송 등의 발화를 이해할 수 있다. 5. 간단한 문장 구조를 알고, 빠르지 않은 모어 화자의 발화를 이해할 수 있다.
3급	목표	자주 접하는 사회적 상황에서의 대화를 이해할 수 있으며, 권유나 조언 등의 의사소통 기능을 수행할 수 있다.
	성취 기준	1. 자신의 삶과 관련된 사회적 소재의 대화를 이해할 수 있다. 2. 공적 관계의 사람들과 격식적 상황에서 이루어지는 담화를 이해할 수 있다.

<table>
<tr><td rowspan="1">3급</td><td>성취 기준</td><td>3. 담화의 주요 내용과 화자의 의도를 파악하며 전반적인 내용을 이해할 수 있다.
4. 복잡한 일상 대화나 쉬운 수준의 안내, 인터뷰 등을 이해할 수 있다.
5. 다양한 문장 구조를 알고, 정확한 억양과 보통의 속도로 말하는 모어 화자의 발화를 이해할 수 있다.</td></tr>
<tr><td rowspan="2">4급</td><td>목표</td><td>친숙한 사회적·추상적 소재나 직장에서의 기본적인 업무와 관련된 담화를 이해할 수 있으며, 동의와 반대, 지시와 보고 등의 의사소통 기능을 수행할 수 있다.</td></tr>
<tr><td>성취 기준</td><td>1. 직업, 교육 등과 같은 보편적인 사회적·추상적 소재의 담화를 이해할 수 있다.
2. 업무 상황이나 공적인 상황에서 사용되는 표현이나 내용을 이해할 수 있다.
3. 담화의 주요 내용과 구체적인 세부 정보를 대부분 파악할 수 있다.
4. 정형화된 구조와 형식을 갖춘 인터뷰, 뉴스 등을 이해할 수 있다.
5. 다양하고 복잡한 구조의 문장을 알고, 자연스러운 억양과 속도로 말하는 모어 화자의 발화를 이해할 수 있다.</td></tr>
<tr><td rowspan="2">5급</td><td>목표</td><td>사회 전반에 대한 소재와 자신의 업무나 학업과 관련한 담화를 이해할 수 있으며, 업무 보고, 협의 등의 의사소통 기능을 수행할 수 있다.</td></tr>
<tr><td>성취 기준</td><td>1. 사회적·추상적 소재나 자신의 전문 분야에 대한 담화를 이해할 수 있다.
2. 일부 전문적이고 격식적인 상황에서 이루어지는 담화를 이해할 수 있다.
3. 발화의 주요 내용 및 세부 내용을 이해하고 드러나지 않은 화자의 의도를 파악할 수 있다.
4. 다양한 서사 구조의 영화, 다큐멘터리, 교양 프로그램 등을 이해할 수 있다.</td></tr>
</table>

5급	성취 기준	5. 업무와 학업에 필요한 어휘와 표현을 알고, 발화자의 의도에 따라 발음, 억양, 속도 등이 달라지는 모어 화자의 발화를 이해할 수 있다.
6급	목표	전문적이거나 학술적인 영역의 담화를 이해할 수 있으며, 설득이나 권고 등의 의사소통 기능을 수행할 수 있다.
	성취 기준	1. 자신이 종사하는 전문 분야에 등장하는 대부분의 소재를 다룬 담화를 이해할 수 있다. 2. 대부분의 전문적 상황에서 이루어지는 격식적인 담화를 이해할 수 있다. 3. 발화의 논리적 흐름과 인과 관계를 분석하고 내용을 추론하며 의미를 파악할 수 있다. 4. 복잡한 논리 구조의 대담과 강연, 토론 등을 이해할 수 있다. 5. 전문적이고 학술적인 표현을 알고, 발음, 억양, 속도 등에서 개인적 특성이 드러나는 모어 화자의 발화를 이해할 수 있다.

〈한국어 표준 교육과정〉은 평가 기준이 아니라 성취 기준으로서, 이해영 외(2006)과 비교해 보면 각 급별 목표가 구체적으로 명시되어 있다. 그리고 표면적으로는 1급과 2급에서 평가 기준으로 제시된 음운의 식별과 음운 변동의 식별, 질문에 대한 대답 등은 〈한국어 표준 교육과정〉에 명시되어 있지 않다. 그러나 대화를 이해하기 위해서는 음운적 듣기가 선행되어야 한다는 점에서 이 부분이 특별히 강조되지 않은 것으로 이해할 수 있다.

〈한국어 표준 교육과정〉은 주제, 기능, 맥락, 기술, 텍스트, 언어지식 등 6가지를 구성 요소로 하여 기술되고 있기 때문에 이해영 외(2006)에서 구체화되지 않은 기능(인사, 소개, 허락, 요청 등)이 명시적이며, 제시된 텍스트 종류도 다양함을 알 수 있다. 이러한 기능과 맥락, 텍스트 등의 구성 요소는 개정된 토픽 시험에 반영되어 있다. 그러나 기본적인 듣기 능력–의미 파악, 정보 파악, 추론–등은 크게 다르지 않음을 알 수 있다.

10.4. 듣기 평가의 유형

10.4.1. Brown(2004)와 김유정(2020)의 듣기 평가

Brown(2004)는 듣기 과정에 따라 듣기 평가 목표를 제시하고 이에 따라 듣기의 유형을 다음과 같이 세분화하였다.

(3) 가. 세부적 듣기(intensive listening)
나. 반응적 듣기(responsive listening)
다. 선택적 듣기(selective listening)
라. 확장적 듣기(extensive listening)

세부적 듣기는 하나의 긴 발화에서 그 안의 요소들 – 음소, 단어, 억양, 담화 표지 등 – 을 인식하기 위한 듣기로 듣기의 기본 능력과 관련한 유형이다.

반응적 듣기는 상대적으로 짧은 발화를 듣고 역시 짧은 반응을 보일 수 있는 듣기 능력을 평가하는 것으로, 발화를 듣고 이에 적합하게 반응하는 능력, 즉 반응 능력(또는 창출 능력)을 측정하는 것이다. 반응적 듣기에는 인사, 질문, 명령, 이해 확인, 청유, 요청 등에 대한 반응이 포함된다.

선택적 듣기는 읽기 종류의 하나인 탐색적 읽기(scanning)와 유사한 것으로 탐색을 통해 어떤 정보를 찾아내기 위하여 몇 분 동안 짧은 독백과 같은 일련의 담화를 듣는 것이다. 이 듣기는 전체적인 의미 파악을 목표로 하는 것이 아니라 긴 발화를 듣고 특정 정보를 이해하는 것을 목표로 한다. 예를 들어 이름, 숫자, 문법적 범주, 지도에서 길찾기, 특정 사실이나 사건 등을 파악하도록 요구한다.

확장적 듣기는 발화에 대한 전반적 이해를 도모하기 위해 듣는 것으로 강의나 강연을 듣고 포괄적인 메시지나 화자의 의도를 알아 내는 것을 포함한다. 요점 파악하기, 중심 내용 이해하기, 추론하기 등이 이에 해당한다.

김유정(2020:416)에서는 Brown(2004)의 듣기 평가 유형이 평가의 초점, 텍스트 길이, 반응 유형 등이 섞여 있어 명확하게 구분하기 어렵다고 비판하고,

Brown(2004)의 듣기 기술(미시적 기술, 거시적 기술) 17개와 Richards(1983)의 듣기 기술(18개, 학문적 듣기)을 바탕으로 한국어 듣기 목표 항목 22개를 제시하였다.

김유정(2020:414~415)의 한국어 듣기 목표 항목은 목표 항목을 구체화하고 있다는 점에서 듣기 평가를 위한 문항 작성에 큰 도움이 된다. 또한 사실적 이해와 추론적 이해를 분명하게 구분하여 평가해야 함을 강조하고 있다는 점에서 주의 깊게 내용을 확인하는 것이 필요하다. 사실적 이해는 듣기 텍스트에 정보와 내용이 담화에 명시적으로 노출되어 있어 청자가 들리는 그대로의 정보와 내용을 파악할 수 있는지 평가하는 것이 목표이고 추론적 듣기 이해는 명시적으로 제시되지 않은 내용을 듣기 텍스트에 명시적으로 제시된 내용을 바탕으로 추측하는 능력을 평가하는 것이 목표이다. 또한 듣기 평가 유형에서 유의해야 할 점은 사실적 듣기와 추론적 듣기 평가에서 담화 상황 파악하기나 담화 의도 파악하기, 담화 참여자 파악하기, 세부 내용 파악하기 등의 유형이 모두 가능하다는 것이다.

10.4.2. 한국어 듣기 평가 유형

이 절에서는 10.3.에서 살펴본 한국어 능력 시험(토픽)의 단계별 듣기 목표에 따라 듣기 평가 유형을 크게 음성의 정확한 분별을 통한 의미 파악 능력 평가하기, 반응 능력 평가하기, 정보 파악 능력 평가하기, 추론 및 종합 능력 평가하기로 나누어 살펴보려고 한다.

음성의 정확한 분별을 통해 의미 파악 능력을 평가하는 문제 유형은 음운 식별하기, 단어 받아쓰기, 숫자 식별하기 등이 있으며, 반응 능력 평가하기는 주로 대화에서 선행 발화에 대해 적절한 반응을 할 수 있는지를 평가하는 문제 유형이 대표적이다.

정보 파악 능력 평가하기는 세부 내용 파악하기, 일치하는 내용 찾기, 같은 의미 파악하기, 중심 내용 파악하기, 내용 요약하기, 제목 붙이기 등의 문제 유형이 있다.

추론 및 종합 능력 평가하기는 듣기 내용을 토대로 추론하거나 종합하는 능력을 평가하는 것으로 화자의 태도 추론하기, 이어질 내용(또는 행동) 추론하기, 선행 발화 추론하기 등이 있다. 또한 담화 요소인 화제 추론하기, 담화 유형 추론하기, 담화 참여자 추론하기, 담화 장소 추론하기, 담화 상황 추론하기 등의 유형도 있다.

앞서 소개한 한국어 능력 시험(구토픽, 신토픽)과 세종 한국어 평가(스카) 등의 듣기 문제를 자료로 하여 문제 유형을 소개하도록 하겠다.

10.4.2.1. 음성 분별을 통한 의미 파악 능력 평가하기

음성 분별을 통한 의미 파악 능력 평가하기에는 가장 기초적인 음운 식별하기, 단어 식별하기 등이 있다. 음운 식별하기는 음운의 위치에 따라 어두 자음 식별하기, 모음 식별하기, 받침 식별하기로 나누어 할 수 있으며, 단어 식별하기는 음운 변화가 없는 단어에서 시작하여 음운 변화가 있는 단어로 평가가 이루어지는데 문장 속에서 사용되는 단어를 식별하게 하는 평가가 고립된 단어를 식별하게 하는 평가보다 선호된다.

1 음운 식별하기

다음은 ESP-토픽의 듣기 문제이다. 짧은 시간 동안 기초적인 듣기 이해를 평가하기 때문에 문맥 없이 개별 단어만을 식별하게 하였다.

※ 들은 것을 고르십시오.(초급)

〈보기〉

산

① 강　② 들　③ 꽃　④ 산

1. ① 우유　② 오이　③ 아이　④ 이유
2. ① 구두　② 누나　③ 가구　④ 누구

다음도 음운 식별하기 유형의 문제인데 문장 속에서 사용되는 단어를 식별하도록 하였다. 문제 1은 어두의 자음 식별하기 유형이고, 문제 2는 제1 음절의 모음 식별하기 유형이다.

※ 다음을 듣고 〈보기〉와 같이 (　　)에 알맞은 것을 고르십시오.(초급)

〈보기〉

(아이)가 있어요.

① 오이　　❷ 아이　　③ 여유　　④ 여우

1. (방)이에요.
   ① 강　　② 방　　③ 망　　④ 장
2. (지금) 사세요.
   ① 지금　　② 저금　　③ 자금　　④ 조금

2 문장 듣고 단어 식별하기

문장을 듣고 빈칸에 단어를 써 넣는 유형이다. 빈칸으로 제시된 단어는 학습자들이 구별하기 어려운 음운(경음, 격음, 구별이 어려운 모음 등)을 포함한 단어나 음운 변화를 일으킨 단어인 경우가 많다.

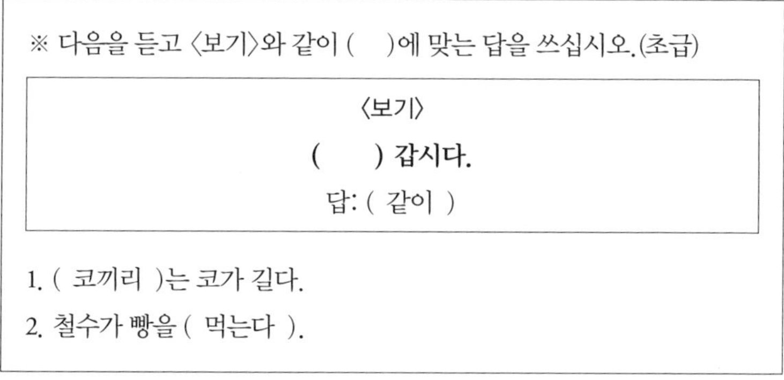

※ 다음을 듣고 〈보기〉와 같이 (　　)에 맞는 답을 쓰십시오.(초급)

〈보기〉

(　　) 갑시다.

답: (같이)

1. (코끼리)는 코가 길다.
2. 철수가 빵을 (먹는다).

10.4.2.2. 반응 능력 평가하기

반응 능력 평가하기는 문장이나 대화를 듣고 들은 내용에 대해 적절하게 반응하는 능력을 평가하는 것으로 Brown(2004)의 반응적 듣기와 관련된다.

주로 두 사람 간의 대화 자료가 평가 자료로 사용되는데 초급에서는 주로 관용적으로 굳어져 사용되는 인사말이나 고정 표현에 대한 고정적인 반응을 알고 있는지를 묻는 경우가 많으며, 판정 의문문, 설명 의문문, 선택 의문문 등 의문문의 종류에 따라 적절히 응답할 수 있는지를 평가하는 경우도 많다. 중급부터는 대화의 길이가 조금 더 길어져 화용 맥락을 파악해야 대답할 수 있는 유형으로 변화된다.

1 맞는 대답 고르기

다음은 의문문에 대한 반응을 묻는 문제이다. 문제 1은 판정 의문문에 대한 대답, 문제 2는 설명 의문문에 대한 대답을 묻는다.

※ 다음을 듣고 〈보기〉와 같이 물음에 맞는 대답을 고르십시오.(초급)

〈보기〉

가: 운동을 해요?

나: ______________________

❶ 네, 운동을 해요. ② 아니요, 운동이에요.

③ 네, 운동이 아니에요. ④ 아니요, 운동을 좋아해요.

1\.

남자: 가게에 가요?

여자: ______________________

① 네, 가게에 가요. ② 아니요, 가게가 좋아요.

③ 네, 가게가 아니에요. ④ 아니요, 가게가 있어요.

2\.

여자: 지금 무엇을 마셔요?

남자: ______________________

① 매일 마셔요. ② 제가 마셔요.

③ 우유를 마셔요. ④ 집에서 마셔요.

2 이어지는 말 고르기

초급에서는 다음 예처럼 인사말이나 고정적 표현에 대한 반응을 묻는 경우가 많다.

※ 다음을 듣고 〈보기〉와 같이 다음 말에 이어지는 것을 고르십시오.(초급)

〈보기〉

가: 늦어서 미안합니다.

나: ____________________

① 미안합니다. ❷ 괜찮습니다. ③ 실례합니다. ④ 축하합니다.

1. 남자: 여기 앉으세요.

여자: ____________________

① 반갑습니다. ② 고맙습니다.
③ 네, 그렇습니다. ④ 아니요, 모르겠습니다.

2. 여자: 맛있게 드세요.

남자: ____________________

① 어서 오세요. ② 안녕히 가세요.
③ 잘 부탁합니다. ④ 잘 먹겠습니다.

3. 여자: 여보세요. 수미 씨 좀 바꿔 주세요.

남자: ____________________

① 네, 고마워요. ② 네, 잘 다녀오세요.
③ 네, 안녕히 주무세요. ④ 네, 잠깐만 기다리세요.

중급 이상에서는 맥락을 이해해야만 답변할 수 있는 반응을 묻는다.

> ※ 다음 대화를 잘 듣고 이어질 수 있는 말을 고르십시오.(중급)
>
> 1.
>
> 남자: 실례합니다. 잠깐 들어가도 되겠습니까?
> 여자: 네. 그런데 어떻게 오셨어요?
> 남자: ____________________
>
> ① 여기 온 지 얼마 안 됐습니다.
> ② 지금은 들어오시면 안 됩니다.
> ③ 김 과장님을 만나러 왔습니다.
> ④ 끝나자마자 곧 돌아가겠습니다.
>
> 2.
>
> 남자: 마음에 드시면 한번 신어 보시겠어요?
> 여자: 이건 좀 작을 거 같은데 좀 더 큰 거로 신어 볼게요.
> 남자: ____________________
>
> ① 다른 것으로 교환해 드릴게요.
> ② 같은 크기로 주문해 드릴까요?
> ③ 지금은 이것보다 큰 게 없는데요.
> ④ 요즘 이런 모양이 인기가 좋아요?

10.4.2.3. 정보 파악 능력 평가하기

정보 파악 능력 평가하기는 세부 내용 파악하기, 일치하는 내용 찾기, 같은 의미 파악하기, 중심 내용 파악하기, 내용 요약하기, 제목 붙이기 등의 문제 유형이 있다.

정보 파악 능력을 평가하는 방법으로 초급에서 주로 사용하는 유형은 대화나 담화를 듣고 담화의 주요한 정보라고 할 수 있는 시간, 장소, 담화 참여자의 직업 등을 청자가 파악하였는지를 묻는 유형이다.

정보 파악 능력을 평가하기 위해 그림이나 사진이 자주 사용되는데, 초급에서는 들은 내용을 그림으로 적절하게 표현한 것을 찾도록 하거나 반대로 그림을 제시하고 이에 맞는 대화를 찾는 유형이 있다. 이때 장소, 대화 참여자 등 담화 요소가 듣기에 주요한 정보가 된다.

1 일치하는 그림 고르기

※ 다음 대화를 듣고 알맞은 그림을 고르십시오.(초급)

문. 두 사람은 무엇을 하고 있습니까?

> 남자: 처음 뵙겠습니다. 김민수입니다.
> 여자: 저는 이주희입니다. 만나서 반갑습니다.

※ 다음 대화를 듣고 알맞은 그림을 고르십시오.(초급)

문.

> 남자: 어떤 모양으로 자르실 거예요?
> 여자: 이제 여름이니깐 짧게 자르면 좋겠어요.

①

②

③ 

④ 

2 일치하는 내용 찾기

※ 다음을 듣고 〈보기〉와 같이 대화 내용과 같은 것을 고르십시오. (초급)

〈보기〉

남자: 요즘 한국어를 공부해요?

여자: 네, 한국 친구한테서 한국어를 배워요.

① 남자는 학생입니다.

② 여자는 학교에 다닙니다.

③ 남자는 한국어를 가르칩니다.

❹ 여자는 한국어를 공부합니다.

문.

남자: 오늘 같이 테니스 칠래요?

여자: 내일 시험이 있어요. 다음에 해요.

① 남자는 내일 시험이 있습니다.

② 여자는 오늘 시험을 봤습니다.

③ 남자는 테니스를 치고 싶어합니다.

④ 여자는 오늘 테니스를 칠 것입니다.

3 세부 내용 파악하기

세부 내용 파악하기는 명시적으로 들은 내용을 통한 사실적 이해와 들은 내용을 바탕으로 추론하는 추론적 이해에 모두 사용이 되는 문제 유형이다. 세부 내용 파악하기에서는 담화를 듣고 이유, 과정, 결과, 근거, 순서 등 정보를 파악할 수 있는지를 평가한다.

※ 다음을 듣고 물음에 답하십시오.(초급)

> 여자: (딩동댕) 주말에도 우리 마트를 찾아 주신 손님 여러분, 감사합니다. 신선한 채소, 맛있는 과일이 있는 인주마트입니다. 마트 이용 시간은 평일 오전 아홉 시부터 밤 아홉 시까지입니다. 주말에는 밤 열 시까지 이용할 수 있으니 편안하게 한 시간 더 쇼핑하십시오. 많은 이용 부탁드리겠습니다. 감사합니다. (딩동댕)

문. 여자가 왜 이 이야기를 하고 있는지 고르십시오.

① 마트의 위치를 가르쳐 주려고

② 마트의 할인 상품을 소개하려고

③ 마트가 새로 문을 여는 것을 알려 주려고

④ 마트를 이용할 수 있는 시간을 안내하려고

※ 다음을 듣고 질문에 답하십시오.(초급)

> 남자(손님): 사진관이지요? 다음주 월요일에 예약을 하고 싶은데요.
> 여자(직원): 월요일은 저희가 문을 열지 않아요. 음... 화요일은 예약이 다 찼고 수요일 오후나 목요일 오전은 예약을 하실 수 있어요.
> 남자(손님): 그럼 가장 빠른 날로 해 주세요.

문. 남자는 언제 사진관에 갑니까?

① 월요일 ② 화요일 ③ 수요일 ④ 목요일

4 중심 내용 파악하기

※ 다음을 듣고 여자의 중심 생각을 고르십시오.(초급)

남자: 시험 때문에 아침에 일찍 일어나니까 공부도 안 되고 힘드네요.
여자: 그래요? 전 아침 일찍 공부하면 더 잘 되는데요.
남자: 전 일찍 일어나면 너무 피곤해요. 수미 씨는 괜찮아요?
남자: 네, 저는 피곤하지 않고 기분이 더 좋아요.

① 이번 시험을 잘 보고 싶습니다.
② 친구와 같이 공부하고 싶습니다.
③ 아침 일찍 일어나는 것이 좋습니다.
④ 피곤할 때 더 많이 자는 것이 좋습니다.

문. 들은 이야기의 중심 내용은 무엇입니까?(고급)

남자: 우리말에는 '눈이 보배다.', '이는 오복 중의 하나다.'라는 표현이 있는데요. 그만큼 눈이나 치아 건강의 중요성을 일찍부터 인식해 왔다는 것이겠지요. 그렇다면 코는 어떻습니까? 저는 코에 대해서는 그런 말을 들어 본 바가 없습니다. 코가 덜 중요하기 때문일까요? 코는 호흡 기능 외에도 공기 중의 먼지, 불순물, 각종 세균 등을 정화하는 기능을 합니다. 인체를 보호하는 방어막과도 같은 것이지요. 코가 이렇게 중요한 기능을 담당함에도 불구하고 아직도 많은 사람들은 코 건강의 중요성을 인식하지 못하고 있습니다. 그러니 당연히 코 건강을 위해 힘쓰는 사람도 없겠지요. 사실 코 건강과 관련해서는 그 흔한 영양제조차 없는 것이 현실입니다. 오늘 저는 이비인후과 의사로서 그동안 간과되어 온 코 건강에 대해 말씀드리고자 합니다.

① 코의 기능 회복을 위한 영양제 개발이 시급하다.
② 눈이나 치아 건강에 못지않게 코 건강도 중요하다.
③ 예전에 비하여 코의 역할이 더욱 다양해지고 있다.
④ 코 안의 먼지나 불순물을 정기적으로 제거해 주어야 한다.

5 내용 요약하기

※ 다음은 뉴스입니다. 잘 듣고 50자 내외로 요약하십시오.(고급)

'야한 술 광고'가 사라진다. 국내 소주, 맥주, 양주 제조업체 등이 알코올 오·남용 방지를 위해 지나친 광고를 스스로 자제하기로 했기 때문이다.
하이트·진로그룹과 오비맥주, 롯데주류, 디아지오코리아, 페르노리카코리아, 롯데칠성음료 등 16개 주류회사는 15일 서울 역삼동 리츠칼튼호텔에서 한국주류산업협회 주관으로 '광고 자율 규제 협약'을 체결했다.
이들은 선정적 광고를 금지하는 것 외에 청소년과 임산부 등을 대상으로 한 광고 금지, 대학 캠퍼스와 온라인에서의 지나친 광고 제한, 미성년자 모델을 사용한 광고 금지, 초중고 출입문으로부터 50m 이내 광고 금지 등을 결의했다.
이들은 앞으로 '자율규제추진위원회'를 만들어 광고 내용을 감시하고, 시정 조치를 할 계획이다.

6 제목 붙이기

※ 다음 내용을 듣고 물음에 답하십시오.(중급)

여자: 최근 10년 사이 '생활 로봇' 기술은 비약적인 발전을 거듭해 왔습니다. '생활 로봇'은 사람의 움직임뿐만 아니라 얼굴 표정의 변화와 목소리의 차이도 감지할 수 있습니다. 사람과 외모가 비슷해 친근감을 주기까지 합니다. 아침 식사 준비며 청소, 세탁 등의 집안일은 물론이고 주인의 기분을 알아차리고 그에 맞는 반응을 해 주는 것도 가능합니다. 그러나 실제로 로봇이 집안에서 사람의 일을 돕고 사람의 친구가 되기까지는 아직 넘어야 할 산이 많습니다. 로봇 생산 비용을 낮추는 것과 로봇의 동작을 일정한 속도로 유지하는 것이 쉽지 않기 때문입니다. 그렇지만 '생활 로봇'이 우리의 일을 대신할 날이 그리 멀지 않아 보입니다.

문. 이 이야기의 제목으로 가장 알맞은 것을 고르십시오.

① '생활 로봇', 인간을 돕다
② '생활 로봇' 상용화, 멀지 않아
③ 로봇과 인간의 감정 교류, 가능한가
④ 가전제품 업계 로봇 판매로 함박웃음

10.3.2.4. 추론 및 종합 능력 평가하기

추론 및 종합 능력 평가하기는 듣기 능력 중 가장 고도의 능력으로, 추론 능력 평가하기에는 담화의 일부분을 듣고 구체적으로 언급되지 않은 내용 추론하기, 전후 상황 추론하기, 화자와 청자의 관계 추론하기 등이 평가 유형으로 사용된다.

1 담화 상황 파악하기

※ 여기는 어디입니까? 〈보기〉와 같이 알맞은 것을 고르십시오.(초급)

〈보기〉

남자: 어디가 아프세요?

여자: 배가 아파요.

① 공항 ② 은행 ③ 학교 ❹ 병원

1.
남자: 어서 오세요. 어디로 가세요?

여자: 인사동으로 가 주세요.

① 택시 ② 식당 ③ 약국 ④ 백화점

2.
여자: 맛있게 드세요.

남자: ____________________

① 식당 ② 극장 ③ 여행사 ④ 도서관

2 담화 참여자 추론하기

※ 다음 내용을 듣고 물음에 답하십시오.(중급)

남자: 지난달 가스 요금이 인상되었는데요. 시민들은 가스 요금의 인상이 다른 공공요금의 인상으로 이어지지 않을까 걱정하는 모습입니다. 오늘 이 시간에는 가스 요금의 인상이 우리 생활에 어떤 영향을 미칠지 살펴보도록 하겠습니다. (잠시 쉰다) 자, 이번 가스 요금 인상, 어떻게 보십니까?

여자: 네, 가스 요금의 인상이 대중교통 요금이나 전기와 같은 다른 공공요금의 인상으로 이어질 것은 분명한데요. 중요한 것은 얼마나 오르느냐 하는 것이죠. 정부가 가스 요금을 4.5퍼센트 정도 인상했기 때문에 다른 공공요금들도 그 정도 수준에서 인상되지 않을까 우려하실 텐데요. 정부는 아마도 물가 안정

을 위해 다른 공공요금의 인상 수준을 최대한 낮출 것으로 예상됩니다.

문. 남자가 누구인지 고르십시오.

① 일반 시민
② 정부 관계자
③ 경제 전문가
④ 뉴스 진행자

※ 다음 내용을 듣고 물음에 답하십시오.(중급)

여자: 지금 하시는 일이 보통의 라디오 방송과 준비 과정이 다르다고요?

남자: 네. 저는 매일 오전 여섯 시부터 오후 두 시까지, 30분마다 교통 정보를 안내하고 있는데요. 도로에 설치된 여러 대의 CCTV와 시민들이 보낸 문자를 보고 교통 상황을 분석해 시민들에게 전달합니다.

여자: 방송 중에도 도로 상황은 수시로 달라질 텐데요. 방송 내용을 미리 준비하기가 어려울 것 같습니다.

남자: 네. 미리 원고를 작성하기는 하지만 실시간 교통 상황을 보며 원고에 없는 내용을 전달할 때가 많습니다. 그래서 긴장을 늦출 수 없죠.

문. 남자가 누구인지 고르십시오.

① 도로를 정비하는 사람
② 교통 상황을 촬영하는 사람
③ 도로에 CCTV를 설치하는 사람
④ 방송에서 교통 상황을 알려 주는 사람

3 화자의 태도 추론하기

※ 다음 대화를 듣고 여자가 어떤 생각을 하고 있는지 맞는 것을 고르십시오.(중급)

남자: 내일이 친구 생일인데 선물로 꽃다발을 주는 건 어떨까?
여자: 글쎄, 나는 꽃다발은 별론데. 그건 평소에 사용할 수 있는 것도 아니잖아. 한번 기분 좋고 끝나는 것보다는 그 사람이 자주 사용할 수 있는 게 좋은 선물 아닐까?

문. ① 실용적인 선물이 좋은 선물이다.
② 선물로 받은 것은 자주 사용해야 한다.
③ 상대가 원하는 선물을 사 주어야 한다.
④ 사람의 기분을 좋게 하는 선물을 해야 한다.

4 이어질 행동 추론하기

※ 다음 대화를 듣고 남자가 할 행동으로 알맞은 것을 고르십시오.(중급)

여자: 저기요, 죄송하지만 여기가 창가 쪽이라서 그런지 좀 추운 것 같은데 자리 좀 바꿀 수 있을까요?
남자: 지금 막 안쪽에 자리가 하나 생겼네요. 정리가 되는 대로 말씀드릴 테니까 잠시만 기다려 주시겠습니까?
여자: 네, 그럴게요.

문. ① 다른 직원을 부른다.
② 안쪽 테이블을 정리한다.
③ 손님이 앉은 자리를 치운다.
④ 손님에게 창가 자리를 안내한다.

※ 대화가 끝난 후에 여자가 할 수 있는 행동으로 알맞은 것을 고르십시오.(고급)

여자: 교수님, 제 졸업 작품 주제 말인데요. 보니까 유사한 주제가 좀 있더라고요. 작업이 상당히 진행되었는데 어떻게 하지요?

남자: 발표회를 준비하다 보면 주제나 소재가 겹치는 건 흔한 일이지. 물론 주제가 독창적이라면 더할 나위 없이 좋겠지만 이제 와서 어쩌겠어. 이미 진행 중인데. 일단은 그 주제 안에서 차별성을 두는 데 주력하는 게 좋겠군.

여자: 네. 노력은 해 보겠지만 생각처럼 잘될지 모르겠어요.

① 현재의 주제를 유지하되 독창성을 추구한다.
② 같은 주제를 선택한 사람들과 공동 작업을 한다.
③ 아직 다루어지지 않은 분야에서 주제를 찾아본다.
④ 소재는 그대로 유지하고 주제에서 변화를 찾는다.

5 선행 발화 추론하기

※ 다음 토론을 듣고 물음에 답하십시오.(고급)

여자: 네, 박사님 의견 잘 들었습니다. 일리가 있는 주장이라고 생각되네요. 저도 인류의 안전을 동물의 생존권과 맞바꿀 수 없다는 말에 동감합니다. 하지만 박사님의 고견을 들으면서 의문이 하나 생겼습니다. 인간에게 안전한 의약품을 시판하기 위해서는 동물실험이 필수불가결한 요소라고 말씀하지 않으셨습니까? 이 말은 동물에게 무해하다면 인간에게도 무해하다는 것을 전제로 하고 있는데요. 만약 이러한 전제에 대한 어떤 신빙성 있는 근거가 없다면 동물실험을 거쳐서 탄생된 의약품들이 인간에게 무해하다고 하기가 어려울 것 같네요. 여기에 대해서 답변을 좀 부탁드리겠습니다.

남자: 네, 물론 동물이 보이는 반응이 인체에서 보일 수 있는 반응과 완전히 일치한다고는 말씀드리기 어렵습니다. 다만 그런 연관성에 대한 자료를 보여 드릴 수는 있습니다.

문. 여자의 말 앞에 나온 내용으로 알맞은 것을 고르십시오.

① 의약품의 안전 문제에 대한 불감증 해결 방안
② 동물실험의 대안으로 등장한 의약품 안전 검사
③ 의약품 안전성 확보를 위한 동물실험의 타당성
④ 과학적인 근거가 없는 무차별한 동물실험의 맹점

6 화제 추론하기

※ 다음은 무엇에 대해 이야기하고 있습니까? 가장 알맞은 것을 고르십시오.(고급)

여자: 아까 영수가 손을 데었을 때 보니까 너 정말 침착하더라. 나는 너무 놀라서 어쩔 줄을 모르겠던데.
남자: 나도 마찬가지였어. 친구 손에 끓는 물을 쏟았는데 안 놀랄 사람이 어디 있겠어. 그런데 갑자기 진정을 해야 한다는 생각이 들더라고. 그래서 크게 심호흡을 하고 마음을 가라앉힌 후에 응급조치부터 한 거야.

① 사태를 파악하는 능력　② 감정을 조절하는 방법
③ 안전사고를 예방하는 자세　④ 위급 상황에 대처하는 태도

11. 듣기 전략

듣기는 읽기와 마찬가지로 주어진 내용을 이해하는 수용적이면서 수동적일 수 있는 기능 영역에 속한다. 그러나 그렇다고 하여 학습자가 수동적이어서는 제대로 된 듣기를 할 수 없다. 학습자는 제2 언어를 들을 때 특히 능동적으로 고양되어 있어야 한다. 말하자면 무작정 들려오는 것만을 듣는 것이 아니라 스스로 목적의식이나 동기를 가지고 능동적으로 발화를 재구성하면서 들어야 한다.

또한 인간은 한계가 있기에 들려오는 내용 모두를 바로 외울 수 없다. 특히 모어가 아닌 경우 내용을 자기 언어로 바꾸어 기억하는 것도 만만하지 않다. 그러므로 듣기 과정에서 전략이 필요하다. 제2 언어에서의 듣기 전략은 '학습자가 구어 텍스트와 실시간으로 상호 작용하는 동안 이해에 도달하기 위해 사용하는 여러 방식'으로 정의할 수 있다. 듣기 전략을 효과적으로 활용한다는 것은 단순히 인지적 처리 능력을 발휘하는 것뿐만 아니라, 텍스트를 이해하지 못했을 때 어떻게 대처해야 하는지를 아는 능력도 포함한다.

듣기나 읽기는 과정이 유사하여 전략의 사용도 유사할 수 있지만 텍스트가 여전히 눈앞에 남아 있는 읽기에 비해, 한순간에 지나가는 듣기는 더 많은 전략이 요구된다. 다시 말해 전략을 제대로 잘 사용한 학습자가 듣기에서 더 많은 성취 결과를 얻을 수 있으며 그간 Murphy(1985), O'Malley et al.(1989), Vandergrift(1997/2003) 등과 같은 여러 연구를 통해 듣기 전략과 듣기 능력의 관련성이 높다는 것이 밝혀진 바 있다.

11.1. 성공적인 듣기를 위한 듣기 전략

음성을 귀로 받아들이는 단계에서 출발하여 중요한 정보를 개념적으로 저장하는 단계에까지 이르는 듣기를 성공적으로 이루기 위해서는 어떠한 전략(strategy)이 필요할까? Brown & Yule(1983b)에서는 청자가 모든 단서를 활용하여 적극적인 방법으로 "누가, 왜, 누구에게, 어떤 상황에서, 무엇에 관해" 말하고 있는지를 파악하고 결정해야 한다고 말한다. Rost(1991)에서도 메시지를 이해하려면 각 듣기 상황에 맞추어 청자가 이전에 경험한 모든 언어 지식과 배경지식을 활용해야 한다고 한다. 이때 주목할 점을 다음 네 가지로 제시하였다.

(1) 가. 듣기에서 주어진 상황이 어떤 상황인가?
나. 주어진 듣기에 대해 내가 무엇을 하도록 되어 있는가?
다. 중요한 의미 단어와 단위는 무엇인가?
라. 메시지의 의미가 통하는가?

이것은 상황에 따라, 듣기의 목적에 따라 듣기 전략이 달라질 수 있음을 의미하며 결국 듣기의 성공에 관여하는 관건은 들려오는 자료에 대한 의미 파악임을 알 수 있다. 성공적인 듣기란 이러한 요소들에 대하여 청자가 분명하고 즉각적인 판단을 내려 그에 따라 궁극적으로 의미를 도출해 내는 것이라 하겠는데 이러한 의미 도출에 도움을 주는 일련의 방법을 듣기 전략이라 한다.

교사는 학습자가 지각, 분석, 종합 능력을 길러 듣기에 성공하도록 도와야 한다. 듣기 교육의 목표는 바로 학습자로 하여금 듣기 전략을 사용하도록 하여 성공적인 듣기를 이루도록 하는 데에 있다. 다음 (2)는 Rost(1991:5)에서 제시한 듣기의 전략과 기능이다.

(2) Rost(1991)의 듣기의 전략과 기능

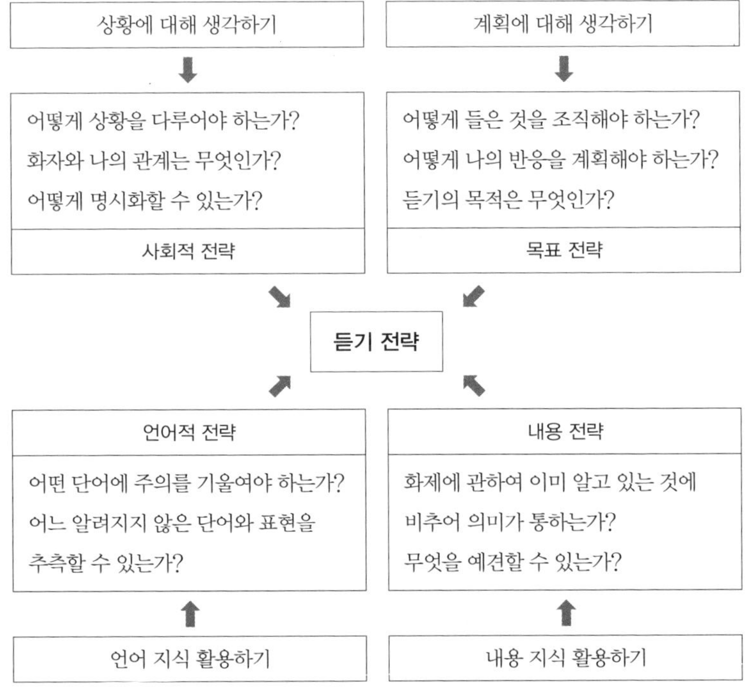

다음으로 Vandergrift(1997)에서와 같이 듣기 전략을 인지 전략과 초인지 전략, 사회·정의적 전략으로 나누어 보는 방법도 있다. 인지 전략(cognitive strategies)이란 지식의 구조나 내용을 파악하는 가장 기본적인 학습 전략과 무관하지 않은 것으로, 지식과 관련된 모든 정신 능력 과정을 의미한다. 학습자는 인지 전략을 사용하여 자신의 인지적 정보 처리를 통제하거나 점검하고, 배경지식과 듣기 내용을 관련짓도록 하며, 이해되지 않는 부분을 인식하도록 한다는 점에서 듣기 내용 이해에 매우 중요한 역할을 한다. 여기에는 추론하기, 예측하

기, 해석하기, 저장하기, 회상하기, 요약하기, 번역하기, 반복하기, 확장하기, 자료 활용하기, 묶기, 메모하기, 대체하기, 이미지 그리기 등이 포함된다.

초인지 전략(혹은 메타 인지 전략, metacognitive strategies)은 좀 더 복잡하다. 초인지란 간단히 말해서 학습에 대한 조절이나 통제를 뜻하는 매우 복잡한 지적 작용이다. 이는 학습 상황에서 자신의 사고 과정을 성찰하는 것을 의미한다. 여기에는 담화에 대한 지식은 물론, 과제를 제대로 수행하였는지를 점검하는 준거, 적용하고 있는 듣기 전략 등에 대한 인식이 모두 포함되며 크게 인지에 대한 지식과 인지에 대한 자기 통제로 나뉜다. 이러한 전략은 학습자가 자신의 전략 사용을 관리 및 감독하며 듣기 중 발생할 수 있는 여러 어려움을 미리 예측하고 준비하는 데에 중요한 역할을 한다.

인지에 대한 지식은 '정보원들에 대한 지식'과 '통제에 대한 지식'을 말한다. 담화의 내용 속에서 어떤 모순이나 오류를 알아 내는 것 또는 담화의 내용이나 형식, 유형 등에 알맞은 듣기 전략이 있다는 것을 아는 것 등이 여기에 속한다. 또한 인지에 대한 자기 통제가 포함되는데 이는 듣기 과정에서 인지적 전략을 적절하게 조정하는 능력으로 듣기 계획 또한 여기에 포함된다. 이러한 계획은 과제를 수행하기 위해 무엇을 해야 하는지를 인식하는 과정이다. 따라서 무차별하게 모든 정보에 집중하는 것이 아니라 무엇을 들어야 할지 목적을 가지고 선택적으로 들으며, 들으면서 내가 과연 잘 이해하고 있는지를 순간순간 점검하고, 자신의 듣기 능력에 맞게 듣기 기능을 수행하게 도와주기도 한다. 또한 듣기 전이나 듣는 중에 마음을 가다듬고 정신을 집중하는 일 역시 이러한 초인지 전략 중의 하나이다.

초인지 전략은 의지적인 작용이기는 하나 논리적이고 분석적이며 사고의 영역에 속하는 것이 아니라 그것을 넘어서 인지를 관할하는 전략이라 하겠다. 말하자면 상당히 심리적인 영역에 속한다. 인지 전략은 사고의 영역에 속하며 가장 중심이 되는 전략이다.

사회적 전략(social strategies)은 혼자서 동영상 자료를 보거나 음성 자료 등을 듣는 고립적 듣기 상황보다는 협력적인 환경에서 주로 활용된다. 예를 들어, 동영상 자료를 시청할 때 동료와 함께 서로 모르는 내용을 질문하고 확인해 가며 보거나, 화자가 현장에 있어 직접 상호 작용이 가능한 상황에서 효과적으로 사용될 수 있다. 즉, 화자와 같은 공간에 있으면서 듣는 경우 이해하지 못한 내용을 명료히 설명해 줄 것을 화자에게 요청할 수 있다. 이러한 사회적 전략은 협력적 듣기(cooperative listening) 기법이라고도 하며 특히 집단 기반의 교수-학습 상황에서 선호되는 방식이다.

정의적 전략(affective strategies)은 감정을 조절하기 위한 전략으로, 불안과 같은 부정적 감정을 극복하기 위해 사용된다. 이를 위해 도움을 요청하거나 이해 여부를 확인하고, 스스로를 격려하는 등의 행동을 수행한다.

이러한 듣기 전략을 잘 활용하면 이상적인 청자가 될 수 있다. 그러나 이러한 듣기 전략을 구사하기 위해서 먼저 충족되어야 하는 것이 있다. 배경지식이나 언어문화 지식, 그리고 해당 언어의 음운에서부터 담화에 이르기까지의 구조에 대한 지식이 그것이다. 이와 같은 지식이 없으면 청자는 이상에서 언급한 듣기 전략을 사용할 수 없다. 그러므로 이상적인 청자는 듣기 현장에서만 유능한 것이 아니라 평소에 듣기를 위한 제반 준비 요소들을 잘 갖추고 있는 청자를 말한다. 여기에 적절한 동기가 부여되고 적극적인 성격이 반영된다면 더할 나위 없이 성공적인 듣기를 할 수 있을 것이다.

한편, 듣기 전략을 사용한다고 해서 항상 성공적인 결과를 얻는 것은 아니다. 대부분의 학습자가 듣기 과정에서 전략을 사용하지만, 어떤 경우에는 효과적으로 작용하여 성공적인 듣기를 가져오고 어떤 경우에는 그렇지 못하다는 주장이 있다. 즉, 성공적인 학습자들은 효율적인 듣기 전략을 활용하는 반면, 그렇지 못한 학습자들은 비효율적인 듣기 전략을 사용하는 경향이 있다는 것이다. 듣기에 능숙한 학습자는 전략을 활용하여 기존 지식과 비교하거나 질문을 던지며 논리적으로 의미를 구성하고, 맥락을 파악하여 예측과 추론을 수행하며, 배경지식을 바탕으로 새로운 정보를 통합한다. 또한 목표어를 모어로 번역하여 이해하기보다는 목표어 자체의 의미를 직접 파악하고, 맥락에 기반하여 내용을 이해한다. 이들은 맥락과 무관한 요소에는 주의를 덜 기울이며, 오히려 비언어적 혹은 준언어적 표현에 더 집중하는 경향이 있다.

다음 (3)은 이병민(2003:268)에서 제시한 단계별 듣기 학습 전략 사용의 예인데, 어떤 전략을 사용했는지에 따라 효율적인 듣기 학습자와 비효율적인 듣기 학습자로 대비하여 구분해 놓은 점이 흥미롭다.

(3) 이병민(2003)의 단계별 듣기 학습 전략

	효율적인 듣기 학습자	비효율적인 듣기 학습자
듣기 전 단계	듣고자 하는 내용과 관련된 배경지식을 갖춘다.	듣고자 하는 내용의 주제와 관련 없이 듣기 시작한다.
	듣고자 하는 구체적인 목적을 가지고 있으며, 말하는 사람의 의도를 파악하고자 한다.	듣기 활동의 구체적인 목적이 없으며, 말하는 사람의 의도에 관심이 없다.
	정신을 집중하고 다른 불필요한 것들을 최소화한다.	주의를 집중하지 않고, 정신을 산만하게 하거나, 그러한 것들에 영향을 받는다.
듣기 단계	관심을 보이고 듣기에 정신을 집중한다.	듣기에 필요한 정신 집중을 하지 않는다.
	의미를 이해하려고 한다.	내용이 별로 흥미 없다고 느낀다.
	확인하고, 평가하고, 추론하고, 반성하는 등 다양한 활동을 통해서 내용을 이해하고 있는지 계속적으로 확인한다.	평가를 하거나 이해 전략을 사용하지 않는다.
	정신을 집중할 것인지 아닌지를 판단하여 자신의 듣기 활동을 조절한다.	듣기 활동의 조절이 필요하다는 것을 구별하지 못한다.
	메모를 하고, 요약하고, 개요를 작성하고, 분류하고, 정리하고, 자신이 갖고 있는 내용을 추가한다.	메모하는 전략을 잘 모르면서 매우 엄격하게 메모를 한다.
	소수이나, 그러나 의미 있는 메모를 한다.	모든 단어를 메모하려고 하거나 전혀 메모를 하지 않는다.

듣기 단계	말하는 사람과 내용을 구별한다.	말하는 사람의 외모나 전달하는 양식에 따라서 내용을 판단한다.
	문맥을 고려하고 단어가 갖는 색깔을 고려한다.	단어를 있는 그대로 받아들인다.
듣기 후 단계	내용을 완전히 이해할 때까지 판단을 유보한다.	내용을 들은 것 그 자체로 만족한다.
	듣고 난 후에 추가 활동으로, 제시된 내용에 대해서 메모를 살펴보고, 분류해 보고, 확실하게 한다.	다시 되새겨 보지 않고 결론에 이른다.

성공적인 듣기를 위해서는 위 (3)의 표에서 왼쪽의 학습자가 사용하는 전략을 사용하도록 노력해야 할 뿐 아니라 동시에, 오른쪽 학습자의 방식을 지양, 극복해야 할 것이다. 교사는 이러한 전략을 학습자들에게 적절한 시기에 알려주고 사용하도록 지도함으로써 그들의 듣기 능력 향상에 기여할 수 있다.

11.2. 듣기의 세부 전략 및 활동

다음 항목들은 일반적으로 듣기를 훌륭하게 수행하기 위해 필요한 세부 전략 및 활동들을 유형별로 분류하여 정리한 것이다.

(4) 인지 전략 활동

가. 주요어 중심으로 듣기: 너무 완벽하고 꼼꼼하게 이해하려 하지 말고 대강의 줄기를 파악하는 연습을 해야 한다.

나. 구 단위로 듣기: 잘 듣기 위해서는 단어(word) 단위로 듣는 것이 아니라 구(phrase) 단위로 들어야 한다. 일종의 생각 단위(thought group)로 듣고 이해하는 훈련을 해야만 내용을 파악할 수 있다.

다. 맥락 이해하기: 미세한 부분들에 집착하지 말고 전체적인 맥락을 이해해야 한다.

라. 구어 표현 익히기: 잘 듣기 위해서는 표현을 많이 알고 있어야 한다. 그렇지 않으면 이해를 잘할 수 없다. 최소한 10,000개 정도의 구어 표현을 알고 있어야 드라마를 이해할 수 있다.

마. 어휘력 키우기: 어휘력이 많은 사람이 잘 알아들을 수 있다. 숙어, 연어, 관용어 등 다양한 표현을 많이 알아야 잘 들을 수 있다. 구문에 대한 지식도 많아야 한다. 다양한 구문을 알고 있지 않으면 즉각적인 해석이 막히므로 듣기가 더 이상 진행되기 어렵다.

바. 들리는 순서대로 듣기: 듣기는 읽기와 달리 청자가 주도적이지 않다. 들리는 순서대로 듣지 않고 어순을 재구성하거나 어순이 다른 모어로 완전히 번역하려 하면 듣기 어렵다. 그러므로 들려오는 순서대로 의미 파악을 해야 한다.

사. 소리 내어 읽는 연습하기: 많이 소리 내어 읽은 사람이 많이 들을 수 있다. 스스로의 발음이 좋아지면 듣기 능력도 그만큼 좋아진다.

아. 받아쓰기 훈련하기: 받아쓰기 훈련을 통해 소리와 철자를 연결하는 연습을 하고 정확한 귀를 갖도록 훈련한다.

자. 빈칸 채우는 연습하기: 듣기 자료의 스크립트에서 단어나 어구 등을 일부 지워 빈칸을 만들어 놓은 것을 가지고 채우는 연습을 한다. 받아쓰기만큼 정밀하지는 않지만 듣기의 흐름을 놓치지 않고 정확한 듣기를 하는 데에 좋다. 다만 빈칸이 너무 많으면 쓰는 데에 시간이 소비되어 듣는 속도를 따라잡을 수 없으므로 적당한 자료의 준비가 필요하다.

차. 뉴스 듣기: 뉴스 듣기는 꾸준히 하라. 잘 알아듣지 못해도 계속 듣는 것이 중요하다. 계속 듣는 과정에서 듣기 능력이 키워진다.

(5) 초인지 전략 활동

가. 배경지식 넓히기: 배경지식이 많은 사람, 주제에 관심을 두는 사람이 잘 듣고 이해할 수 있다.

나. 문자 배제하기: 문자를 개입시키지 말고 순전히 음성으로만 듣는 연습을 한다. 책을 덮고 듣는 습관을 기른다.

다. 스피커로 듣기: 특히 오디오를 통해 듣는 연습을 할 때 집중을 위해 이어폰을 사용하는 것은 평소의 듣기와 다른 상황을 유발하므로 가급적 이어폰을 사용하지 않고 스피커를 통해 듣는 것이 좋다. 스피커를 통한 듣기는 평가에서의 실제 상황과도 일치하므로 평가 형식에 익숙해지는 데에 도움을 준다.

라. 영상 배제하기: 발음 식별을 위해서는 집중력이 흩어지지 않는 라디오 드라마가 TV 드라마보다 더 좋다. 특히 초급과 중급에서는 라디오 듣기가 좋고 고급 단계에 이르면 TV를 통해 정황적인 부분까지 익히는 것이 중요하다.

마. 다양한 자료 듣기: 한 가지만을 반복적으로 듣는 것보다 다양한 표현을 익힐 수 있는 다양한 자료를 폭넓게 듣는 것이 좋다.

(6) 정의적 전략 활동

가. 빨리 말하는 연습하기: 상대방의 말하는 속도를 따라잡기 위해서는 스스로 빨리 말하는 습관을 키워야 한다. 계속 반복해서 목표어의 발음을 들으면 목표어의 리듬에 익숙해지고 속도가 빠르지 않게 느껴진다. 속도의 문제는 자동차 운전을 처음 해 보는 사람들이라면 누구나 절감할 것이다. 왕초보 시절에는 30km의 속력도 아주 빠르게 느껴지다가 아주 능숙한 운전자가 되면 110km도 빠르다는 느낌 없이 운전할 수 있는 것이다. 그만큼 목표어에 익숙해지면 속도의 문제가 극복된다. 처음부터 속도의 문제를 극복하기 위해 느린 자료를 접하는 것은 좋지 않다는 점을 이미 자료의 실제성 부분에서 언급했다.

나. 집중력과 기억력 키우기: 듣는 동안 잡념을 없애서 집중력과 기억력

을 키워야 내용을 잘 이해하며 들을 수 있다. 그러므로 평소에도 집중력을 키우는 연습을 해야 하며 집중을 하기 위해 특별히 눈을 감는다거나 하는 인위적 행동이 아니라 평소의 시선을 유지할 수 있도록 연습하는 일도 필요하다.

(4)의 인지 전략 활동은 학습자가 듣기 내용을 직접 처리하는 데에 초점을 둔 활동이다. (5)의 초인지 전략 활동은 듣기 과정을 계획하고 조정하며 평가하는 데 도움을 준다. (6)의 정의적 전략 활동은 감정이나 동기, 불안을 조절하기 위한 것으로, 초인지 전략의 특성도 함께 지닌다. (6가)의 '빨리 말하는 연습하기'는 감정적 부담을 완화하는 동시에 듣기 속도에 적응하기 위한 자기 조절 전략으로 볼 수 있다. (6나)의 '집중력과 기억력 키우기' 역시 감정 조절뿐 아니라 주의 집중과 자기 관리 측면에서 초인지 전략의 성격을 함께 가진다.

앞에서는 제시하지 않았으나 타인과의 상호 작용을 통해 학습하는 사회적 전략을 훈련하기 위해서는 동료와 함께 듣고 의미를 확인하거나, 모르는 내용을 질문하고, 그룹 활동에서 역할을 분담하여 듣는 등의 활동을 활용할 수 있다.

11.3. 교사 전략과 학습자 전략

이번에는 듣기 전략을 교사가 사용할 수 있는 것과 학습자가 사용할 수 있는 것으로 나누어 살펴보겠다.

11.3.1. 교사 전략

학습자들로 하여금 듣기의 부담감을 가능하면 적게 갖도록 하고 듣기 자체에 흥미를 가지도록 도와주는 교사 전략으로 다음과 같은 것이 있다.

(7) 가. 모든 단어를 다 들어야 한다는 강박 관념에서 탈피시킨다. 즉 필요한 정보만을 선택해서 들을 수 있도록 지도한다. 교사는 학습자에게 듣

기 활동에서 중요한 것이 무엇이며 주의 집중을 해서 들어야 하는 것이 무엇인지를 사전에 알려 주고, 이를 이해할 수 있게 적극적으로 도와야 한다. 그리고 학습자가 다 듣지 않고도 전반적인 내용을 이해할 수 있게 유도하여 듣기에 대한 자신감을 갖고 편안한 마음으로 학습할 수 있게 지도해야 한다.

나. 학습자에게 들어야 하는 이유를 분명히 해 주어야 한다.

다. 몸짓, 표정, 시청각 자료를 많이 활용한다.

라. 과제 중심적인 듣기 교육을 하도록 한다.

마. 듣기의 결과를 가시적으로 표현하는 듣기 활동 유형을 다양하게 구성하여 지도한다.

바. 듣기 자료는 학습자의 인지 능력을 고려하여 그에 걸맞은 흥미 있고 쉬운 것이어야 한다. 특히 성인 학습자에게 아동용 활동을 하게 하는 어리석음을 범해서는 안 된다.

사. 되도록이면 교실 한국어를 많이 활용한다. 초급 학생들이라도 그들의 모어를 도구어로 쓰지 않고 교실에서 자주 사용하는 한국어를 익히게 하여 수업을 한국어로 이끌도록 한다.

아. 교사는 학습자를 위한 중요한 듣기 전략을 지도한다. 특히 예측하기, 추론하기, 맥락 파악하기, 담화 유형과 표지 인식하기 등의 전략을 지도하여 활용할 수 있도록 가르친다.

위의 내용을 통해 교사 전략에는 교사가 듣기 수업에서 직접 활용할 수 있는 전략과 듣기 교수에서의 유의점, 듣기 수업 구성 방향, 수업 운영 방향 등에 이르기까지 다양한 교사 전략이 포함되어 있으며 학습자에게 듣기 전략을 가르치는 것까지도 교사 전략에 포함됨을 알 수 있다.

11.3.2. 학습자 전략

다음은 학습자 편에서 활용할 만한 듣기 전략들이다.

(8) 가. 듣기 전에 주제에 관해 미리 생각한다. 즉, 주제와 관련 있는 단어를 생각해 보거나 배경지식을 동원한다.

나. 한국어 구어의 음운적, 통사적 특성을 생각한다.

다. 듣기 전에 화자가 말할 내용을 예측해 본다.

라. 빠른 속도나 어려운 말에 집착하거나 집중하지 않는다.

마. 잘 안 들리는 개별적 음운에 대해 걱정하지 않는다.

바. 정확성보다는 순발성에 역점을 두어 듣는다. 즉, 모르는 단어나 잘 안 들리는 음운에 신경을 쓰지 않고 전체적인 의미를 파악할 수 있도록 한다.

사. 말의 속도가 갑자기 변화되고 천천히 명백하게 강조하여 말하는 것을 듣는다면 이는 중심 생각이나 중요한 내용이라는 것을 상기해야 한다. 이때 청자는 화자가 강조하는 단어나 어구에 주의를 기울여 들어야 한다.

아. 언어 외적인 면을 통해 대화의 분위기를 파악한다.

자. 한국어 문장의 휴지는 끊어 말하는 단위대로 들릴 것이다. 따라서 듣기 이해를 위해서 끊어 말하는 단위를 파악하도록 한다.

차. 특정 의미를 표현하는 데 다양한 문법 구조를 활용할 수 있음을 기억한다.

카. 모르는 단어는 문맥에서 그 의미를 유추한다.

타. 중심 생각을 지지해 주거나 핵심 정보가 되는 세부 사항을 기억한다.

파. 통계나 숫자가 중요한 근거가 되는 내용을 들을 때에는 퍼센트나 분수 같은 숫자 정보에 주의한다.

하. 중요한 내용은 강조되고 반복되므로 반복, 강조되는 내용을 이용하여 주제를 파악한다.

거. 접속 부사나 보조사는 명제 간의 논리적 관계나 인과 관계에 좋은 힌트를 제공하므로 이들을 활용하여 의미를 파악한다.

너. 예시나 부연 설명, 반의 표명, 화제 전환 등을 나타내기 위해 사용되는 한국어 담화 표지를 활용하여 명제 간의 관계를 파악한다.

더. 잘 이해가 안 되는 경우 질문하거나 반응을 보인다.

러. 이해한 것은 한국어의 청자 반응 신호(back-channel)를 사용하여 이해 여부를 표시한다.

머. 대화의 주제를 계속적으로 생각하면서 듣는다.

버. 청자 자신의 배경지식을 이용하여 의미를 파악한다.

서. 상식을 이용하여 상황과 참여자, 발화 목적에 대한 정보를 얻는다.

어. 듣는 동안, 내용을 제대로 이해하고 있는지를 점검한다.

저. 모든 듣기는 선택적 듣기이므로 소소한 모든 것을 듣기보다는 특정의 목적을 가지고 목표하는 정보를 구하기 위해서 듣는다.

처. 모어 환경에서의 실생활 듣기 이해 과정을 모방한다.

커. 발화 상황에 근거하여 이해한다. 즉 같은 내용이라도 누가 언제 말하느냐에 따라 의미가 달라질 수 있다는 점을 상기한다.

터. 뉴스, 각종 텔레비전 프로그램, 영화, 인터넷 사이트를 이용하여 생활 속에서 듣기를 연습할 수 있는 기회를 갖는다.

퍼. 제목이나 주제를 보고 강의나 텔레비전 프로그램의 내용을 예측한다.

허. 노트 필기할 때, 들은 내용을 다 적지 않고 중요한 정보만 적는다.

고. 필기할 때 보기 좋은 순서로 정렬하는 방법을 고안한다.

노. 강의 중 서수나 접속사 등의 단서를 이용하여 필기하는 방법을 고안한다.

위의 학습자 전략은 수업에서뿐 아니라 실생활 속에서도 한국어 듣기에 집중하며 훈련하는 방안에 대한 부분도 포함하고 있다. 또 실제로 학습자들이 수업 중이나 듣기 평가 중에 듣기 활동에 임하기 전의 마음가짐과 듣기 과정에서의 유의점, 듣기 중에 무엇에 집중해야 하고 무엇을 건너뛰어야 할지에 대한 내용도 포함된다. 그리고 듣기 평가에서 활용할 수 있는 유용한 팁까지도 포함된 폭넓은 개념으로서 교사 전략보다 학습자 전략의 수가 훨씬 많고 훨씬 더 다양한 영역에 걸쳐 있음을 알 수 있다. 이는 학습자들이 듣기 활동의 주체임을 다시 한 번 상기시켜 주는 부분이다.

12. 듣기 교육과 정의적 요인

12.1. 듣기 효능감과 듣기 교육

12.1.1. 듣기 효능감의 개념과 의미

지금까지 살펴보았듯이 듣기 과정은 단순히 소리를 수용하는 수동적 활동에 머물지 않는다. 듣기는 음성 자극을 단위화하고 이를 의미와 연결하며, 주제와 맥락 속에서 해석하고 기억하는 복합적인 인지 과정으로, 동시에 심리적·정서적 요인이 깊이 작용한다. 특히 제2 언어 학습자의 경우 발음의 낯섦, 어휘 부족, 담화 구조의 복잡성, 속도와 억양 차이로 인해 듣기 과제 수행에서 심리적 위축감을 느끼는 일이 빈번하다. 따라서 듣기 기능은 인지적 측면과 함께 정의적 측면에서의 지원이 반드시 요구된다.

이때 가장 핵심적인 정의적 요인 중 하나가 바로 듣기 효능감(listening efficacy)이다. 듣기 효능감은 학습자가 자신에게 주어진 듣기 과제를 성공적으로 수행할 수 있다고 믿는 자기 신념을 뜻하며, 이는 듣기 수행에 대한 기대 수준, 과제에 임하는 태도, 전략 사용 여부, 학습 지속성에까지 폭넓게 영향을 미친다. 즉, 듣기 효능감은 단순한 자신감을 넘어 듣기 행동 전반을 추동하는 심리적 동력이며, 실패에 대응하는 회복력의 기반이 된다.

언어 교육에서 효능감의 개념은 Bandura(1977)의 자기효능감(self–efficacy) 이론에 바탕을 둔다. 그는 인간의 행동이 단순히 능력이나 외적 조건에 의해서만 결정되는 것이 아니라, 자신이 특정 행동을 성공적으로 수행할 수 있다는 믿음, 즉 자기효능감에 따라 결정된다고 보았다. 자기효능감은 동기 수준, 과제 선택, 노력 지속 여부, 실패에 대한 인내와 회복 등에 실질적인 영향을 준다.

이를 언어 학습에 적용하면, 학습자가 과업을 성공적으로 수행할 수 있다고 믿는다면 높은 효능감을 바탕으로 적절한 노력과 적극적이며 능동적인 태도로 과제에 임할 가능성이 높아진다는 것이다. 다시 말해 학습자가 언어 과제를 성공적으로 완수하려면 자신을 신뢰하는 것이 필수이며, 교사는 학습자에게 높은 효능감을 심어주는 것이 가장 중요한 역할 중 하나이다.

이러한 자기효능감 개념이 제2 언어 학습의 듣기 기능에 적용된 것이 곧 듣기 효능감이다. 즉 듣기 효능감은 학습자가 특정한 듣기 과제를 성공적으로 수행할 수 있다는 자기 신념으로, 이는 인지적 역량뿐만 아니라 정서적·심리적 태도를 포괄하는 개념이라 할 수 있다. 듣기 효능감은 학습자가 듣기 과제에 어떻게 접근할지, 듣기 중 문제 상황에 어떻게 대처할지, 실패를 어떻게 해석할지를 결정짓는 핵심 변수로 작용한다.

듣기 효능감은 단순한 감정이나 순간적인 자신감과는 구별된다. 이는 학습자가 자신의 수행 가능성을 인지적으로 예측하고 이를 바탕으로 전략을 조정하며, 학습 전반을 자기 주도적으로 운영하려는 심리적 태도로 이해해야 한다. 효능감이 높은 학습자는 듣기 중 어려움이 발생하더라도 전략적으로 문제를 해결하고 실패를 성장의 기회로 받아들인다. 반면 효능감이 낮은 학습자는 수행 가능성이 낮다고 판단하여 과제를 회피하거나 전략 사용 자체를 꺼리는 경향을 보인다.

Kassem(2015)에 따르면 듣기 효능감은 단일한 감정이나 태도가 아니라 복합적이고 다차원적인 심리 구조를 갖는다. 듣기 효능감을 구성하는 주요 구성 요소로는 발전 인식, 관찰적 비교, 내부적 감정, 문제 해결 태도, 도전 의식 등이 있다.

첫째, 발전(progress) 인식은 학습자가 자신의 듣기 능력이 이전보다 얼마나 향상되었는지를 자각하는 정도를 의미한다. 학습자는 반복 학습과 성공 경험을 통해 이해 속도나 어휘 파악력이 높아졌음을 체감하며 듣기 효능감을 강화한다. 예컨대 처음에는 한국어 뉴스를 거의 이해하지 못하던 학습자가 몇 개월 후 주요 내용을 파악할 수 있게 되면, 이를 긍정적으로 인식하여 듣기 효능감이 높아진다.

둘째, 관찰적 비교(observational comparison)는 학습자가 또래 학습자나 기준 집단과 자신의 듣기 수행을 비교하여 능력을 평가하는 과정이다. 긍정적으로 작용하면 동기 유발로 이어지지만, 부정적으로 작용할 경우 효능감을 저해할 수 있다. 따라서 교사는 학습자가 긍정적 비교 경험을 할 수 있도록 학습 환경을 조성해야 한다.

셋째, 내부적 감정(internal feeling)은 듣기 중 학습자가 느끼는 흥미, 몰입감, 만족감 등 긍정적 정서 반응을 포함한다. 긍정적 내부 감정은 듣기에 대한 심리적 저항을 낮추고 반복 학습을 유도하여 효능감을 점차 강화한다.

넷째, 문제를 다루는 태도(how to handle)는 듣기 중 어려움이나 오해가 발생했을 때 이를 어떻게 인식하고 해결하려 하는지를 뜻한다. 능동적으로 문제 해결 전략을 사용하는 학습자는 듣기 효능감을 강화할 가능성이 높으며, 반복적 성공 경험이 이를 더욱 견고히 한다. 예컨대 들리지 않는 부분을 핵심어 중심으로 추론하거나 듣기 자료를 반복하여 듣는 등의 행동이 이에 해당한다.

다섯째, 도전(challenge)은 낯선 자료나 난이도가 높은 과제를 마주할 때 학습자가 보이는 극복 의지와 태도를 의미한다. 도전 의식이 강한 학습자는 새로운 과제를 회피하지 않고 이를 통해 자신의 능력을 넓히려 한다. 대표적인 예로 학문 목적 한국어 학습자가 전공 강의를 자발적으로 수강하는 것을 들 수 있다.

이러한 요소들은 유기적으로 연결되어 듣기 효능감의 전체 구조를 형성하며 학습자의 듣기 행동에 복합적으로 작용한다. 따라서 교육 현장에서는 이를 단일 척도로만 평가하기보다는 구성 요소별로 정밀히 진단하고, 이를 토대로 맞춤형 교육 전략을 수립하는 것이 바람직하다.

또한 듣기 효능감은 학습자의 성향이나 숙달 수준에 따라 단순히 형성되는 것이 아니라, 학습 상황, 학습 방식, 정서적 경험, 사회적 상호 작용 등이 복합적으로 작용한 결과임을 이해할 필요가 있다.

12.1.2. 듣기 효능감 관련 요인

듣기 효능감은 학습자의 성향이나 학습 수준에 따라 단순하게 형성되는 것이 아님에 유의해야 한다. 동일한 언어 숙달 수준을 가진 학습자라도 다양한 요인에 의해 듣기 효능감은 다르게 나타날 수 있음을 이해할 필요가 있다. 그리고 듣기 효능감은 한번 형성된 이후에도 다양한 요인과 상호 작용하며 유지되거나 발전하거나 혹은 쇠퇴하는 과정을 반복적으로 겪는다. 이는 듣기 효능감의 형성과 지속 과정이 각 학습자가 경험한 학습 상황, 학습 방식, 정서적 경험, 사회적 상호 작용 등이 복합적으로 작용한 결과임을 의미한다. 이 절에서는 듣기 효능감에 영향을 미치는 정의적·인지적·환경적 요인을 살펴보도록 하겠다.

먼저 듣기 불안은 학습자의 듣기 효능감과 긴밀하게 연계되는 대표적인 정의적 요인이다. 일반적으로 듣기 불안은 듣기 상황에서 학습자가 경험하는 정서적 긴장 상태로, 이는 이해 실패에 대한 두려움, 발화 내용의 불확실성, 평가 상황에서의 압박감 등 다양한 원인에서 비롯된다. 이러한 불안은 단순한 감정적 불편함에 그치지 않고, 듣기 전에 학습자의 기대 수준을 낮추며 수행 전반에 소극적인 태도를 유발하는 부정적 요소로 작용한다. 즉 듣기 상황에서 긴장이나 두려움을 느끼는 학습자는 듣기 과제에 소극적으로 접근할 가능성이 높으며, 이는 듣기 효능감 저하로 이어진다. 실제로 듣기 불안이 높을수록 듣기 효능감이 낮게 형성된다는 연구 결과가 다수 보고되고 있다.

듣기 불안이 높은 학습자는 듣기 과제를 도전 과제라기보다 실패 위험이 큰 위협 요소로 받아들이게 되며, 이로 인해 듣기 상황 자체를 회피하거나 듣기 중 집중력을 유지하지 못하는 일이 반복된다. 결국 이러한 반복은 듣기 효능감을 점차 약화하고, 학습자가 스스로 듣기 능력의 한계를 설정하도록 만드는 부정적 순환을 초래할 수 있다.

반면 듣기 효능감이 높은 학습자는 실패 가능성을 완전히 배제하지는 않더라도 이를 자연스러운 학습 과정으로 수용하며, 상황을 극복하기 위한 전략적 대응을 주도적으로 시도할 수 있다. 이러한 심리적 안정감은 듣기 도중 이해가 일시적으로 막히거나 예상치 못한 정보가 등장하더라도 학습자가 주도적으로 전략을 선택해 상황을 조절하도록 돕는다. 그 결과, 듣기 불안이 확산되지 않고 듣기 몰입도는 유지될 수 있다.

실제 연구 결과는 이러한 전략적 접근이 구체적으로 어떻게 실현되는지를 잘 보여 준다. 이해영·박지연(2017)에 따르면 듣기 효능감이 높은 학습자는 먼저, 듣기 전 단계에서 예상하기(pre-listening prediction) 전략을 활용해 주제와 화자, 대화 상황 등을 미리 파악해 인지적 준비 상태를 갖춘다. 이어 듣기 중에는 모든 내용을 일일이 해석하기보다 핵심 정보와 어휘, 화자의 의도에 집중하는 핵심 정보 포착하기 전략을 사용한다. 마지막으로 듣기 후에는 요약하기(post-listening summarization) 전략으로 이해한 내용을 정리하고 부족한 부분을 추론적으로 보완한다. 이러한 전략들은 단순히 듣기 수행력을 높이는 기술로만 기능하지 않는다. 학습자가 듣기 상황을 스스로 통제할 수 있다는 인식을 가능하게 하는 메타 인지적 도구로 작용하며, 듣기 중 발생할 수 있는 혼란이나 단기 실패도 전략적으로 극복할 수 있다는 자기 확신을 키운다. 이는 곧 듣기 효능감을 더욱 공고히 하고 긍정적인 학습 경험으로 이어진다.

나아가 이러한 전략 사용과 듣기 효능감 간의 순환 구조는 듣기 불안을 경감하는 데에도 큰 역할을 한다. 학습자가 적절한 전략을 통해 듣기 과제를 성공적으로 수행한 경험이 누적되면 듣기 불안은 점차 감소하고, 이는 다시 효능감 강화를 촉진하는 선순환 구조를 형성한다. 다시 말해 듣기 효능감, 전략 사용, 듣기 불안은 서로 긴밀히 연결되어 상호 보완적으로 작용하며 자기주도적 학습의 토대를 마련한다.

이러한 맥락에서 듣기 효능감을 높이기 위한 전략 지도는 단순한 기술 교육을 넘어 듣기 불안을 줄이고 학습자의 정의적 안정성을 확보하는 중요한 교육적 접근이라 할 수 있다. 교사는 학습자의 실패 경험을 능력 부족으로만 해석하지 않고, 불안과 효능감 간의 상호 작용 결과로 이해하며 이를 바탕으로 전략 사용을 촉진할 수 있는 교수 설계를 구체화해야 한다.

이와 함께 듣기 효능감 형성에 영향을 미치는 다른 정의적 요인으로는 학습 동기, 자기개념, 성취 기대감 등을 들 수 있다. 이들은 효능감의 생성과 변화를 설명하는 주요 변수로서 긴밀하게 상호 작용한다.

학습 동기(learning motivation)와 태도(attitude)는 듣기 효능감과 밀접하게 연결되는 또 다른 대표적인 정의적 요인 중 하나이다. 학습자가 듣기 활동을 중요하고 의미 있는 것으로 인식하며, 이를 통해 목표를 달성할 수 있다고 믿을수록 과제에 집중도가 높아지고 이는 자연스럽게 듣기 효능감을 강화한다. 즉, 듣기 동기가 강하고 듣기 학습에 대한 태도가 긍정적인 학습자는 듣기 효능감 또한 높은 경향을 보인다. 목표 지향적인 학습자는 듣기 과제에 더 큰 집중력과 지속성을 발휘하며, 이는 듣기 성공 경험의 반복을 가능하게 한다. 반면 내재적 동기가 약하고 소극적인 학습 태도의 학습자는 듣기 과제의 중요성을 낮게 평가해 심리적 기대 수준이 떨어지고, 이로 인해 듣기 효능감 형성이 어려워질 수 있다. 특히 자기결정성이 낮은 상태에서는 듣기 성공 경험을 자기주도적 성취로 인식하지 못해 효능감이 안정적으로 높아지기 어렵다.

자기개념(self-concept) 또한 중요한 요인으로, 학습자가 자신을 언어 학습자로서 어떻게 평가하는지가 듣기 태도와 전략 사용에 직접적으로 영향을 준다. 자기개념이란 학습자가 자신을 얼마나 유능한 학습자로 인식하는지를 나타내며, 이는 듣기 수행을 포함한 전반적인 학습 태도에 영향을 준다. 자신을 긍정적으로 인식하는 학습자는 실패를 일시적인 난관으로 수용하고, 다시 도전하려는 의지를 유지할 가능성이 높다. 자기개념이 긍정적일수록 듣기 과제에 대한 기대감이 높아지고, 전략 사용도 능동적으로 이루어진다. 반면 부정적 자기개념을 가진 학습자는 듣기 전에 이미 실패를 예상하고 소극적 태도를 보이며, 반복된 실패 경험은 부정적 자기개념을 고착화하여 듣기 효능감 저하를 가속화할 수 있다.

성취 기대감(expectancy for success)은 학습자가 과제 성공 가능성을 어떻게 평가하는지와 관련된 인지적 신념이다. 긍정적인 기대를 지닌 학습자는 듣기 과제에 몰입하며 주의 집중과 전략 활용 빈도도 높아진다. 반면 기대감이 낮은 학습자는 듣기에서 의미 있는 성취를 이루기 어렵다고 판단하여 소극적이거나 회피적인 태도를 보이게 된다.

다음으로 듣기 효능감은 학습자의 인지적 특성과도 밀접한 관련이 있다. 특히 학습자의 한국어 숙달도(proficiency)와 듣기 전략 사용 능력(strategic competence)은 듣기 효능감에 핵심적인 인지적 요인으로 작용한다. 그중에서도 한국어 숙달도는 듣기 효능감 형성에 있어 핵심적인 요인이다. 한국어 숙달도가 높을수록 학습자는 듣기 과제 수행에 대한 심리적 부담을 덜 느끼며, 다양한 전략을 능동적으로 사용할 수 있다는 자기 신념을 가지게 된다. 이러한 신념은 자연스럽게 듣기 효능감을 높이는 데 기여한다.

또한 다양한 듣기 전략을 능숙하게 활용할 수 있는 학습자는 문제 상황에서도 스스로 해결할 수 있다는 통제감을 경험하며, 이러한 성공 경험이 반복될수록 듣기 효능감은 점차 강화된다. 이해영·박지연(2017)의 연구에서는 듣기 전략 사용 빈도가 높을수록 듣기 효능감이 높게 나타난다는 점이 실증적으로 확인된 바 있다.

더 나아가 메타 인지적 인식(metacognitive awareness), 즉 자신의 듣기 과정을 스스로 인지하고 조절할 수 있는 능력도 듣기 효능감을 높이는 중요한 역할을 한다. 자신의 듣기 과정을 점검하고 조절할 수 있다는 믿음을 지닌 학습자는 문제 상황에서도 높은 통제감을 유지할 수 있으며, 이는 효능감 강화로 이어진다. 메타 인지 조절 능력이 높은 학습자는 듣기 중 일부 정보를 놓쳐도 흐름 속에서 보완하거나 반복 듣기 전략을 활용해 이해를 심화시킨다. 이는 듣기 효능감을 단순한 신념 차원을 넘어 학습 행동을 주도적으로 조정하는 실천적 기반으로 만든다. 메타 인지가 잘 발달된 학습자는 듣기 중 이해가 원활하지 않은 구간을 스스로 파악하고, 반복 듣기나 추론 등 적절한 전략을 선택하여 상황에 능동적으로 대처할 수 있다.

마지막으로 듣기 효능감은 학습자가 속한 학습 환경과 사회적 상호 작용에 의해서도 크게 영향을 받는다. 반복적인 듣기 노출 시간(length of exposure to input)은 대표적인 환경적 요인이다. 반복적으로 듣기 활동에 노출된 학습자는 듣기 상황에 대한 심리적 익숙함을 얻게 되며, 이는 듣기 불안을 줄이고 듣기 효능감을 높이는 결과로 이어진다. 실제로 학습 기간과 한국 거주 기간이 길수록 듣기 효능감이 높아질 가능성이 크다고 보고되어 있다. 이는 다양한 듣기 상황을 자연스럽게 접하면서 성공 경험이 축적되기 때문이며, 이러한 경험은 학습자의 심리적 안정감과 자기 확신을 더욱 높여 준다.

교사의 피드백(instructive feedback)과 동료 상호 작용(peer interaction)도 듣기 효능감 형성에 기여하는 중요한 외부 환경 요인이다. 학습자가 수행한 과제에 대해 교사가 구체적이고 긍정적인 피드백을 제공하면, 학습자는 자신의 능력을 명확히 인식하고 자신감을 회복할 수 있다. 반면 피드백이 모호하거나 부정적이면 학습자의 자기 인식은 부정적으로 형성될 위험이 있다. 그리고 동료와의 협력적 학습 상황에서 학습자는 타인의 전략 사용을 관찰하고 이를 모방하며, 사회적 비교를 통해 자신의 능력을 재평가한다. 이러한 상호 작용과 협력적 구조는 듣기 효능감을 높이는 데 효과적이라고 할 수 있다.

결과적으로 듣기 효능감은 듣기 불안, 전략 사용 능력뿐 아니라 학습 동기와 태도, 자기개념, 성취 기대감, 숙달도, 전략, 메타 인지적 인지, 듣기 노출, 피드백과 상호 작용 등 여러 정의적·인지적·환경적 요인과 유기적으로 상호 작용한다. 따라서 듣기 효능감을 효과적으로 진단하고 강화하기 위해서는 학습자의 심리 구조와 학습 환경을 종합적으로 고려한 체계적 접근이 필요하다.

12.1.3. 듣기 효능감과 듣기 학습

듣기 효능감은 고정된 심리 특성이 아니라 학습자의 경험, 환경, 상호 작용 등에 따라 변화하는 유동적인 심리 상태이며 이는 제2 언어 학습자의 듣기 학습 과정에 많은 영향을 미칠 수 있다. 학습자가 성공적인 듣기 경험을 반복하면서 이를 인식하면, 듣기 효능감은 점차 강화되고 학습 동기나 과정 또한 강화될 것이기 때문이다. 반대로 반복적인 실패와 부정적인 피드백은 효능감을 약화하고, 이는 학습자가 듣기를 회피하거나 동기를 잃는 결과로 이어질 것으로 예상된다.

듣기 효능감 형성에는 학습 경험 관련 요인의 역할이 매우 중요하다. 특히 교사의 피드백은 학습자가 스스로를 평가하는 데 직접적인 영향을 미친다. 구체적이고 진정성 있는 격려는 학습자가 자신에 대한 긍정적인 평가를 유지하도록 돕는다. 또한 동료 학습자와의 비교, 수업 분위기, 모어 화자와의 상호 작용 경험 등도 다양한 방식으로 효능감에 작용한다.

이처럼 듣기 효능감은 듣기 행동의 시작부터 유지, 전략 사용, 실패 대처에 이르기까지 폭넓게 영향을 미친다. 학습자가 듣기 과제를 할 때 성공할 수 있다고 믿으면, 과제에 몰입하려는 태도와 전략 활용 시도가 활발해지고 실패 상황에서도 쉽게 포기하지 않는다. 반면 듣기 효능감이 낮은 학습자는 과제를 시작하기 전부터 실패를 예감하고, 복잡하거나 낯선 듣기 상황을 피하려는 경향을 보인다.

또한 듣기 효능감은 듣기 수행에 대한 기대 수준을 높이는 데 중요한 역할을 한다. 학습자가 과제 수행의 성공 가능성을 긍정적으로 평가하면, 더 많은 인지 자원을 집중하고 의미 구성에 능동적으로 참여한다. 반대로 효능감이 낮으면 과제 성공 가능성을 낮게 보아 주의 집중과 전략 사용 모두 소극적으로 이루어져 정보 손실이나 이해 실패로 이어질 가능성이 커진다.

중국인 한국어 학습자의 정의적 요인을 분석한 연구에서는 듣기 효능감이 듣기 동기, 태도와 밀접하게 연관되며, 이 요인들이 듣기 이해 성취에 긍정적 영향을 미친다고 보고하였다. 특히 동기가 높은 학습자는 효능감 수준도 높았고, 이는 듣기 과제에 적극적으로 접근하도록 이끌었다. 또한 듣기 노출 시간이 길수록 효능감이 높아졌으며, 다양한 발화 유형과 속도, 화용적 특성에 반복적으로 노출되면 듣기 상황에 대한 두려움이 줄고 성공 기대는 더욱 커졌다.

듣기 효능감은 단지 듣기 활동에 국한되지 않고 읽기, 말하기, 쓰기와 같은 다른 언어 기능과도 밀접하게 상호 작용한다. 특히 듣기와 읽기는 모두 이해 중심의 언어 활동으로, 공통의 인지 전략을 요구하며 의미 구성 과정에서도 유사한 사고를 활용한다. 듣기 효능감이 높은 학습자는 읽기 과제에도 자신감을 보이는 경향이 있으며, 실제로 두 기능 간 효능감의 상관관계가 높다는 연구 결과가 이를 뒷받침한다.

그리고 특히 학문 목적 한국어 학습자나 고급 수준 학습자는 강의 듣기, 발표 듣기, 전문가 인터뷰 등 복잡한 듣기 활동을 수행해야 한다. 이러한 활동은 단순한 듣기 능력만으로는 충분하지 않으며 배경지식, 학문적 문해력, 추론 능력과 결합되어야 한다. 이 과정에서 듣기 효능감은 다른 이해 기반 언어 기능에 대한 도전 의지와 수행 동기를 동시에 북돋운다.

이러한 점에서 듣기 효능감은 언어 기능 간 상호 촉진을 가능하게 하는 매개 변수로 기능하며, 듣기와 읽기를 분리하기보다는 통합적으로 교수 설계할 필요가 있다는 교육적 시사점을 제공한다. 결국 듣기 학습은 단순한 기술 훈련이나 과제 수행만으로 완성될 수 없다. 학습자의 심리적 신념을 진단하고 이를 뒷받침하는 방향의 교육적 접근이 병행되어야 한다. 특히 듣기 효능감의 다양한 하위 요소를 고려한 맞춤형 지원은 학습자가 지속적으로 동기를 유지할 수 있도록 도와주며, 장기적으로 학습 성과에도 긍정적인 영향을 미친다.

요약하자면 듣기 효능감은 일시적인 기분이나 태도를 넘어서, 듣기 활동 전반에서 학습자가 과제의 가치와 기대 수준을 평가하고 목표를 설정하며 노력의 지속을 이끌어 내는 심리적 기제로 작용한다. 따라서 듣기 교수학습 과정을 설계할 때는 듣기 효능감을 학습자의 전반적인 언어 학습 태도와 직결된 핵심 요소로 인식하고, 이를 고려한 지속적인 격려와 지원을 제공해야 한다.

실제로 다양한 연구에서는 듣기 효능감이 듣기 학습의 과정과 결과 모두에 긍정적 영향을 미친다고 보고하고 있다. 국적, 학습 목적, 숙달도 수준이 다른 한국어 학습자를 대상으로 한 연구들에서도 공통적으로 듣기 효능감은 듣기 성취도의 중요한 예측 변수로 확인되었다. 예를 들어 태국인 한국어 학습자를 대상으로 한 연구에서는 듣기 효능감이 듣기 전략 사용, 듣기 불안, 듣기 노출 시간과 유의미한 상관관계를 보였으며, 효능감이 높을수록 듣기 실패에도 학습을 지속하려는 경향이 강했다. 듣기 전략 사용, 불안, 노출 시간을 통제한 후에도 듣기 효능감은 듣기 수행 점수에 가장 강력한 영향을 주는 변수로 나타났다. 이는 듣기 효능감이 단순한 심리 상태를 넘어 실제 성취를 예측할 수 있는 핵심 요소임을 잘 보여 준다.

12.1.4. 듣기 효능감 향상을 위한 듣기 교육

한국어 듣기를 원활히 수행하려면 인지적 추론 능력뿐만 아니라 듣기 실패를 감당할 수 있는 심리적 탄력성 또한 중요하다. 특히 높은 인지적·사회 문화적 요구가 수반되는 한국어 듣기 상황에서는 학습자의 듣기 효능감이 수행 능력과 학습 지속성에 큰 영향을 준다. 효능감 수준이 높은 학습자는 복잡한 듣기 상황에서도 과제에 적극적으로 접근하며, 실패를 성장의 계기로 받아들여 지속적인 학습을 이어 나간다. 따라서 한국어 듣기 교육에서 학습자의 듣기 효능감을 강화하는 것은 핵심 목표 중 하나가 되어야 한다.

듣기 효능감은 듣기 수행 능력뿐만 아니라 학습의 연속성과 자기주도성에도 긴밀한 관련이 있다는 점에서 이를 체계적으로 높이기 위한 교육적 접근은 매우 중요하다. 이를 위해서는 학습자의 인지적·정의적·환경적 요인을 종합적으로 고려한 교수·학습 방안 설계가 필요하다.

무엇보다도 학습자가 반복적으로 성공 경험을 쌓을 수 있는 환경을 조성해야 한다. 이를 위해 과제 난이도를 학습자의 현재 숙달 수준에 맞게 단계적으로 조절하고, 과제마다 긍정적인 피드백을 제공하여 긍정적 자기 인식을 형성하도록 돕는 것이 중요하다. 작은 성공의 누적은 학습자에게 자신감을 심어 주며, 이를 바탕으로 듣기 효능감은 점차 안정적으로 높아진다.

아울러 전략 중심의 듣기 지도도 반드시 포함되어야 한다. 학습자가 듣기 과정에서 자신의 인지 활동을 자각하고 스스로 조절할 수 있도록 메타 인지 기반 전략을 훈련할 필요가 있다. 예를 들어 듣기 전 예상하기, 듣기 중 핵심 정보에 주의를 집중하기, 듣기 후 요약과 재진술 같은 전략은 학습자가 듣기 상황을 보다 안정적으로 관리하게 돕는다. 이는 과제 수행에 대한 통제감을 높여 듣기 효능감을 유지하는 데 긍정적으로 작용한다.

정의적 안정성을 확보할 수 있는 수업 운영 또한 중요하다. 듣기 실패에 대한 두려움을 완화하기 위해 반복 듣기 기회를 충분히 제공하고, 듣기 실패를 학습 과정의 자연스러운 일부로 받아들이도록 안내하는 것이 필요하다. 교사는 학습자의 실수를 평가의 기준으로 삼기보다는 피드백의 기회로 활용하여, 학습자 스스로 실패를 학습의 자산으로 받아들일 수 있도록 분위기를 조성해야 한다. 이를 위해 실수에 관대한 수업 분위기, 익숙한 담화 유형부터 시작해 점차 난이도를 높여 가는 구성, 충분한 반복 학습 기회 제공 등이 효과적이다.

또한 사회적 상호 작용을 기반으로 한 협력 학습 활동도 듣기 효능감을 높이는 데 도움이 된다. 동료와 함께 문제를 해결하거나 역할극, 소그룹 듣기 후 토론 활동 등을 통해 학습자는 서로 긍정적인 피드백을 주고받으며 자신감을 쌓을 수 있다. 이러한 상호 작용은 단독 학습 상황에서 느낄 수 있는 심리적 부담을 완화하고, 사회적 비교와 관찰을 통해 전략 사용에 대한 자신감을 키운다.

마지막으로 듣기 경험의 다양성과 자율성을 최대한 보장해야 한다. 학습자 개개인의 흥미와 필요를 반영하여 실제적 듣기 자료를 제공하고 주제 선택의 자유를 주면, 듣기 활동에 대한 통제감과 몰입도가 자연스럽게 높아진다. 이는 듣기 활동을 수동적인 과제가 아닌 자기주도적 학습 경험으로 전환하게 하여 듣기 효능감을 더욱 탄탄히 다져 준다.

결론적으로 듣기 효능감을 높이는 교육적 접근은 단순한 전략 소개나 과제 제공에 그쳐서는 안 된다. 학습자의 심리 상태, 학습 맥락, 인지적 자원을 종합적으로 반영한 통합적 교육 설계가 필요하다. 듣기 능력은 기술적 훈련만으로는 완전하게 신장되기 어렵기 때문에, 학습자가 자기 신념을 바탕으로 능동적으로 과제에 참여할 수 있도록 교사와 교육자는 지속적인 격려와 세심한 지원을 아끼지 않아야 한다. 이를 통해 학습자는 긍정적인 자기 인식을 유지하며 장기적으로 안정적인 학습 성취를 기대할 수 있다.

12.2. 듣기 불안과 듣기 교육

12.2.1. 듣기 불안의 개념과 의미

언어 학습에서 '불안(anxiety)'은 제2 언어 습득에 큰 영향을 미치는 정의적 요인으로 널리 다뤄진다. 불안이라는 심리 상태는 단순히 한마디로 정의하기 어렵지만, 일반적으로는 긴장감, 우려, 초조함, 좌절감, 자아 의심, 걱정 등을 포함한 주관적 느낌으로 이해된다.

불안은 성격적 특성과 관련된 기질적 불안과 특정 상황에서 나타나는 상황적 불안으로 구분할 수 있다. 기질적 불안은 개인의 심리적 특성으로 비교적 장기적으로 지속되는 반면, 상황적 불안은 특정 사건이나 행동 맥락에서 일시적으로 나타난다. 언어 교실에서 학습자가 경험하는 불안은 두 가지 유형을 모두 포함할 수 있지만, 교육적 처치가 가능하다는 점에서 상황적 불안에 더 주목할 필요가 있다.

특히 듣기 불안(listening anxiety)은 초기에는 '외국어 불안(foreign language anxiety)'의 하위 범주로 논의되어 왔다. Horwitz 외(1986)은 외국어 불안을 의사소통 불안, 부정적 평가에 대한 두려움, 시험 불안 등으로 구성된 특수한 학습 상황의 불안으로 정의하였고, 이후 연구들은 이를 언어 기능별로 세분화하여 듣기 상황에 특화된 불안 개념을 다뤄 왔다.

듣기 불안은 특히 입력 중심 기능으로서의 듣기 특성과 밀접하게 관련된다. Vogely(1998)은 듣기 불안을 듣기 중 학습자가 느끼는 압박감, 불편함, 긴장 상태를 포함하는 심리적 경험으로 설명하며, 그 발생 원인을 입력 요인(input factors), 처리 요인(processing factors), 교수 요인(instructional factors), 개인 요인(personal factors)으로 구분했다. 이 가운데 개인 요인은 듣기 불안 발생에 가장 큰 영향을 주는 요소로, 자기효능감, 기대 수준, 과거 실패 경험 등이 상호작용해 불안을 높인다.

많은 연구는 듣기 불안을 듣기 효능감, 전략 사용, 듣기 성과와의 관계 속에서 설명한다. 일반적으로 듣기 불안이 높으면 효능감은 낮게 형성되고, 전략 사용 빈도도 감소하는 경향이 확인된다. 이는 듣기 불안이 학습자의 정서뿐 아니라 인지적 학습 행동 전반을 조율하는 핵심 변수임을 보여 준다.

또한 듣기 불안은 언어 외적 변수의 하나로서 실제 듣기 이해에 영향을 미치는 매개 변수로 작용한다. 학습자의 듣기 태도나 동기뿐만 아니라 실질적인 듣기 성취도와도 깊게 연관되며, 이러한 효과는 특히 초급 학습자에게서 더욱 두드러진다.

최근 연구에서는 듣기 불안을 단일한 감정 반응으로만 보지 않고, 학습자가 듣기 상황을 해석하고 반응하는 전반적인 인지·정의적 체계로 접근한다. 학습자는 제2 언어의 음성을 들으면서 단어 인식 실패, 문장 구조 파악의 어려움, 이해 부족에 대한 타인의 평가를 우려하는 등 다양한 형태의 정서적 긴장을 경험한다. 이러한 반응은 단순한 불편함을 넘어 듣기 전략 사용, 주의 집중, 의미 구성 과정에까지 부정적인 영향을 미칠 수 있다. 실제로 초급 학습자는 듣기 평가 상황에서 듣기 불안을 자주 경험하며, 이는 듣기 과제 자체를 피하게 되는 결과로 이어지기도 한다.

이처럼 듣기 불안은 듣기 효능감과 마찬가지로 단일 감정이 아니라 다양한 심리적 요인이 얽혀 형성되는 복합적 정의적 상태이다. 최근 연구는 이를 여러 하위 구성 요소로 나누어 보다 정밀하게 분석하고 있으며, 이를 통해 학습자 개개인의 불안 양상을 구체적으로 진단할 수 있는 기초가 마련되고 있다.

한국어 학습자의 듣기 불안의 주요 구성 요소로는 심리적 압박 불안, 인지 처리 불안, 자기효능감 불안, 집중력·이해 불안, 환경적 조건 불안 등이 자주 언급된다. 이들은 독립적인 하위 요인이면서도 서로 긴밀하게 상호 작용하며 학습자의 듣기 수행에 복합적으로 작용한다.

첫째, 심리적 압박 불안(psychological pressure anxiety)은 듣기 활동 전후로 학습자가 느끼는 전반적인 긴장과 불편함을 의미한다. 실패에 대한 두려움, 이해 부족에 대한 걱정, 평가에 대한 부담감 등이 여기에 포함된다. 특히 고부담(high–stakes) 평가 상황에서는 이러한 불안이 더 강하게 나타나며, 듣기 과정에서 학습자의 인지적 여유를 제한한다. 초급 학습자의 경우 수업 중 듣기 평가를 받을 때 이러한 압박감을 더 자주 경험한다.

둘째, 인지 처리 불안(cognitive processing anxiety)은 실시간으로 제공되는 음성 정보를 처리하고 통합하는 과정에서 학습자가 부담을 느끼는 상태를 뜻한다. 듣기는 읽기와 달리 텍스트를 되돌아볼 수 없기 때문에 실시간으로 정보를 듣고 해석해야 하는데, 어휘를 놓치거나 문장을 완전히 이해하지 못하면 학습자는 즉각적인 좌절감을 경험한다. 발화 속도가 빠르거나 주제가 낯설수록 이러한 불안은 더 쉽게 나타난다.

셋째, 자기효능감 불안(self–efficacy anxiety)은 자신이 듣기 능력이 부족하다고 느낄 때 발생한다. "나는 잘 듣지 못한다"는 자기 인식은 듣기 과제 수행 내내 부정적인 영향을 주며, 기대 수준을 낮추고 전략 사용을 소극적으로 만드는 요인이 된다. 과거의 실패 경험, 동료와의 비교, 부정적 피드백 등은 이 불안을 강화하는 요인으로 작용하며, 반복되면 학습자는 점차 자신을 무능력하다고 여기게 된다.

넷째, 집중력 및 이해 불안(concentration and comprehension anxiety)은 듣기 중 주의가 흐트러지거나 내용 이해가 원활하지 않을 때 느끼는 불안을 말한다. 외부 소음이나 시청각 정보 부족, 화자의 억양이나 말소리의 명료성 문제 등이 집중을 방해할 수 있으며, 특히 정보 밀도가 높은 강의 듣기나 뉴스 듣기에서 처음 흐름을 놓치면 이후 내용까지 파악하지 못해 불안이 가중된다. 이로 인해 학습자는 듣기에 대한 의지를 잃고 수동적인 태도로 전환할 수 있다.

마지막으로 환경적 조건 불안(environmental condition anxiety)은 물리적 환경이나 수업 구조에서 기인한다. 음질이 고르지 못한 자료, 시청각 자료 부재, 발화의 불명료함 등은 학습자에게 심리적 불안을 유발하는 외부 요인으로 작용한다. 반복 듣기 기회가 적거나 교재의 난이도가 학습자 수준과 맞지 않는 경우도 불안 요인으로 작용할 수 있으며, 특히 초급 학습자는 구조화된 환경을 더 선호하기 때문에 이러한 환경적 조건에 민감하게 반응한다.

이처럼 듣기 불안은 학습자의 언어 수준, 학습 배경, 심리 상태 등의 여러 요인이 복합적으로 작용해 학습자에 따라 다르게 나타난다. 초급 학습자는 심리적 압박과 환경적 조건에 민감한 반면, 중·고급 학습자는 인지 처리나 자기효능감 측면에서 더 높은 불안을 경험하기도 한다. 따라서 듣기 불안을 이해하고 적절히 대응하기 위해서는 이를 구성하는 다양한 요소를 종합적으로 고려해 맞춤형 진단과 세분화된 교육적 접근을 적용할 필요가 있다.

12.2.2. 듣기 불안 관련 요인

듣기 불안도 효능감과 마찬가지로 단순한 정서 상태로만 환원할 수 없는 복합적이고 상호 작용적인 학습 심리 구조를 반영한다. 학습자가 듣기 상황에서 느끼는 단순한 부정적 감정 반응이 아니라 심리적·인지적·환경적 요인들이 서로 영향을 주고받으며 복합적으로 얽혀 형성되는 심리 현상이다. 이 세 가지 요인은 각각 독립적으로 작용하면서도 상호 작용하기 때문에, 듣기 불안은 고정된 정서 상태라기보다는 상황과 맥락에 따라 달라질 수 있는 가변적 특성을 지닌다. 특히 제2 언어로서 한국어를 배우는 환경에서는 이러한 요소들이 더욱 복잡하게 얽혀 나타난다.

먼저 학습자의 정의적 요인은 듣기 불안을 형성하는 핵심 요소 중 하나로, 듣기 효능감, 자아 개념, 학습 동기, 실패에 대한 두려움, 긴장감 등 학습자의 내적 정서 반응을 포함한다. 특히 심리적 압박 불안, 자기효능감 불안, 집중력·이해 불안은 듣기 불안과 매우 높은 상관관계를 보인다. 이는 학습자의 내면적 심리 상태가 실제 듣기 수행에 큰 영향을 줌을 의미한다.

정의적 요인은 평가 상황이나 공개 듣기 상황에서 더욱 두드러지게 나타난다. 학습자가 실패를 창피한 경험으로 받아들이고, 다른 학습자보다 뒤처졌다고 생각하면 정서적 안정감은 무너지고 불안은 심리적 방어 기제로 작동한다. 듣기 불안은 듣기 효능감 및 자기개념과 음의 상관관계를 보인다고 밝혀졌으며, 이러한 정의적 요인이 누적되면 전반적인 학습 동기가 약화될 수 있다.

이처럼 듣기 효능감은 듣기 불안과 밀접하게 연결된 정의적 요인으로, 두 변수는 서로를 강화하거나 약화하며 순환적으로 작동한다. 일반적으로 듣기 효능감이 낮은 학습자는 자신의 수행 능력을 과소평가하고, 듣기 중 발생할 수 있는 오류나 실패를 과장해 인식하여 더 큰 불안을 느낄 가능성이 높다. 반면 효능감이 높은 학습자는 실패와 불확실성을 학습 과정의 일부로 받아들이며 이를 극복하기 위한 전략적 대응을 자연스럽게 시도한다.

이러한 상호 작용은 학습자의 과제 기대감(task expectancy)과 과제 가치(task value) 인식과도 밀접하게 연관된다. 학습자가 듣기 과제를 충분히 성공할 수 있는 활동으로 보고, 이를 통해 의미 있는 성취를 얻을 수 있다고 평가할수록 효능감은 더욱 높아지고 불안은 줄어든다. 반면 과제 성공 가능성을 낮게 평가하거나 과제 자체를 중요하지 않다고 인식하면 듣기 불안은 더욱 커지고 효능감은 약해진다.

학습 동기와 자기개념 역시 듣기 효능감과 듣기 불안 모두에 영향을 미치는 주요 정의적 요인이다. 자신을 유능한 언어 학습자로 인식하는 학습자는 듣기 과제에 더 자신감 있게 접근하며, 이 과정에서 듣기 불안을 조절할 수 있는 심리적 여유도 확보된다. 반대로 자기개념이 낮은 학습자는 실패를 본인의 능력 부족으로 해석하고 듣기 상황을 기피하거나 전략 사용을 중단할 가능성이 높다. 이로 인해 불안은 더 심화되고 효능감은 더욱 약해지는 악순환이 반복될 수 있다.

또한 학습자의 성격적 특성도 듣기 효능감과 불안의 상호 작용에 영향을 줄 수 있다. 감정 중심적인 성향을 지닌 학습자는 사고 중심적 학습자보다 불안 수준이 높고 효능감은 낮게 나타날 가능성이 크다는 연구 결과도 보고된 바 있다. 이는 개인의 정서 민감도가 학습 수행에 대한 기대감과 전략 선택에도 영향을 준다는 점을 시사한다.

다음으로 듣기 불안을 유발하는 인지적 요인은 주로 학습자가 듣기 정보를 실시간으로 처리할 때 필요한 인지 자원이 충분하지 않거나, 정보의 복잡성으로 인해 처리 부담이 커질 때 발생한다. 예를 들어 화자의 빠른 발화 속도를 따라가지 못하거나 긴 문장을 온전히 이해하지 못하면, 학습자는 해당 과제를 위협적인 상황으로 인식하게 된다. 실제로 학습자들이 가장 흔히 보고한 불안 상황으로는 '단어는 들리지만 전체 의미를 이해하지 못하는 경우'가 꼽힌다. 이는 개별 단어 수준의 인식은 가능하더라도, 이를 문맥과 담화에 맞게 통합해 의미를 파악하는 과정에서 어려움을 겪기 때문이다.

또한 '중요 정보를 들을 때 생각이 복잡해져서 이해가 어렵다'는 반응과의 상관관계도 높게 나타난다. 이는 듣기 중 인지적 집중력이 분산되거나 선택적 주의가 약해질 경우 불안이 쉽게 높아진다는 사실을 시사한다. 이러한 인지 처리 불안은 듣기 과제를 구조적으로 접근하기 어렵게 만들고, 실패가 반복되면 학습자는 점차 전략 사용을 꺼리거나 자신을 무능력하게 평가하는 악순환에 빠질 수 있다.

이때 학습자의 듣기 전략 사용 능력이 주요하게 관여하는 것으로 보인다. 전략을 능동적으로 활용하는 학습자는 듣기 중 발생하는 오해나 이해 실패를 효과적으로 처리할 수 있고, 이를 통해 성공 경험을 쌓아 나간다. 이러한 긍정적 경험은 효능감을 높이고 불안을 줄이는 역할을 한다. 반대로 전략 사용에 대한 신념이 약하거나 전략을 적절히 사용하지 못하면 듣기 실패가 반복되고 불안이 점차 커지면서 효능감이 떨어지는 부정적 순환에 빠질 위험이 크다.

메타 인지적 인식 요인과 자기 조절력(self-regulatory strategies)도 중요한 요인이다. 메타 인지 능력과 자기 조절 능력이 뛰어난 학습자는 듣기 상황을 인식하고 자기주도적으로 통제할 수 있는 능력이 비교적 높으며, 불안한 상황에서도 스스로 듣기 과정과 전략을 조절하며 주도적으로 문제를 풀어 간다. 예를 들어 듣기 도중 일부 내용을 놓쳤을 때 전체 맥락 속에서 의미를 추론하거나 반복 듣기로 보완하는 전략을 적절히 선택할 수 있다. 이러한 능력은 불안을 단순한 위협이 아니라 관리 가능한 학습 변수로 받아들이도록 돕는다.

마지막으로 환경적 요인의 영향력도 무시할 수 없다. 이는 듣기 활동이 이뤄지는 실제 상황과 물리적 조건으로, 듣기 불안을 유발하는 외부적 요소로 작용한다. 수업 중 발생하는 교실 소음, 음질이 좋지 않은 자료, 시청각 보조 정보의 부재, 화자의 낯선 억양, 반복 듣기 기회의 부족 등은 학습자가 듣기 자극을 편안히 받아들이지 못하게 만든다. 특히 '환경적 조건 불안'은 다른 요인에 비해 비교적 독립적으로 작동하면서 일부 학습자에게는 강한 불안 유발 요인으로 작용할 수 있다.

환경적 요인은 물리적 조건을 넘어 사회적 맥락과도 깊게 연결된다. 국내 거주 학습자는 언어 몰입(immersion)이라는 사회적 환경 속에서 해외 거주 학습자에 비해 한국어 듣기 노출 빈도가 높고, 사용 환경 자체가 실제 한국인을 더 많이 접하게 되는 실용적인 사회적 환경이어서 이에 따라 듣기 불안이 유의미하게 낮게 나타난다는 연구 결과가 있다. 즉, 사회적 맥락도 하나의 환경적 요인으로서 듣기 불안의 형성 및 완화에 영향을 줄 수 있다는 것이다.

앞서 교사의 피드백과 동료 상호 작용이 학습자의 효능감 형성에 중요한 영향을 미친다는 것을 살펴보았는데, 이 두 요소는 듣기 불안의 형성과 완화에도 중요한 영향을 미치는 사회적 요인이 된다. 교사의 온화하고 긍정적인 피드백은 학습자의 수행에 대한 확신을 높이고, 오류에 대한 두려움을 줄여 듣기 상황에 대한 정의적 안정감을 제공한다. 특히 듣기 이해의 어려움을 겪는 학습자에게 교사의 명확한 설명과 격려는 과제에 대한 부담을 완화하고 수행을 촉진하는 요인으로 작용한다. 또한 동료와의 상호 작용은 경쟁보다는 협력적인 분위기를 조성하여 학습자의 심리적 압박을 낮추고, 자신의 이해 과정을 공유하고 확인할 수 있는 기회를 제공한다. 이 과정에서 학습자는 언어적 자극에 대한 반응을 보다 자연스럽게 시도할 수 있으며, 이는 궁극적으로 듣기 과제에 대한 자신감을 형성하고 불안을 완화하는 데 기여한다. 반대로 교사의 피드백이 제대로 이루어지지 않거나 학습자에게 압박감을 더해 줄 경우 듣기 불안은 강화될 것이다. 또한 동료와의 협력적 상호 작용이 아닌 경쟁적이거나 비교되는 환경에 처해진 학습자의 경우에도 듣기 불안이 강화되는 부정적인 상황이 발생할 것이다. 그러므로 교사는 학습자의 정의적 요인을 충분히 고려하여 바람직한 교실 환경을 조성할 의무가 있다.

결론적으로 듣기 불안도 학습자가 가진 정의적·인지적 요인, 학습자가 경험하는 사회 및 환경적 요인과 복합적으로 얽혀 작용하며 이는 결국 학습자의 듣기 수행 전반에 영향을 미치게 된다. 예컨대 정서적으로 듣기 학습에 적응하지 못한 학습자가 인지 처리 능력이 부족하거나 전략 사용이 미흡한 상태에서 물리적·사회적 환경까지 열악하다면 학습자의 불안 반응은 더욱 부정적으로 나타날 것이다. 따라서 불안을 효과적으로 진단하고 교육적으로 개입하기 위해서는 이러한 요인들을 통합적으로 이해하고, 학습자가 처한 정의적·인지적·환경적 특성을 반영한 맞춤형 대응 전략을 설계해야 한다.

12.2.3. 듣기 학습과 듣기 불안

높은 수준의 듣기 불안은 듣기 효능감과는 달리 전반적으로 듣기 학습에 부정적인 영향을 미치게 된다. 이는 단지 특정 듣기 과제 수행을 일시적으로 방해하는 정서 상태에 머물지 않고 학습자의 한국어 학습 전반에 장기적이고 구조적인 영향을 미치는 중요한 심리 요인으로 작용한다. 특히 반복되는 듣기 실패 경험은 학습자의 자기 인식을 부정적으로 형성하며, 이는 듣기뿐 아니라 말하기, 읽기, 쓰기와 같은 다른 언어 기능 학습에도 연쇄적인 부정적 효과를 불러올 수 있다.

듣기 과정에서 어려움을 반복적으로 겪으면서 효과적으로 극복하지 못하면, 듣기 불안은 일시적 정서를 넘어 학습자의 안정적인 심리 특성으로 굳어질 가능성이 높다. 이렇게 고착된 불안은 자기개념과 듣기 효능감을 약화하고, 나아가 한국어 학습에 대한 흥미와 몰입도를 떨어뜨린다. 결국 학습자는 자신을

'한국어를 잘 듣지 못하는 사람'으로 정체화하며, 학습 회피와 참여 기피, 전략 사용 포기 등으로 이어지기 쉽다.

나아가 듣기 불안은 단지 정서적인 제한 요소가 아니라 인지적 전략 사용에도 실질적인 제약을 준다. 불안이 높은 학습자는 예측, 추론, 핵심어 중심 이해 등 효율적인 전략을 적용하기보다 모든 발화를 정확히 듣고자 하는 비효율적 방법에 집착하거나 전략 사용 자체를 회피하는 경향이 있다. 이로 인해 문제 해결 경험을 쌓기 어렵고, 듣기 과제에서 통제감을 유지하기 어렵게 된다. 결과적으로 듣기 불안은 전략 사용의 빈도와 질을 동시에 낮추며, 이는 학습자의 전반적인 수행 수준을 떨어뜨린다.

듣기 불안은 학습 지속성과 동기 유지에도 깊은 영향을 미친다. 불안이 높을수록 듣기 수행 점수뿐 아니라 수업 참여도, 학습 지속 의사까지 낮아지는 경향이 뚜렷하다. 이는 듣기 불안이 단기적인 과제 실패에 그치지 않고, 학습자의 장기적인 목표 설정과 수행 의지에까지 부정적인 영향을 미친다는 점을 보여준다. 특히 이러한 영향은 듣기가 한국어 학습에서 가장 기본이자 초기 단계의 핵심 기능이라는 점에서 더욱 중요하다.

또한 듣기 불안은 자기주도적 학습 역량에도 부정적인 영향을 준다. 자기주도성이 높은 학습자는 실패를 일시적인 상황으로 받아들이고 능동적으로 대안을 찾지만, 불안이 강한 학습자는 듣기를 외부의 통제 상황으로 인식하여 수동적이고 회피적인 태도를 보이기 쉽다. 듣기 효능감이 낮고 불안이 높은 학습자는 학습 계획 수립, 전략 선택, 결과 점검과 같은 자기조절 과정에서도 소극적인 태도를 나타내는 경향이 강하다. 이는 듣기 불안이 단순한 감정 변수가 아니라 학습자 주체성과도 긴밀하게 맞닿아 있음을 시사한다.

아울러 듣기 불안은 말하기 등 다른 기능에도 심리적 전이를 일으킬 수 있다. 듣기 불안으로 인해 '상대방의 말을 제대로 이해하지 못할 것 같다'는 두려움을 가진 학습자는 말하기 과제에서 자신감을 잃고 표현 의지를 약화한다. 이는 상호 작용 중심 수업에서 의사소통 참여도를 떨어뜨리고, 듣기와 말하기 기능 간의 상호 촉진 효과를 약화하는 결과로 이어질 수 있다. 더 나아가 부정적 전이는 독해나 쓰기 활동에 대한 심리적 부담으로 확장되며, 언어 기능 간

균형 발전을 방해할 수 있다.

결국 듣기 불안은 단일 기능에 국한된 보조적 정서 변수가 아니라, 한국어 학습 전반을 촉진하거나 방해하는 심리적 메커니즘으로 이해해야 한다. 따라서 불안을 단기적으로 억누르는 것에 그치지 않고, 반복적인 성공 경험 제공과 긍정적 피드백, 자기조절 전략 지원 등을 통해 학습자가 안정적으로 불안을 관리할 수 있도록 돕는 접근이 필요하다. 이는 듣기 수업의 질을 높이는 데 그치지 않고, 학습자의 장기적인 학습 지속성과 긍정적 자기 인식을 유지하는 데 필수적인 교육 과제가 된다.

실제로 듣기 불안과 듣기 능력은 일관된 음의 상관관계를 보인다는 연구가 다수 존재한다. 일반적으로 불안 수준이 높을수록 듣기 성과는 낮게 나타나며, 이로 인한 실패 경험은 불안을 더욱 증폭시키는 악순환으로 이어진다. 듣기 불안은 학습자의 인지적 자원을 제한하여 주의 집중과 작업 기억, 장기 기억 활용 등에 어려움을 주는 것이다. 이러한 인지적 제한은 듣기 이해 전반의 효율성을 낮추며 궁극적으로 성취도에 부정적인 영향을 주며 이 같은 악순환은 특히 초급 학습자에게서 두드러지게 관찰된다.

한국어 학습자를 대상으로 한 연구에서도 유사한 결과가 보고된 바 있다. 불안 점수가 높은 학습자는 듣기 평가에서 낮은 성취도를 보였고, 불안 수준이 중간 이상인 학습자는 전략 사용 빈도도 낮았다. 특히 난이도가 높거나 낯선 듣기 자료를 접할 때 학습자는 자신감 부족과 함께 불안을 먼저 경험하고, 듣기 자체를 포기하려는 경향을 보였다.

따라서 듣기 불안을 언어 외적 변수로만 보지 않고, 듣기 효능감, 동기, 전략 사용, 수행 의지 등과 맞물려 듣기 성과에 영향을 미치는 핵심 요인으로 이해해야 한다. 여러 연구에서 공통적으로 제시되듯이 듣기 불안을 낮추고 효능감을 높이며 전략 사용을 장려하는 통합적 접근은 듣기 능력 향상뿐만 아니라 학습자의 전반적인 언어 학습 태도에도 긍정적 파급 효과를 가져온다.

12.2.4. 듣기 불안 완화를 위한 듣기 교육

지금까지 살펴본바, 듣기 불안은 단순한 감정적 반응을 넘어 학습자의 듣기 행동과 전략 사용, 나아가 전체 학습 태도와 지속성에까지 중요한 영향을 미친다. 따라서 한국어 듣기 교육에서는 학습자가 불안을 효과적으로 인식하고 안정적으로 관리할 수 있도록 다각적인 교수 전략이 반드시 필요하다.

무엇보다도 교사는 학습자가 듣기 실패를 부정적으로만 받아들이지 않고, 이를 자연스러운 학습 과정의 일부로 이해하도록 안내해야 한다. 이를 위해 듣기 과제 설계 단계에서 난이도를 세분화해 학습자의 숙달 수준에 맞게 단계별 과제를 배치하고, 반복 듣기 기회를 충분히 마련하여 점진적 성공 경험을 축적할 수 있도록 지원하는 것이 중요하다. 이때 교사는 단순히 반복 재생만 권장하기보다는 듣기의 초점을 명확히 제시해 매 반복마다 새로운 정보를 발견하고 이해할 수 있도록 도와야 한다.

또한 전략 중심의 듣기 지도는 듣기 불안 완화의 핵심 도구가 된다. 학습자에게 듣기 전, 듣기, 듣기 후 단계별 전략을 구체적으로 안내하고 연습 기회를 주는 것이 바람직하다. 예를 들면 듣기 전 단계에서는 텍스트 제목, 이미지, 배경지식을 활용해 내용과 주제를 예측하도록 유도한다. 이를 통해 사전 기대감을 형성하고 불확실성을 낮추어 주고 듣기 단계에서는 모든 발화를 완벽히 이해하려는 부담을 줄이고, 핵심어나 기능어를 중심으로 주요 정보에 집중하도록 훈련하는 것이다. 특히 화자의 억양, 강조되는 단어, 연결어, 담화 표지 등을 실시간으로 포착하는 연습은 이해도를 높이고 불안을 줄이는 데 효과적이다. 마지막으로 듣기 후 단계에서는 이해한 내용을 요약하거나, 교사 및 동료와 간단한 내용 확인 질문을 주고받으며 정보를 재확인하고 정리할 수 있도록 한다. 이렇게 하면 학습자는 듣기 중 놓친 부분에 대한 불안을 해소하고 의미 구성 능력을 점차 확장할 수 있다.

정의적 안정감을 확보하려면 수업 전반에 걸쳐 실수를 허용하고 학습자가 심리적 안전감을 느낄 수 있도록 배려해야 한다. 이를 위해 교사는 오류를 지적하기보다는 오류를 발견하고 수정하는 과정을 학습 기회로 활용하도록 지도하며, 긍정적인 피드백을 즉각적으로 제공해 학습자가 성취감을 느끼게 하는 것이 바람직하다. 예컨대 교사는 실수나 오류에 대해서 단순히 지적하기보다는 상세한 교정적 피드백을 제공하면서도, 성공적인 수행에 대한 긍정적 피드백도 함께 제공하는 방식으로 구체적이고 격려하는 언어를 활용하여 학습자의 자신감을 유지하고 불안을 완화할 수 있다.

협력 학습 활동은 듣기 불안 경감을 위한 또 하나의 효과적인 방법이다. 학습자 간 역할극, 소그룹 요약 발표, 짝 활동을 통해 서로의 이해를 점검하고 피드백을 주고받게 하면, 개별 학습에서 느끼는 심리적 부담이 분산되고 불안은 자연스럽게 감소한다. 특히 교사나 동료의 스캐폴딩(scaffolding) 원리를 활용하면, 학습자는 타인의 듣기 전략 사용과 문제 해결 방식을 관찰하면서 스스로에 대한 효능감도 높일 수 있다.

물리적·환경적 지원 역시 간과해서는 안 된다. 음질이 불명확하거나 화자의 억양이 지나치게 낯선 자료는 불안을 증가시키므로, 교사는 초급 학습자에게는 발화가 명확하고 주제가 친숙한 자료부터 제공하고, 점차 화자의 억양, 속도, 담화 유형의 다양성을 확대하는 것이 좋다. 또한 가능하다면 스크립트나 자막을 단계적으로 활용해 이해를 보완하고 불안을 완화할 수 있도록 해야 한다.

자율성 보장 또한 중요한 방안이다. 학습자가 듣기 주제와 자료를 직접 선택하거나, 필요에 따라 반복 듣기 여부를 스스로 결정할 수 있게 하면, 듣기 활동에 대한 통제감이 높아지고 이에 따라 불안은 감소한다. 이는 듣기 과제를 강압적 수행이 아니라 자기주도적 학습 기회로 전환하게 해 주며, 장기적으로는 안정적인 심리 상태와 긍정적인 학습 태도를 유지하는 데 큰 도움이 된다.

끝으로, 교사는 듣기 불안을 부정적으로만 인식하기보다는 학습자가 불안을 관리하고 심리적 회복력을 키워갈 수 있도록 돕는 지원자로서의 역할을 수행해야 한다. 이는 단순한 위로와 격려를 넘어서, 반복 듣기와 단계별 전략 훈련, 성공 경험 설계, 협력 활동, 긍정 피드백 등 체계적이고 구조적인 교수 전략과 결합될 때 비로소 교육적 효과가 극대화된다. 이러한 전방위적 지원은 궁극적으로 학습자가 듣기 상황을 스스로 조절하고, 안정적인 심리 상태를 유지하며, 듣기 능력을 계속해서 발전시킬 수 있는 기반이 된다.

참고문헌

강명순·이미혜·이정희·정희정(1999), “한국어 듣기 능력 평가 방안”, 한국어교육 10-2, 국제한국어교육학회.

강승혜·강명순·이영식·이원경·장은아(2006), 한국어 평가론, 태학사.

강현화·김미옥·김제열·우인혜·이숙(2009), 한국어 이해교육론, 형설출판사.

강현화·홍혜란·박지순·박수연·윤경원·남신혜·장채린(2021), 한국어 이해교육론, 한국문화사.

구지민(2005), 강의 담화 표지의 학습이 강의 청해에 미치는 영향, 이화여자대학교 대학원 석사학위논문.

권오량·김영숙 공역(2010), 원리에 의한 교수-언어 교육에의 상호 작용적 접근법(3판 번역), ㈜피어슨에듀케이션코리아.

김영규(2005), “외국어 텍스트 수정 연구가 한국어 읽기 및 듣기 교재 개발에 시사하는 점”, 이중언어학 29, 이중언어학회.

김영아(1995), “한국어 듣기 교육-문제점과 개발 방향”, 교육한글 8, 한글학회.

김왕규·김정숙·조항록·정구향·조지민·김수정(2002), 한국어능력시험의 평가기준 개발 연구, 한국교육과정평가원.

김유정(1999), 한국어 능력 평가 연구, 고려대학교 대학원 박사학위논문.

김유정(2020), 언어평가와 한국어평가, 지식과교양.

김은정(2002), 한국어 학습자의 듣기 전략 훈련 효과에 관한 연구, 이화여자대학교 교육대학원 석사학위논문.

김정기(2003), 현대 사회의 인간 관계론, 학문사.

김정화·황인교(2002), “초급 단계에서의 듣기 자료의 실제성”, 이중언어학 20, 이중언어학회.

김지혜·류선숙(2018), “한국어로 진행되는 대학 강의에서 외국인 유학생이 느끼는 불안 연구”, 이중언어학 73, 이중언어학회.

김지혜·류선숙·이경(2018), "한국어 학습자의 학습 유형과 듣기 불안의 상관관계 연구", 우리말글 77, 우리말글학회.

김지홍 역(2003), 듣기, 법문사.

김하영(2002), 한국어 교육을 위한 듣기 텍스트 개발 방안, 고려대학교 교육대학원 석사학위논문.

나카가와 마사오미(2008), "학문 목적 한국어 듣기 교육의 현황과 과제", 한국어교육 19-1, 국제한국어교육학회.

노대규(1985), "어린이의 언어습득과 언어 교육", 이중언어학 2, 이중언어학회.

박미경(1994), "한국어 듣기 수업에 있어서 과제 해결적(Task based) 접근", 한국어교육 5, 국제한국어교육학회.

박민선(2008), "한국어 듣기 평가 텍스트의 진정성 연구", 한국어교육 19-1, 국제한국어교육학회.

박영순·고경태·고은숙·김무림·김유범(2008/2010), 한국어와 한국어 교육, 한국문화사.

박지연·문연정(2021), "중국어권 한국어 고급 학습자의 듣기 효능감과 읽기 효능감의 상관관계 연구", 외국어로서의 한국어교육 62, 연세대학교 한국어학당.

부경순(2004), 초등 영어 듣기·말하기 교육, 한국문화사.

서울대학교 한국어문학연구소·국어교육연구소·언어 교육원(2017). 한국어 교육의 이론과 실제(2), 아카넷.

손연자(1999), "말하기와 듣기 교육", 외국인을 위한 한국어 교육의 방법과 실제, 한국방송통신대학교 출판부.

안미란(2007), "학문 목적의 한국어 듣기 평가-대학 지원자의 학업 능력 평가를 중심으로", 이중언어학 34, 이중언어학회.

안성민(2024), "한국어 초급 학습자의 한국어 듣기 불안 분석", 영주어문 57, 영주어문학회.

오선경(2007), "학문 목적의 한국어 듣기 교육을 위한 강의 담화 분석", 한국어교육 18-2, 국제한국어교육학회.

유연희(2000), 과제 중심의 한국어 듣기 교육 연구–초급 수준을 중심으로, 한국외국어대학교 대학원 석사학위논문.
이계순(1986) "듣기 지도", 말 11, 연세대학교 한국어학당.
이미혜(2005), "한국어 기능교육론 2", 외국어로서의 한국어교육학, 한국방송대학교 출판부.
이병민(2003), "외국어 교육에서 학습자 변인으로서 언어학습 전략: 연구 동향 및 방향", 한국어교육 14–3, 국제한국어교육학회.
이영식·안병규·오준일 공역(2006), 외국어 평가, ㈜피어슨에듀케이션코리아.
이완기(2003), 영어 평가 방법론, ㈜문진미디어.
이재승(1997), 국어교육의 원리와 방법, 박이정.
이진주(1997) 과제해결 중심의 듣기 수업 구성 방안–외국어로서의 한국어 교육의 측면에서, 이화여자대학교 대학원 석사학위논문.
이해영(1999a), "한국어 듣기 교육의 원리와 수업 구성", 한국어교육 10–1, 국제한국어교육학회.
이해영(1999b), "통합성에 기초한 교재 개작의 원리와 실제–듣기 능력 향상을 위한 모색", 한국어교육 10–2, 국제한국어교육학회.
이해영(2002), "한국어 듣기 교육의 이론과 실제", 21세기 한국어 교육학의 현황과 과제, 한국문화사.
이해영(2005), "말하기·듣기 교육의 과제와 발전 방향", 한국어교육론 3, 국제한국어교육학회, 한국문화사.
이해영(2006), "구어의 특징과 구조", 새국어생활 16–2, 국립국어원.
이해영(2019), "중국인 한국어 학습자의 듣기 이해와 언어 외적 요인의 상관관계와 영향력", 이중언어학 75, 이중언어학회.
이해영·박지연(2017), "한국어 듣기 이해와 듣기 효능감, 듣기 전략, 듣기 불안, 듣기 노출 시간의 상관성", 한국어교육 28–3, 국제한국어교육학회.
이해영·김정숙·김영규·방성원·이정희·이동은(2006), 한국어능력시험 문항 유형 개발을 위한 기초 연구, 한국교육과정평가원.
이해영·이미혜(1997), "TASK를 기초로 한 한국어 듣기 교육", 교육한글 10,

한글학회.
이현국(2002), 화법과 실용문 작법, ㈜학문사.
이흥수·박주경·이병민·이소영·최연희·차경환·이성희 역(2007), 외국어 학습·교수의 원리(5판 번역), ㈜피어슨에듀케이션코리아.
이희경·강승혜·김미옥·김제열·정희정·한상미·황인교(2001), 한국어학당 성취도 평가 문항 개발 연구, 연세대학교 언어연구교육원.
장민정(2023), "학문 목적 한국어 교육에서 듣기 전략 효과에 대한 연구", 문화와 융합 45-12, 한국문화융합학회.
전은주(1999), 말하기 듣기 교육론, 박이정.
전은주(2011), "한국어 말하기 듣기교육에서 '실제성 원리'의 적용 층위와 내용", 새국어교육 89, 한국국어교육학회.
정동빈 편(1997), 영어교육론, 한신문화사.
정등원(2024), "한국어 학습자의 학습 양식과 듣기 효능감의 상관관계 연구-중국인 KFL 학습자를 중심으로", 교육과학연구 26-3, 제주대학교 교육과학연구소.
조남호(2003), 한국어 학습용 어휘 선정 결과 보고서, 국립국어원.
조문제(1996), 말하기·듣기 지도-교수·학습의 이론과 방법, 교학연구사.
조항록(1993), "외국어로서의 한국어 듣기 교육에 관한 일고찰", 말 18, 연세대학교 한국어학당.
조항록(2006), "효율적인 한국어 듣기 교육을 위한 기본 원리와 실제", 한국언어문화학 3-1, 국제한국언어문화학회.
주월랑(2023), "학문 목적 한국어 학습자의 한국어 듣기 효능감 연구", 국제어문 97, 국제어문학회.
쩐티투프엉·정혜선(2018), "한국어 학습 환경에 따른 듣기 불안 및 듣기 전략 사용 양상 연구", 이중언어학 73, 이중언어학회.
최은지(2007a), 광초점 듣기 전략 교수·학습과 협초점 듣기 전략 교수·학습의 비교-중급 한국어 학습자를 중심으로, 고려대학교 대학원 석사학위논문.

최은지(2007b), “한국어 듣기 교재 내 음성 자료 속도의 실제성”, 한국어교육 18-1, 국제한국어교육학회.

최정순(2012), “구어 문법 기반 한국어 듣기 교재의 지향성 논의”, 국어교육연구 30, 서울대학교 국어교육연구소.

한송화(2007), “한국어 이해 교육론”, 한국어교수법의 실제, 연세대학교 출판부.

한재영·박지영·현윤호·권순희·박기영·이선웅(2005), 한국어 교수법, 태학사.

허지은(2007), 상세화가 초급 한국어 학습자의 듣기 이해에 미치는 영향, 이화여자대학교 대학원 석사학위논문.

Zhao Chenwei·이수영(2024), “중국 내 한국어 학습자의 듣기 능력에 영향을 미치는 요인에 관한 연구-듣기 전략, 듣기 불안, 학습 환경을 중심으로”, 인하교육연구 30-4, 인하대학교 교육연구소.

Anderson, A. & T. Lynch(1988), *Listening,* Oxford University Press.

Asher, J.(1977), *Learning another language through actions: The complete teacher's guidebook,* Los Gatos, CA: Sky Oaks Productions.

Bandura, A.(1977), Self-efficacy: Toward a unifying theory of befavioral change, *Psychological Review* 84.

Brown, G. & G. Yule(1983a), *Teaching the Spoken Language,* Cambridge: Cambridge University Press.

Brown, G. & G. Yule(1983b), *Discourse Analysis,* Cambridge: Cambridge University Press.

Brown, H. D.(1980/2007), *Principles of Language Learning and Teaching*(5th ed.), NY: Pearson Education.

Brown, H. D.(1994/2001), *Teaching by Principles-An Interactive Approach to Language Pedagogy*(2nd ed.), NY: Pearson Education.

Brown, H. D.(1994/2007), *Teaching by Principles-An Interactive Approach to Language Pedagogy*(3rd ed.), NY: Pearson Education.

Brown, H. D.(2004), *Language Assessment-Principles and Classroom Practices,*

NY: Pearson Education.

Brown, S.(2011), *Listening Myths: Applying Second Language Research to Classroom Teaching,* Ann Arbor: University of Michigan Press.

Brown, T. & M. Hayes(1985), Literacy background and reading development in a second language in T. H. Carr(ed.), *The development of Reading Skills,* San Francisco: Jossey–Bass.

Clark, H. & E. Clark(1977), *Psychology and Language: An Introduction to Psychologistics,* NY: Harcourt Brace Jovanovich.

Dat, B. & G. Cheng(2019), Listening Strategies, *The TESOL Encyclopedia of English Language Teaching,* Wiley Blackwell.

Dunkel, P.(1991), Listening in the native and second/foreign language: Toward an intergration of research and practice, *TESOL Quarterly* 25.

Flippo, E.(1961), *Principles Management,* McGraw–Hill Press.

Glenn, C. E.(1989), A Content Analysis of Fifty Definitions of Listening, *International Journal of Listening* 3/1.

Goh, C. & Y. Taib(2006), Metacognitive instruction in listening for young learners, *ELT Journal* 60/3.

Hare, V. C. & D. Devine(1983), Topical knowledge and topical interest as predictors of listening comprehension, *Journal of Educational Research* 76/3.

Horwitz, E. K., M. B. Horwitz, & J. Cope(1986), Foreign Language Classroom Anxiety, *The Modern Language Journal* 70/2.

Kassem, H. M.(2015), The relationship between listening strategies used by Egyptian EFL college sophomores and their listening comprehension and self–efficacy. *English Language Teaching* 8.

Krashen, S. & T. Terrell(1983), *The Natural Approach: Language acquisition in the classroom,* Oxford: Pergamon Press.

Krashen, S.(1985), *The Input Hypothesis: Issues and Implications,* Harlow: Longman.

Lee, W. J.(1977), What type of syllabus for the teaching of English as a foreign or second language?, *International Review of Applied Linguistics* 15/3.

Littlewood, W.(1981), Language variation and second language acquisition, *Applied Linguistics* 11/1.

Long, M. H.(1997), Authenticity and learning potential in L2 classroom discourse, In G. M. Jacobs(ed.), *Language classroom of tomorrow: Issues and responses,* Singapore: SEAMO Reional Language Centre.

Long, M. H. & C. J. Doughty(2009), *The Handbook of Language Teaching,* Wiley–Blackwell.

Lundsteen. S. W.(1971), *Listening: Its Impact at All Levels on Reading and the Other Language Arts*(Revised ed.), National Council of Teachers of English.

Lynch, T.(1996), *Communication in the Language Classroom,* Oxford: Oxford University Press.

McCabe, B. & C. Bender(1968/1981), *Speaking Is A Practical Matter,* Holbrook Press.

Morley, J.(1991), Listening Comprehension in Second/Foreign Language Instruction, In M. Celce–Murcia(ed.), *Teaching English as a Second or Foreign Language*(2nd ed.), MA: Heinle & Heinle Publisher.

Murphy, J. M.(1985), An investigation into the listening strategies of ESL college students, *Paper presented at the Annual Meeting of the Teachers of English to Speakers of Other Languages* 19th.

Nation, I. S. P.(2001), *Teaching Vocabulary in Another Language,* Cambridge, : Cambridge University Press.

Nunan, D.(1991), *Language Teaching Methodology,* Prentice Hall Ins.

Omaggio, A.(2001), *Teaching Language in Context,* Heinle & Heinle.

O'Malley, J. M., A. U. Chamot, & L. Küpper(1989), Listening comprehension strategies in second language acquisition, *Applied Linguistics* 10/4.

Peterson, P. W.(1991), A synthesis of methods for interactive listening, In M. Celce–Murcia(ed.), *Teaching English as a Second or Foreign Language*(2nd ed.), Boston: Newbury House.

Rankin, P.(1926), Listening Ability: Its Importance, Measurement, and Development, *Chicago Schools Journal* 12.

Richards, J.(1983), Listening comprehension: Approach, design, procedure, *TESOL Quarterly* 17.

Rivers, W.(1975), *A Practical Guide to the Teaching of French,* Oxford: Oxford University Press.

Rivers, W.(1981), *Teaching Foreign Language Skill*(2nd ed.), The University of Chicago Press.

Rivers, W.(ed.)(1984), *Interactive Language Teaching,* Cambridge: Cambridge University Press.

Rost, M.(1991), *Listening in Action,* New Jersey: Englewood Cliffs.

Schank, R. C. & R. P. Abelson(1977), *Scripts, Plans, Goals and Understanding: An Inquiry into Human Knowledge Structures,* Hillsdale, NJ: Lawrence Erlbaum Associates.

Scovel, T.(1978), The Effect of Affect on Foreign Language Learning: A Review of the Anxiety Research, *Language Learning* 28/1.

Spielberger, C.(1983), *Manual for the State-Trait Anxiety Inventory,* Palo Alto, CA: Consulting Psychologists Press.

Taylor, S.(1964), *Listening: What Research Says to the Teacher,* Washington DC: National Education Association.

Ur, P.(1984), *Teaching Listening Comprehension,* Cambridge: Cambridge University Press.

Vandergrift, L.(1997), The Comprehension Strategies of Second Language (French) Listeners: A Descriptive Study, *Foreign Language Annals* 30/3.

Vandergrift, L.(2003), Orchestrating Strategy Use: Toward a Model of the Skilled Second Language Listener, *Language Learning* 53/3.

Vogely, A. J.(1998), Listening Comprehension Anxiety: Students' Reported Sources and Solutions, *Foreign Language Annals* 31/1.

Webb, S.(2007), The Effects of Repetition on Vocabulary Knowledge, *Applied Linguistics* 28.

White, G.(1998), *Listening,* Oxford University Press.

Wolff, D.(1987), Some Assumptions about Second Language Text Comprehension, *Studies in Second Language Acquisition* 9.

참고 자료

서울대학교 언어 교육원(2013), 서울대 한국어 2A, 투판즈.

연세대학교 한국어학당(2019), 새 연세한국어 어휘와 문법 2-1, 연세대학교 대학출판문화원.

윤영 · 허연임 · 권경미 · 이을지 · 최우전(2011), 이화 한국어 4, 이화여자대학교 출판부.

이선웅 · 이향 · 정미지 · 현윤호 · 김유미 · 박수연 · 이영희 · 이윤진 · 이정화(2019), 다문화 가정과 함께하는 즐거운 한국어 초급 2, 도서출판 하우.

〈누리-세종학당〉 https://nuri.iksi.or.kr

〈손안의 세종학당〉

https://play.google.com/store/apps/details?id=com.sejong.smartLearning&pcampaignid=web_share

〈Beelinguapp〉 https://beelinguapp.com

〈How to Study Korean〉 https://www.howtostudykorean.com

〈KBS World Radio〉 http://world.kbs.co.kr

〈Korean Listening & Speaking〉

https://play.google.com/store/apps/details?id=io.ivoca.koreanconversation&pcampaignid=web_share

〈Korean-Listening and Speaking〉

https://play.google.com/store/apps/details?id=com.smartlingo.kconversation&pcampaignid=web_share

〈LearnKorean24〉 https://learnkorean24.com

〈Lingopie〉 https://lingopie.com/learn-korean

〈LingQ〉 https://www.lingq.com

〈Naver AudioClip〉 https://audioclip.naver.com

〈Speechling〉 https://speechling.com/listening/korean

〈Talk To Me In Korean(TTMIK)〉 https://talktomeinkorean.com

찾아보기

ㅂ

ㅅ

ㅇ

ㅈ

ㅊ

ㅌ

ㅍ

ㅎ

신구 한국어 교육선서 05

증보 한국어
듣기교육론

초　판 1쇄 발행　2011년 2월 23일
증보판 1쇄 발행　2025년 9월 5일

지은이　김정남 · 양명희 · 성아영 · 김보현
펴낸이　김길준
펴낸곳　(학)신구학원신구문화사
디자인　은디자인

등록　1968년 6월 10일 제1-205호
주소　경기도 성남시 중원구 광명로 377 우촌학사 1층
전화　031-741-3055~6
팩스　031-741-3054
이메일　shingupub@naver.com
페이지　www.shingubook.com

ISBN 978-89-7668-288-8 93700